Dez mulheres da BÍBLIA

Como Deus usou pessoas improváveis para mudar o mundo

....

GUIA DE ESTUDOS

....

POR

JENNA LUCADO BISHOP

TRADUÇÃO

FRANK DE OLIVEIRA

DOS ESCRITOS DE

MAX LUCADO

Título original: *Ten Women of the Bible*
Copyright © 2016 por Max Lucado
Edição orginal por Thomas Nelson. Todos os direitos reservados.
Copyright de tradução © Vida Melhor Editora S. A., 2018.

As citações bíblicas são da *Nova Versão Internacional* (NVI), da Biblica, Inc., a menos que seja especificada outra versão da Bíblia Sagrada.

Os pontos de vista desta obra são de responsabilidade de seus autores, não refletindo necessariamente a posição da Thomas Nelson Brasil, da HarperCollins Christian Publishing ou de sua equipe editorial.

Publisher	*Omar de Souza*
Gerente editorial	*Samuel Coto*
Editor	*André Lodos Tangerino*
Assistente editorial	*Bruna Gomes*
Copidesque	*Cleber Nadalutti*
Revisão	*Jean Carlos Xavier*
Diagramação	*Sonia Peticov*
Adaptação da capa	*Jonatas Belan*

**CIP—BRASIL. CATALOGAÇÃO NA FONTE
SINDICATO NACIONAL DOS EDITORES DE LIVROS, RJ**

L965d
Lucado, Max
  Dez mulheres da bíblia: Como Deus usou pessoas improváveis para mudar o mundo / Max Lucado; tradução Frank de Oliveira. — 1. ed. — Rio de Janeiro: Thomas Nelson Brasil, 2018.
  256 p.: il.; 28 cm
  Tradução de *Ten Women of Bible*
  ISBN 978-85-7860-2918

  1. Cristianismo. 2. Vida cristã. I. Oliveira, Frank de. II. Título.

18-48523
CDD: 248.4
CDU: 248.4

Thomas Nelson Brasil é uma marca licenciada à Vida Melhor Editora, LTDA.

Todos os direitos reservados à Vida Melhor Editora LTDA.
Rua da Quitanda, 86, sala 601A — Centro
Rio de Janeiro — RJ — CEP 20091-005
Tel.: (21) 3175-1030
www.thomasnelson.com.br

SUMÁRIO

INTRODUÇÃO — 5

LIÇÃO 1 ❖ SARA
A vida no reino do absurdo — 9

LIÇÃO 2 ❖ RAABE
Quando um passado duvidoso conhece a graça de Deus — 33

LIÇÃO 3 ❖ ABIGAIL
A bela entre as feras — 57

LIÇÃO 4 ❖ ESTER
Tocando o coração do rei — 81

LIÇÃO 5 ❖ MARIA, A MÃE DE JESUS
Mais do que um conto de Natal — 107

LIÇÃO 6 ❖ A MULHER SAMARITANA
De marginalizada a evangelista — 131

LIÇÃO 7 ❖ A MULHER CANANEIA
Quando uma grande fé encontra uma grande ação — 153

LIÇÃO 8 ❖ MARIA DE BETÂNIA
Atos ousados de amor — 177

LIÇÃO 9 ❖ MARIA MADALENA
Encontro com o Deus das surpresas — 203

LIÇÃO 10 ❖ SAFIRA
Faça o bem... em silêncio — 227

GUIA DO LÍDER — 251

INTRODUÇÃO

O ELENCO

As dez mulheres da Bíblia nas quais vamos nos concentrar no presente estudo têm as mais diferentes origens. Algumas conhecemos apenas por indícios, como a nacionalidade assinalada nas Escrituras; outras pelo lugar em que se acredita terem vivido; e outras, ainda, foram rainhas e mulheres com poder e influência em seu mundo; e também houve aquelas deixadas à margem da sociedade.

Algumas de suas histórias são inspiradoras. Numa sociedade em que as contribuições femininas costumavam ser ignoradas, as ações dessas mulheres se destacaram por uma razão ou por outra para os autores das Escrituras Sagradas. Outras, marcadas por escândalo e intriga, nos oferecem um relato de advertência. Sim, suas histórias são todas diferentes, mas, ainda assim, são lições para nós nos dias de hoje...

Sara, a mulher a quem o Criador prometeu que daria origem a uma nação, mas que também, por vezes, tentou precipitar os planos divinos.

Raabe, prostituta na cidade cananeia de Jericó, que salvou a si e a sua família por meio da fé depositada no único Deus verdadeiro dos israelitas.

Abigail, mulher cuja sabedoria e palavras oportunas aplacaram a ira do rei Davi e evitaram a morte de muitas pessoas.

Ester, jovem rainha colocada pelo Altíssimo na corte persa "para um momento como este" a fim de evitar o genocídio do povo judeu.

Maria, a jovem virgem prometida a José, escolhida por Deus para dar à luz Jesus, o Messias destinado a salvar o mundo.

A mulher samaritana, que, certo dia, conheceu esse Messias junto a um poço. As palavras dele mudariam sua vida para sempre.

A mulher cananeia, aquela que fez o Senhor sorrir ante sua vivacidade e fé, e que obteve de Jesus uma resposta para o seu pedido.

Maria de Betânia, a amiga de Jesus que testemunhou a ressurreição de seu irmão, Lázaro, e, então, ungiu Cristo na expectativa de sua morte e ressurreição.

Maria Madalena, que viajou com o Senhor Jesus como um de seus seguidores e que recebeu de presente um lugar privilegiado na primeira fileira para assistir à vitória dele sobre a morte.

Safira, a mulher que, nos primórdios da igreja, junto com o marido, tomou a infeliz (e mortal) decisão de mentir para o Espírito Santo.

A vida dessas mulheres difere muito da nossa. Ainda assim, de variadas formas, é comum nos depararmos com as mesmas questões enfrentadas por elas: as promessas do Altíssimo que parecem não se realizar; o comportamento bárbaro dos outros à nossa volta, forçando-nos a agir como pacificadores; a natureza esmagadora das tarefas que o Senhor colocou diante de nós; a injustiça de um mundo que nos julga pelo nosso passado, nos considera culpados e afirma que seremos sempre vistos como um fracasso.

E mais: essas histórias nos mostram que existe um Criador que nos vê onde estamos e nos ama pelo que somos. Ele é aquele que paira sobre todas as páginas da Bíblia, moldando vidas, resgatando corações, curando doenças, trazendo à vida o que estava morto e atribuindo grandes missões àqueles que escolhem segui-lo e nele depositam sua fé.

Assim, se em algum momento você se sentir como uma pessoa inferior neste mundo e se perguntar como Deus poderia usá-la para mudar vidas, basta olhar para as histórias dessas mulheres bíblicas. Ao fazê-lo, chegará à conclusão — assim como o discípulo Pedro — que Deus "não trata as pessoas com parcialidade, mas de todas as nações aceita todo aquele que o teme e faz o que é justo" (Atos 10:34-35). E, ao estudar a vida delas, descobrirá verdades importantes que Deus deseja que você assimile.

Vamos começar!

COMO USAR ESTE ESTUDO

Este guia de estudo foi elaborado para ajudar você a aprofundar-se na Palavra de Deus e aprender mais sobre essas dez fascinantes mulheres da Bíblia. Cada seção contém os seguintes elementos:

- **CONSIDERAÇÕES INICIAIS:** Para auxiliar na tarefa de ampliar o conhecimento sobre essas dez mulheres, cada atividade começa com uma percepção e uma recordação da história do personagem extraída dos livros de Max Lucado. Em seguida, duas perguntas para reflexão lhe permitirão pensar como cada história tem a ver com a sua.

- **ESTUDO BÍBLICO DIÁRIO:** Cada seção contém cinco dias de estudo bíblico, com impressões retiradas dos livros de Max. Há também perguntas orientadoras que ajudam a percorrer as histórias dessas mulheres nas Escrituras.

- **PONTOS PARA LEMBRAR:** A atividade de cada dia é encerrada com uma síntese dos itens principais do estudo. Eles servem como lembretes dos pontos-chave do ensinamento de Max e como uma revisão na conclusão do seu tempo de estudo.

- **ORAÇÃO DO DIA:** A seção de cada dia inclui uma oração que ajuda você a manter o foco dos pensamentos em Deus e conduz a um tempo de comunhão com ele.

- **VERSÍCULO PARA MEMORIZAR NA SEMANA:** Nossa vida muda ao encontrarmos Jesus, e nosso coração se transforma pelo que nele é internalizado. O versículo para memorizar na semana estará vinculado ao tema central da seção e ajudará você a guardar a Palavra de Deus no coração.

- **CITAÇÕES DAS ESCRITURAS:** Nas margens do livro há muitas citações do Texto Sagrado que facilitam a tarefa de acompanhar na sua Bíblia a história que está sendo recontada.

Durante os segmentos do estudo bíblico diário, além de responder às perguntas propostas, pode ser que você também queira fazer anotações ao ler a passagem escolhida das Escrituras. Certifique-se de ter à mão papel e caneta, e dedique esse tempo ao Senhor e peça a ele que se revele a você à medida que vão se desenvolvendo cada uma das atividades.

PARA OS LÍDERES

Caso deseje conduzir um grupo utilizando o material contido neste guia de estudos, consulte a seção "Guia do líder" no final do livro, a qual contém uma estrutura básica de como configurar o tempo, explorar problemas e oportunidades que possam surgir durante as discussões, e alcançar o melhor resultado do estudo do grupo.

LIÇÃO 1

SARA

A VIDA NO REINO DO ABSURDO

O REINO DOS CÉUS. Seus cidadãos estão inebriados de admiração. Considere o caso de Sarai, que vive a idade avançada, mas Deus promete-lhe um filho. Ele diz a seu marido, Abrão: "Farei de você um grande povo, e o abençoarei" (Gênesis 12:2).

Sarai, então, fica empolgada e vai até a loja de gestantes e compra alguns vestidos. Planeja o chá de bebê e redecora sua tenda... mas nada de filho. Ela comeu alguns bolos de aniversário e soprou muitas velas... e, ainda assim, nenhum bebê. São dez anos contados na folhinha... e, mesmo assim, o filho não vem.

Sarai decide então assumir as rédeas da situação. (*Talvez o Senhor precise que eu cuide disso.*) Ela convence Abrão de que o tempo está se esgotando. (*Encare a situação, Abe, além de tudo, você não está rejuvenescendo nada.*) Sarai, então, ordena que sua serva, Hagar, vá até a tenda de Abrão e veja se ele precisa de qualquer coisa. (*E estou dizendo "qualquer coisa"!*)

Hagar entra serva e sai futura mamãe. E os problemas começam.

A serva mostra-se arrogante, e Sarai fica enciumada. Abrão está tonto diante do dilema, e Deus chama o bebê de "jumento selvagem", um nome apropriado para alguém nascido da teimosia e destinado a desbravar seu caminho no curso da história a coices. Aquela não era a família acolhedora ansiada por Sarai, e nem era aquele um assunto de que ela e Abrão tratavam com muita frequência na hora do jantar.

Finalmente, catorze anos mais tarde, com Abrão às portas do centenário e Sarai com noventa anos... quando Abrão tinha parado de escutar o conselho de Sarai e ela também havia deixado de oferecê-lo... quando o papel de parede do quartinho do bebê já havia desbotado e a mobília há muito se tornara fora de moda... quando o assunto do filho prometido provocava suspiros e lágrimas e longos olhares para um céu silencioso... Deus lhes fez uma visita,

Então o SENHOR disse a Abrão: "Saia da sua terra, do meio dos seus parentes e da casa de seu pai, e vá para a terra que eu lhe mostrarei. Farei de você um grande povo, e o abençoarei. Tornarei famoso o seu nome" (Gênesis 12:1-2).

Ora, Sarai, mulher de Abrão, não lhe dera nenhum filho. Como tinha uma serva egípcia, chamada Hagar... (16:1).

Dez mulheres da Bíblia ❖ Max Lucado

Abraão prostrou-se com o rosto em terra; riu-se e disse a si mesmo: "Poderá um homem de cem anos de idade gerar um filho? Poderá Sara dar à luz aos noventa anos?" (17:17).

Alegrem-se na esperança, sejam pacientes na tribulação, perseverem na oração (Romanos 12:12).

dizendo que seria melhor se eles escolhessem um nome para o novo filho. Abrão e Sarai tiveram a mesma reação: riram.

Eles riem em parte porque é bom demais para ser verdade e, em parte, porque pode acontecer. Riem porque tinham desistido da esperança, e a esperança renascida é sempre engraçada antes de ser real. Riem da loucura daquilo tudo.

1. Coloque-se no lugar de Sarai. Fazia catorze anos desde a promessa original de Deus anunciando um filho, e agora, ela está com *noventa anos. Noventa!* Deus devia ter se esquecido da promessa, certo? Errado. Deus faz o impensável — um filho. Não é de admirar que ela tenha gargalhado! Você nunca deu uma "risada de Sarai" porque Deus interrompeu a rotina de sua vida com algo inesperado? Descreva o que aconteceu.

_____
_____
_____
_____
_____
_____

2. O que prejudica a sua visão do reino? O que se interpõe no seu caminho impedindo você de ver o mundo com olhos espirituais — de crer que Deus é capaz do impossível?

_____
_____
_____
_____
_____
_____

Chamando uma criança, [...] e disse: "Eu lhes asseguro que [...] quem se faz humilde como esta criança, este é o maior no Reino dos céus. Quem recebe uma destas crianças em meu nome, está me recebendo" (Mateus 18:2-5).

Como cidadãos do reino dos céus, é comum nos surpreendermos quando Deus faz o "absurdo", promove milagres e age de formas inimagináveis. É bastante frequente nos sentirmos muito à vontade numa vida que podemos ver, tocar e gerenciar com nosso smartphone, mas Jesus disse: "A não ser que vocês [...] se tornem como crianças, jamais entrarão no Reino dos céus" (Mateus 18:3), pois a criança vive em constante deslumbramento e fé no inimaginável. Ainda assim, a vida sem filhos de Sara testaria sua fé pueril. Ao ler sua história, é possível que você se identifique com sua jornada, e é provável também que o Senhor desenvolva a sua fé de criança ao longo do caminho.

∽ Oração da Semana ∾

Jesus, nada é impossível para ti. Perdoa-nos pelas vezes em que ficamos tão absorvidos pelo reino da terra que nos esquecemos do reino dos céus. Queremos viver esperando pelo inesperado, crendo num Deus de pensamentos mais altos que os nossos e cujos caminhos são mais altos que os nossos caminhos (ver Isaías 55:9). Em teu poderoso nome, amém.

LIÇÃO 1 ❖ SARAH ❖ Primeiro dia: Promessa feita

Primeiro dia: Promessa feita

INTEGRIDADE EM TROCA DE SEGURANÇA

Na primeira vez em que encontramos Sarai, ela vivia na terra de Ur dos caldeus, localizada no Iraque dos dias atuais. Além de sabermos que ela é mulher de Abrão, lemos também que não tem filhos porque não podia conceber (veja Gênesis 11:30). Quando Terá, o sogro de Sarai, se muda com a família, ela e Abrão acabam chegando à cidade de Harã, onde o Senhor aparece para Abrão, ordena-lhe que vá para Canaã e promete fazer dele uma grande nação.

O autor de Hebreus nos diz: "Pela fé Abraão, quando chamado, obedeceu e dirigiu-se a um lugar que mais tarde receberia como herança, embora não soubesse para onde estava indo" (11:8). Mesmo assim, a despeito de toda essa fé, não era exatamente de esperar que encontrássemos o nome dele ou de Sarai na lista do "Quem é Quem em Pureza e Santidade".

Por quê? Bem, da parte de Abrão, ele está sempre contando uma mentirinha!

Logo após a primeira visita de Deus, a fome na terra de Canaã fez com que o casal e sua família rumassem para o Egito. É ali que lemos sobre um detalhe interessante a respeito de Sarai: ela era excepcionalmente bela. Na realidade, era tão bonita que Abrão temia que os egípcios o matassem para pegá-la. Assim, para salvar o pescoço, ele mente ao afirmar que Sara não é sua mulher e sim sua irmã... o que é apenas uma meia verdade.

Em seguida, não muito tempo depois, ele faz a mesma coisa! "Abraão partiu dali para a região do Neguebe e foi viver entre Cades e Sur. Depois morou algum tempo em Gerar. Ele dizia que Sara, sua mulher, era sua irmã. Então Abimeleque, rei de Gerar, mandou buscar Sara e tomou-a para si" (20:1-2).

Por duas vezes, Abrão e Sarai abriram mão da integridade em nome de segurança. É isso o que você chamaria de confiança nas promessas do Criador? Conseguiria construir uma nação sobre esse tipo de fé? Na realidade, Deus consegue: pegou o que era bom, perdoou o que era mau, e usou Abrão e Sarai para mudar a história.

1. Leia Gênesis 12:1-9. Sarai tinha 65 anos e Abrão 75 quando Deus pediu que partissem numa viagem de cerca de 640 quilômetros para longe de sua casa até uma terra estranha chamada Canaã. Não era exatamente se mudar para um bairro chique. Como eles reagiram ao chamado? Quando o Altíssimo chamou você para algo inusitado? Qual foi a sua reação?

___
___
___
___
___

O nome da mulher de Abrão era Sarai [...] Ora, Sarai era estéril; não tinha filhos [...] e juntos partiram de Ur dos caldeus para Canaã (Gênesis 11:29-30).

Pela fé peregrinou na terra prometida como se estivesse em terra estranha (Hebreus 11:9).

"Diga que é minha irmã, para que me tratem bem por amor a você" (Gênesis 12:13).

Depois Abimeleque chamou Abraão e disse: [...] "O que me fizeste não se faz a ninguém!" (Gênesis 20:9).

Levou sua mulher Sarai, [...] e partiram para a terra de Canaã e lá chegaram (12:5).

Pela fé, Abraão — e também a própria Sara, apesar de estéril e avançada em idade — recebeu poder para gerar um filho, porque considerou fiel aquele que lhe havia feito a promessa (Hebreus 11:11).

Houve fome naquela terra, e Abrão desceu ao Egito para ali viver algum tempo (Gênesis 12:10).

2. Verifique em Hebreus 11:8-12. Como Sarai e Abrão demonstraram sua fé (ver versículo 8)? Qual o significado espiritual de morar em tendas (ver versículo 10)? Como podemos ser "moradores de tendas" nos dias de hoje da maneira que confiamos em Deus e o seguimos?

_____
_____
_____
_____

3. A história de Sarai e Abrão fala de uma fé prodigiosa, o que não significa que, às vezes, eles não tenham fraquejado. Leia Gênesis 12:10-20. O que leva Abrão de uma posição de fé na promessa de Deus para outra de esquecimento da promessa do Senhor? E quanto a você, que circunstâncias levam seu coração a se esquecer das promessas do Altíssimo?

_____
_____
_____
_____

4. A ideia de "promessas de Deus" é muito discutida nos círculos cristãos, mas o que significa essa expressão? Quais são as promessas do Senhor? O que esses versículos dizem a respeito das promessas do Criador?

Números 23:19: "Deus não é homem para que minta, nem filho de homem para que se arrependa. Acaso ele fala, e deixa de agir? Acaso promete, e deixa de cumprir?"

_____
_____
_____
_____

1Reis 8:56: "Bendito seja o Senhor, que deu descanso a Israel, o seu povo, como havia prometido. Não ficou sem cumprimento nem uma de todas as boas promessas que ele fez por meio do seu servo Moisés."

_____
_____
_____
_____

2Coríntios 1:20: "Pois quantas forem as promessas feitas por Deus, tantas têm em Cristo o 'sim'. Por isso, por meio dele, o 'Amém' é pronunciado por nós para a glória de Deus."

_____
_____
_____
_____

LIÇÃO 1 ❖ SARAH ❖ Primeiro dia: Promessa feita

2Timóteo 3:16: "Toda a Escritura é inspirada por Deus e útil para o ensino, para a repreensão, para a correção e para a instrução na justiça."

_____
_____
_____

DIFÍCIL DE ENGOLIR

Na ocasião em que Deus aparece novamente para Abrão, ele e Sarai estão achando as promessas divinas tão fáceis de engolir quanto um osso de galinha. "Ó Soberano SENHOR", diz ele, "que me darás, se continuo sem filhos [...]? Tu não me deste filho algum! Um servo da minha casa será o meu herdeiro!" (Gênesis 15:2-3).

A resposta de Deus?

— Sem problemas.

Abrão deve ter dado uma olhada para Sarai, que a essa altura arrastava os pés por ali, de chinelo e camisola, apoiada num andador. O osso de galinha ficou ali empacado por uns minutos, mas acabou deslizando goela abaixo. Justo quando ele se virava para convidar Sarai para um jantar à luz de velas, ouviu a segunda promessa.

— Abrão.

— Sim, Senhor?

— Toda essa terra será sua.

Imagine Deus dizendo que seus filhos um dia serão donos da Quinta Avenida e você entenderá a hesitação de Abrão.

— Nessa, Pai, vou precisar de uma ajudinha.

E veio a ajudinha.

Deus mandou que Abrão pegasse três animais, os cortasse ao meio e dispusesse as metades uma de frente para a outra. Para nós, a ordem é misteriosa. Para Abrão e Sarai, não deve ter sido nem um pouco, pois eles já haviam assistido à cerimônia antes. Abrão inclusive já havia participado e selado muitas alianças caminhando entre carcaças divididas, afirmando: "Que o que aconteceu com esses animais também aconteça comigo se eu faltar com a minha palavra" (veja Jeremias 34:18).

O coração de Abrão deve ter parado por um instante quando viu as labaredas na escuridão, passando entre as carcaças, assim como o suave brilho dourado das brasas no fogareiro e as chamas saindo da tocha. O que significavam? Significa que o Deus invisível se aproximara para fazer sua promessa definitiva: "Aos seus descendentes dei esta terra" (Gênesis 15:18).

E embora o povo do Senhor muitas vezes esquecesse o seu Deus, ele não o havia esquecido; além disso, manteve sua palavra, e a terra se tornou propriedade de Abrão e de Sarai.

5. Dê uma olhada na conversa entre Deus e Abrão em Gênesis 15. O nome hebreu que Abrão dá ao Criador no versículo 2 é *Adonai,* que significa "Senhor, Mestre"[1] O que isso diz sobre a forma como Abrão via o

---

Então o SENHOR deu-lhe a seguinte resposta: "Seu herdeiro não será esse. Um filho gerado por você mesmo será o seu herdeiro" (Gênesis 15:4).

Respondeu-lhe o SENHOR: "Traga-me uma novilha, uma cabra e um carneiro, todos com três anos de vida, e também uma rolinha e um pombinho". Abrão trouxe todos esses animais, cortou-os ao meio e colocou cada metade em frente à outra (versículos 9-10).

Depois que o sol se pôs e veio a escuridão, eis que um fogareiro esfumaçante, com uma tocha acesa, passou por entre os pedaços dos animais. Naquele dia o SENHOR fez uma aliança com Abrão (versículos 17-18).

Dez mulheres da Bíblia ❖ Max Lucado

Altíssimo? Como você vê Deus quando a espera é longa e as promessas dele parecem débeis?

___

Levando-o para fora da tenda, disse-lhe: "Olhe para o céu e conte as estrelas, se é que pode contá-las" (Gênesis 15:5).

6. Abrão pressupõe que a promessa de Deus será realizada por meio de Eliezer, o chefe de seu clã familiar, mas, então o Senhor instrui Abrão a "olhar para o céu" (versículo 5). Deus não só diz a Abrão que sua linhagem será tão numerosa quanto as estrelas, como também, ao fazê-lo, leva Abrão a dirigir o olhar para cima. O que você acha que esse olhar para as estrelas trouxe para a perspectiva de Abrão? Como você pode "olhar para o céu" no seu dia a dia?

___

As palavras "lhe foi creditado" não foram escritas apenas para ele, mas também para nós, a quem Deus creditará justiça, a nós, que cremos naquele que ressuscitou dos mortos a Jesus, nosso Senhor. Ele foi entregue à morte por nossos pecados e ressuscitado para nossa justificação (Romanos 4:23-25).

7. Releia Gênesis 15:6 e compare com Romanos 4:18-25. O que Deus nos promete como descendentes de Abrão e Sarai?

___

8. Deus ordenou a Abrão que cortasse ao meio uma novilha, uma cabra e um carneiro — um apelo visual e tanto! No entanto, no tempo de Abrão era comum as partes caminharem entre metades de animais ao formalizarem um pacto. Era como se afirmassem: "Que eu fique como estes animais se não cumprir minha parte no trato."[2] Mas, nessa visão, quem passa entre os animais — uma das partes ou as duas? O que esse gesto diz sobre as promessas de Deus?

___

O Senhor Deus é sol e escudo; o Senhor concede favor e honra; não recusa nenhum bem aos que vivem com integridade (Salmos 84:11).

No início de Gênesis 15, Deus diz: "Não tenha medo, Abrão! Eu sou o seu escudo; grande será a sua recompensa!" (versículo 1). Aqui é onde tudo tem início. Começamos pelo "Eu sou", por lembrar o nosso "escudo" e a nossa "grande recompensa". Antes de mirar nas promessas, olhamos para Aquele que Promete, mas, se nos concentrarmos em crer em suas promessas antes de nele crer, ou em receber suas promessas mais do que em recebê-lo, aí teremos perdido algo. Perdemos a visão de que o mesmo Senhor que falou com Abraão, que se encontrou e caminhou com ele, quer falar conosco, encontrar-se e caminhar conosco. Essa é a derradeira promessa — a maior das dádivas — e, ao desenvolvermos nossa relação com o Criador, crescemos em confiança quanto a suas promessas que florescem em nossa vida.

Pontos para Lembrar

- Nossa fé imperfeita e duvidosa não impede o Senhor de manter suas promessas.
- Deus nos convoca a sair de nossa zona de conforto, mas sendo "moradores de tendas" estaremos preparados quando ele nos chamar.
- O Criador *jamais* esquece suas promessas, e nossa confiança nelas está enraizada em nossa relação com ele.

Imediatamente Jesus estendeu a mão e o segurou [Pedro]. E disse: "Homem de pequena fé, por que você duvidou?" (Mateus 14:31).

Oração do Dia

Senhor, agradeço por nos envolver em tua promessa de salvação, e também pelo exemplo de Sarai e Abrão. Dê-nos a confiança que eles tiveram ao chamá-lo de "Adonai", Mestre, Senhor, sob quaisquer circunstâncias, e ajuda-nos a nos lembrar de que, acima de tudo, a derradeira promessa é realizada em ti. Em nome de Jesus, amém.

Segundo dia: Deus prestativo

ACUMULANDO DESPESAS

Não seria ótimo se alguém pagasse sua conta do cartão de crédito? Ao longo do mês, você vai acumulando as despesas feitas, com medo do dia da chegada do extrato pelo correio, e, quando chega, você deixa aquela correspondência sobre a mesa por alguns dias, sem querer ver quanto deve. Finalmente, você se obriga a abrir o envelope, e com um olho aberto e o outro fechado, espia o valor. O que lê faz o olho fechado abrir. "Total: Zero!"

Deve haver algum engano, então você liga para o banco que emitiu o cartão.
— Sim — explica o gerente. — sua conta foi paga. Um certo senhor Max Lucado nos enviou um cheque cobrindo o débito.

Você não acredita no que ouve.
— Como sabe que o cheque dele tem fundos?
— Ah, não há dúvidas. O Sr. Lucado tem quitado a dívida das pessoas há anos.

Por sinal, adoraria fazer isso por você, mas não alimente grandes esperanças, pois tenho um bocado de contas minhas a pagar. Mas Jesus adoraria fazê-lo, e ele pode! O Senhor não tem nenhuma dívida pessoal, e, melhor ainda, vem fazendo isso há anos. Como prova, Paulo abre o arquivo de dois mil anos intitulado "Abrão de Ur" e retira um extrato.

Ele mesmo levou em seu corpo os nossos pecados sobre o madeiro, a fim de que morrêssemos para os pecados e vivêssemos para a justiça (1Pedro 2:24).

Portanto, que diremos do nosso antepassado Abraão? (Romanos 4:1)

> *Se de fato Abraão foi justificado pelas obras, ele tem do que se gloriar, mas não diante de Deus (Romanos 4:2).*

Abrão e Sarai certamente tinham sua parcela de despesas nesse extrato, uma vez que estavam longe de serem perfeitos, mas, como constatamos, houve ocasiões em que Abrão confiou nos egípcios em vez de confiar em Deus e chegou inclusive a mentir, dizendo ao faraó que Sarai era sua irmã. Entretanto, Sarai também tinha suas falhas. e uma das mais memoráveis aconteceu justamente depois que Deus fez sua aliança com Abrão — quando Sarai decidiu assumir as rédeas da situação.

"Sarai disse a Abrão: 'Já que o SENHOR me impediu de ter filhos, possua a minha serva; talvez eu possa formar família por meio dela'. Abrão atendeu à proposta de Sarai" (Gênesis 16:2-3). O resultado? Um desastre.

1. Leia Gênesis 16 e escreva as "despesas" que Abrão e Sarai acumularam. Por que você acha que Sarai decide "ajudar" no plano de Deus nessa passagem? Com base na reação de Abrão, que desejos ele tinha para "ajudar" no plano divino?
   _____
   _____
   _____
   _____

2. Pense numa ocasião em que assumiu o controle de uma situação em vez de confiá-la a Deus. Quais foram alguns dos resultados dessa decisão? Sarai acreditava que controlar o curso das coisas resolveria o problema (ver Gênesis 16:2), e isso proporcionou a ela um falso conforto. Que falsos "confortos" andam de mãos dadas com o controle?
   _____
   _____
   _____
   _____

> *Então Sarai disse a Abrão: "Caia sobre você a afronta que venho sofrendo. Coloquei minha serva em seus braços e, agora que ela sabe que engravidou, despreza-me. Que o SENHOR seja o juiz entre mim e você" (versículo 5).*

3. Dez anos tinham se passdo desde que Abrão e Sarai haviam juntado suas coisas e deixado todos os que conheciam para seguir a promessa de Deus. A esperança e a paciência de Sarai estavam se esgotando, e ela começava a atribuir culpas. Quem você a vê culpar em Gênesis 16? Quem você tende a culpar quando seus planos e sonhos não se concretizam como esperava?
   _____
   _____
   _____
   _____

> *Tu, SENHOR, guardarás em perfeita paz aquele cujo propósito está firme, porque em ti confia (Isaías 26:3).*

4. Leia Provérbios 3:5-7 e Tiago 1:6-8. Que passagem descreve melhor Sarai em Gênesis, e por quê? Em Isaías 26:3, de que maneira o profeta nos encoraja a evitar a dúvida e o controle, e nos convida a ter um coração pacífico e confiante?
   _____
   _____
   _____
   _____

LIÇÃO 1 ❖ SARAH ❖ Segundo dia: Deus prestativo

NECESSITADOS DE UMA PEQUENA BÊNÇÃO

"Já fazia dez anos que Abrão vivia em Canaã, e foi nessa ocasião que Sarai, sua mulher, lhe entregou sua serva egípcia Hagar. Ele possuiu Hagar, e ela engravidou" (Gênesis 16:3-4). Agora, Abrão e Sarai tinham um herdeiro, mas não era o herdeiro pretendido por Deus. Eles haviam se afastado dos planos de Deus, e logo as coisas começaram a dar errado.

Hagar começa a desprezar Sarai, e esta começa a desprezar Hagar. Abrão se vê preso no meio delas, e a situação piora tanto que, finalmente, Abrão desiste de tentar resolvê-la. "Sua serva está em suas mãos", diz ele à mulher. "Faça com ela o que achar melhor" (versículo 6).

Quando se viu grávida, começou a olhar com desprezo para a sua senhora. (Gênesis 16:4).

Por mais estranho que possa parecer, de muitas maneiras a condição humana de Sarai é alentadora, portanto, quando precisar de algo para fazer você lembrar da tolerância de Deus, encontrará na história dela. Se algum dia se perguntar de que forma o Altíssimo poderia usar você para mudar o mundo, basta olhar para esse casal. Eles tomaram inúmeras más decisões, mas Abrão também tomou uma atitude para sua família que transformou tudo: "Abraão creu em Deus, e isso lhe foi creditado como justiça" (Romanos 4:3). Por causa disso, o Senhor concedeu uma graça a ambos, Sarai e Abrão, a despeito de suas falhas e más condutas. Ele quitou suas despesas e liquidou suas dívidas.

Abrão creu no SENHOR, e isso lhe foi creditado como justiça (15:6).

Meu pai tinha uma regra simples com relação a cartões de débito: tenha-os o menos possível. Então, pode imaginar minha surpresa quando ele colocou um na minha mão no dia em que saí de casa para ir cursar a faculdade. Olhei para o nome no cartão e vi que não era o meu; era o dele. As únicas instruções dadas foram: "Tome cuidado na hora de usá-lo".

Passaram-se vários meses sem que tivesse necessidade de usar o tal cartão, mas, quando precisei, precisei *mesmo*. Num impulso, faltei à aula numa manhã de sexta-feira e saí para ir ver uma amiga em outra cidade, a seis horas de viagem, e tudo corria bem até eu bater na traseira de um carro no trajeto de volta. Ainda consigo me ver ao telefone, ligando para meu pai naquela friagem de outono. Não tinha muito do que me vangloriar com aquela história, pois havia feito uma viagem sem o conhecimento dele, sem nenhum dinheiro, e tinha batido seu carro.

Depois de uma longa pausa, ele disse: "Bem, essas coisas acontecem. Foi por isso que lhe dei o cartão. Espero que tenha aprendido a lição". Se eu aprendi com aquela experiência? Certamente que sim. Aprendi que o perdão de meu pai precedeu meu erro, uma vez que ele me deu o cartão antes do acidente, contando com a possibilidade de que eu sofresse algum. Em outras palavras, meu pai me deu uma solução para o meu erro antes mesmo que eu errasse.

Será que preciso lhe dizer que Deus fez a mesma coisa? O Senhor sabia que Abrão e Sarai falhariam. Sabia que, algum dia, eles precisariam do favor dele. E sabia que um dia nós também precisaríamos de sua graça.

Todos tropeçamos de muitas maneiras (Tiago 3:2).

5. Quais os resultados negativos da decisão de Sarai de burlar o plano de Deus, tanto em termos de seu relacionamento quanto no aspecto emocional?

_____

_____

6. Como Abrão reage à decisão de Sarai? De que maneira você acha que reagiríamos? Como você pode ajudar um amigo ou parente que está tentando assumir o controle ou manipular os planos de Deus?

7. De que forma a promessa de Deus a Abraão em Gênesis 15:6 ampara o "erro antes mesmo de ele errar"?

8. Deus nos concede o perdão, sabendo que não cumpriremos o plano que traçou, assim como fizeram Sarai e Abrão. No entanto, ele nos concede a bênção de crescer na fé ao longo do caminho. Com base nos versículos a seguir, de que maneira nossa fé e nossa confiança em Deus aumentam?

Mateus 26:41: "Vigiem e orem para que não caiam em tentação. O espírito está pronto, mas a carne é fraca."

Marcos 9:23-24: "'Se podes?', disse Jesus. 'Tudo é possível àquele que crê.' Imediatamente o pai do menino exclamou: 'Creio, ajuda-me a vencer a minha incredulidade!'"

Romanos 10:17: "Consequentemente, a fé vem por se ouvir a mensagem, e a mensagem é ouvida mediante a palavra de Cristo."

Filipenses 4:6-7: "Não andem ansiosos por coisa alguma, mas em tudo, pela oração e súplicas, e com ação de graças, apresentem seus pedidos a

LIÇÃO 1 ❖ SARAH ❖ Segundo dia: Deus prestativo

Deus. E a paz de Deus, que excede todo o entendimento, guardará o coração e a mente de vocês em Cristo Jesus."

_____
_____
_____
_____

Filipenses 4:12-13: "Sei o que é passar necessidade e sei o que é ter fartura. Aprendi o segredo de viver contente em toda e qualquer situação, seja bem alimentado, seja com fome, tendo muito, ou passando necessidade. Tudo posso naquele que me fortalece."

_____
_____
_____
_____

Essa história nos dá uma noção do que acontece quando procuramos seguir nosso próprio caminho em vez do caminho de Deus. Para Sarai, restaram o desprezo e a amargura; Abrão está esgotado e conformado; Hagar sofre maus-tratos; E Ismael é deixado para morrer. Todos nós temos "momentos de Sarai", tempos em que queremos que a vida siga do nosso modo e não segundo a vontade do Senhor, e também passamos por situações em que pedimos ao Altíssimo para sair do assento do carona para assumir o lugar do motorista. Isso deveria nos fazer amar a Deus ainda mais, pois sabemos que, em tais ocasiões, ele nos protege de nós mesmos. Ele sabia de todos os erros que iríamos cometer — "as despesas no cartão de crédito" — e ainda assim nos escolheu antes da criação do mundo. Não importa o quanto estraguemos as coisas, o plano de salvação do Senhor nunca é frustrado e sua graça jamais é ameaçada.

*Todos nós, tal qual ovelhas, nos desviamos, cada um de nós se voltou para o seu próprio caminho; e o S*ENHOR *fez cair sobre ele a iniquidade de todos nós* (Isaías 53:6).

PONTOS PARA LEMBRAR

- ❖ "Resolver" uma situação fazendo uso de nossos próprios meios para impulsionar os planos de Deus pode nos dar uma sensação de conforto e controle, mas os resultados são desastrosos.
- ❖ O perdão divino precede os nossos erros, e, quando falhamos, sua graça nos concede a fé para aumentar nossa satisfação com seus planos.
- ❖ Muitas vezes, o Criador tem de nos proteger de nós mesmos!

 ORAÇÃO DO DIA

*Senhor, precisamos de ajuda para confiar em ti com
todo o coração (veja Provérbios 3:5-7). É muito fácil nos
apoiarmos em nossa própria compreensão, e não queremos ser
sábios aos nossos próprios olhos. Faz-nos humildes e dá-nos
um coração que te tema. Agradecemos por tua graça e amor
que se antecipam a todos os nossos erros. Amém.*

Terceiro dia: Mantendo-se esperançoso

ROTINA EXTREMA

Quando Abrão estava com noventa e nove anos de idade o SENHOR lhe apareceu (Gênesis 17:1).

À época em que Deus aparece pela segunda vez, em Gênesis 17, tinham se passado 25 anos desde sua primeira promessa de fazer de Abrão e Sarai uma grande nação. Abrão tem agora 99 anos e Sarai não é muito mais nova. Ela tricota e ele joga paciência; ele perdeu cabelo e ela, os dentes; e nenhum dos dois passa mais tempo desejando um ao outro.

Vinte e cinco anos. Muita coisa aconteceu durante esse período. O casal superou o escândalo no Egito, e seu sobrinho Ló foi capturado e resgatado, e então houve todo aquele suplício de Hagar-e-Ismael. Mas nenhum filho havia nascido ainda, nada do herdeiro prometido.

Para Abrão, nome que significa "pai exaltado", as conversas deviam ter se tornado de uma rotina extrema.

— E aí, qual o seu nome?

— Abrão.

— Ah, 'pai exaltado'! Uau, que grande título. Diga-me, quantos filhos você tem?

— Nenhum — suspirava Abrão.

Vez por outra, estou certo de que ele pensava na promessa de Deus e piscava o olho para Sarai. Ela lhe sorria, pensando: *Bem, Deus nos prometeu um filho, não foi?* E ambos caíam na risada, ante a imagem de balançar um menino no colo ossudo.

"De minha parte, esta é a minha aliança com você. Você será o pai de muitas nações" (versículo 4).

Deus também estava dando risada. Ainda com o sorriso no rosto, começou a se ocupar com o que mais gostava de fazer: o inacreditável. Mas, primeiro, tinha de mudar algumas coisas, a começar pelos nomes deles. "Não será mais chamado Abrão. Seu nome será Abraão, porque eu o constituí pai de muitas nações. [...] De agora em diante sua mulher já não se chamará Sarai; seu nome será Sara. Eu a abençoarei e também por meio dela darei a você um filho" (Gênesis 17:5, 15-16).

Abrão, pai de um, agora seria Abraão, "pai de uma multidão". Sarai, a estéril, seria, a partir daquele momento, Sara, "mãe de nações". Era outra garantia de Deus de que cumpriria a promessa. De alguma forma, o casal escolheu acreditar nela e nunca se render à dúvida.

1. Dedique algum tempo à leitura de Gênesis 17. Esta é a quarta vez, em 25 anos, que o Senhor visita Abrão, e ele inicia a visita com a ordem: "Ande segundo a minha vontade e seja íntegro" (versículo 1). O que isso significa?

_____
_____
_____
_____
_____

LIÇÃO 1 ❖ SARAH ❖ Terceiro dia: Mantendo-se esperançoso

2. Se você estivesse no lugar de Sarai, como teria reagido a essa ordem de andar segundo a vontade do Senhor depois de esperar por 25 anos? Como Abrão reage? O que podemos aprender com sua obediência (veja os versículos 23-27)?

_____
_____
_____
_____

3. Em Isaías 40:31, o profeta escreve: "Mas aqueles que esperam no SENHOR renovam as suas forças". Qual é a promessa de esperar/ter esperança em Deus? Que lições você aprendeu durante seu tempo de espera?

_____
_____
_____
_____

Naquele mesmo dia, Abraão tomou seu filho Ismael, todos os nascidos em sua casa e os que foram comprados, todos os do sexo masculino de sua casa, e os circuncidou, como Deus lhe ordenara. [...] E com Abraão foram circuncidados todos os de sua casa, tanto os nascidos em casa como os comprados de estrangeiros (Gênesis 17:23, 27).

4. De acordo com 2Pedro 3:8-9, "Não se esqueçam disto, amados: para o Senhor um dia é como mil anos, e mil anos como um dia. O Senhor não demora em cumprir a sua promessa, como julgam alguns". O que esse versículo diz sobre a perspectiva temporal do Criador em comparação à nossa? Como deveríamos entender a noção de tempo do Altíssimo?

_____
_____
_____
_____
_____

UMA CONVIDADA INDESEJADA E ANTIPÁTICA

Ah, *a dúvida*. Essa vizinha abelhuda. Ela é uma visita indesejada, uma convidada antipática. Justamente quando você está pronto para um fim de semana de descanso... quando tira a roupa de trabalho e veste uma bermuda... no momento que arma a espreguiçadeira e senta com uma revista e um copo de chá gelado... a voz dela interrompe seus pensamentos.

"Ei, Rebeca. Tem uns minutinhos? Tenho algumas perguntas a fazer. Não quero ser antipática, mas, Beca, como é que pode acreditar que um Deus grandioso algum dia iria se importar contigo? Não acha que está sendo pretensiosa, pensando que o Senhor quer você no céu?"

"Você pode achar que está muito bem com o cara lá de cima, mas se esqueceu daquela viagem para Atlanta? Acha que ele não vai lembrar do que você fez lá?"

"Como sabe que o Criador se importa com você, então?"

Tem uma vizinha assim? Ela vai pegar no seu pé, vai irritar você, criticará sua opinião e vai lhe passar uma rasteira e recusará ajuda para levantar você. Ela lhe dirá para não acreditar no invisível sem, no entanto, lhe oferecer nenhuma resposta para a inadequação do visível.

Peça-a, porém, com fé, sem duvidar, pois aquele que duvida é semelhante à onda do mar, levada e agitada pelo vento (Tiago 1:6).

Ela é dissimulada, uma mentirosa de duas caras que vive trapaceando, e sua meta não é convencer, mas confundir você. Ela não oferece soluções; apenas levanta questões, portanto, não deixe que ela o perturbe. Embora possa usar o linguajar comum, ela não é uma estreante. As primeiras sementes de dúvida dela foram plantadas no Jardim do Éden, no coração de Eva, e sem dúvida, ela trabalhou com afinco para plantar as mesmas sementes no coração de Sara e de Abraão.

Mas Sara e Abraão nunca desistiram de confiar em Deus, e, embora a decisão deles de levantar acampamento e partir tivesse ficado para trás, e embora tudo o que tivessem fosse um vale da Previdência Social e uma promessa dos céus, eles decidiram confiar naquela promessa em vez de se concentrar nos problemas. Resultado: o casal que usava o atendimento médico governamental para idosos foi o primeiro a levar um berço ao berçário.

Filhinhos, vocês são de Deus (1João 4:4).

Em amor nos predestinou para sermos adotados como filhos (Efésios 1:5).

Se somos filhos, então somos herdeiros; herdeiros de Deus e coerdeiros com Cristo (Romanos 8:17).

5. Temos um inimigo que adora roubar a nossa esperança, e, quando damos ouvidos ao que ele diz, chamamos a nós mesmos de *esquecidos, indignos de afeto, sem importância*. Mais do que possa parecer, Abraão e Sara sentiram-se assim durante os 25 anos de espera, mas então ouviram os nomes que Deus lhes deu — *Abraão,* significando "pai de muitos", e *Sara,* significando "princesa". Leia 1João 4:4, Efésios 1:4-5 e Romanos 8:17. Do que Deus chama você? De que forma isso lhe traz uma nova esperança?

_____
_____
_____
_____
_____
_____

Mesmo assim não duvidou nem foi incrédulo em relação à promessa de Deus, mas foi fortalecido em sua fé e deu glória a Deus, estando plenamente convencido de que ele era poderoso para cumprir o que havia prometido (Romanos 4:20-21).

6. O plano divino é tão estapafúrdio que Abraão pergunta: "Poderá um homem de cem anos de idade gerar um filho? Poderá Sara dar à luz aos noventa anos?" (Gênesis 17:17). Ainda assim, a despeito de ser um plano aparentemente sem sentido, ele e Sara nunca desistem de confiar no Senhor. Leia Romanos 4:18-21. O que esses versículos falam sobre a fé dos dois?

_____
_____
_____
_____
_____
_____

Então Deus respondeu: "Na verdade Sara, sua mulher, lhe dará um filho, e você lhe chamará Isaque (Gênesis 17:19).

7. Abraão mostra-se claramente descrente quanto à possibilidade de Sara dar à luz um filho já em idade tão avançada. Então, ele pede ao Criador que abençoe Ismael, pensando que ele *deve* ser o legítimo herdeiro, no final das contas. Como Deus reage (ver Gênesis 17:19-20)? O que isso diz sobre a generosidade e a graça do Altíssimo mesmo quando interpretamos mal seu plano ou duvidamos dele?

LIÇÃO 1 ❖ SARAH ❖ Terceiro dia: Mantendo-se esperançoso

_____
_____
_____
_____
_____

8. Que dúvidas você tem escutado ultimamente? Escreva-as e, ao lado delas, anote estas promessas: 2Pedro 3:8-9, Deuteronômio 7:9, 2Tessalonicenses 3:3.

_____
_____
_____
_____
_____

Em Hebreus 11:13, o autor escreve que os maiores heróis bíblicos "viveram pela fé e morreram sem receber o que havia sido prometido". Por vezes, não veremos as promessas de Deus se realizarem enquanto vivermos; em outros casos, será apenas uma questão de minutos. A despeito disso, em tempos de dúvida temos de lembrar que o Senhor não precisa de um despertador, pois não cochilou nem esqueceu o plano para nossa vida. Ele é confiável e seu senso de tempo é perfeito. Que nós, assim como Abraão e Sara e todos os heróis da fé, possamos confiar em Deus, independentemente de promessas vistas ou não vistas.

Ele é paciente com vocês, não querendo que ninguém pereça (2Pedro 3:9).

O SENHOR, o seu Deus, é Deus; ele é o Deus fiel (Deuteronômio 7:9).

O Senhor é fiel e ele os fortalecerá (2Tessalonicenses 3:3).

❧ Pontos para Lembrar ❧

❖ A linha de tempo de Deus não é igual à nossa, e não podemos medir sua lealdade pelo nosso relógio ou calendário.
❖ O inimigo tem por meta nos confundir, questionar nossas ideias em relação aos planos divinos e nos deixar em dúvida.
❖ Temos de confiar no Senhor, e somente nele, ou o perderemos de vista e afundaremos na falta de esperança quando nos impacientarmos, à espera de seu plano.

❧ Oração do Dia ❧

*Obrigado, Senhor, pelo teu perfeito sentido de tempo.
Nunca te atrasas no cumprimento de tuas promessas.
Ajuda-nos a manter o foco em ti, em tua lealdade e a manter
nossos olhos fixos em teu amor e em tua graça. Que possamos
crescer na fé enquanto aguardamos ansiosos pelo que vais
fazer em nossa vida. Em nome de Jesus, amém.*

Quarto dia: Promessa cumprida

VISITANTES INESPERADOS

Para Deus todas as coisas são possíveis (Mateus 19:26).

O nome de Sara não é a única coisa que Deus muda em sua vida. Logo ele muda seu modo de pensar, sua fé, e o número de suas deduções fiscais. Ele muda a forma como ela define a palavra *impossível,* mas, acima de tudo, modifica a atitude de Sara quanto ao que significa confiar nele. Começou no dia em que três visitantes chegaram à sua tenda.

Abraão ergueu os olhos e viu três homens em pé, a pouca distância (Gênesis 18:2).

Abraão é o primeiro a vê-los. Corre para cumprimentá-los e, em seguida, vai até Sara. "Rápido", diz ele, "pegue a farinha e asse uns pães." Sara atende, mas, ao sovar a massa na tenda, fica atenta também ao que dizem lá fora. "Com certeza, estarei de volta aqui por essa época no próximo ano", ela ouve um deles falar, "e sua mulher, Sara, terá um filho" (Gênesis 18:10).

Por isso Sara riu consigo mesma, quando pensou: "Depois de já estar velha e meu senhor já idoso, ainda terei esse prazer?" (versículo 12).

Ao ouvir a notícia, Sara deixa escapar uma risada. Ela sacode os ombros e afunda o rosto enrugado nas mãos envelhecidas, pois sabe que não devia rir. Não é apropriado rir das palavras de Deus, até porque aquele visitante é sem dúvida o Senhor falando com ela. Mas, assim que recupera o fôlego e enxuga as lágrimas, pensa de novo sobre aquilo, e uma nova onda de hilaridade a invade.

1. Dedique um tempo à leitura de Gênesis 18:1-15. Por que acha que Sara riu? Que emoções estavam por trás de sua risada (dúvida, alegria, choque)? Use o contexto e a história que conhece para embasar seus pensamentos.

_____
_____
_____
_____
_____

2. Por que acha que o Senhor pergunta a Abraão: "Por que Sara riu?" (versículo 13)? Em geral, quando Deus faz uma pergunta, ele está ensinando uma lição. Qual lição ele está ensinando a Sara?

_____
_____
_____
_____
_____

Por isso mentiu: "Eu não ri" (versículo 15).

3. Por que Sara mente sobre o riso? Como você vê a atitude dela com relação a Deus mudar do versículo 12 para o versículo 15? Por que acontece tal mudança?

_____
_____
_____
_____

LIÇÃO 1 ❖ SARAH ❖ Quarto dia: Promessa cumprida

4. Deus muda a forma como Sara define a palavra *impossível* e também a atitude dela sobre o significado de confiar nele. Em que ocasião o Senhor fez isso com você? De que modo ele mudou a forma como você confiava nele? De que maneira ele abriu seus olhos para o impossível?

_____
_____
_____
_____
_____

Ah! Soberano SENHOR [...] Nada é difícil demais para ti. (Jeremias 32:17).

O SENHOR PROVÊ

Mais tarde, depois que os visitantes tinham ido embora, Abraão olha para Sara — sem dentes, roncando na cadeira de balanço, a cabeça para trás, a boca escancarada, apetitosa como uma ameixa seca e tão enrugada quanto, e solta uma gargalhada. Tenta segurá-la, mas não consegue, pois sempre fora apreciador de uma boa piada.

Um ano mais tarde, porém, é o Criador quem ri por último. "O SENHOR foi bondoso com Sara, como lhe dissera, e fez por ela o que prometera. Sara engravidou e deu um filho a Abraão em sua velhice, na época fixada por Deus em sua promessa" (Gênesis 21:1-2).

O nome que Sara e Abraão davam a Deus era *Jeová-Jiré*, que significa "o Senhor que provê". É um pouco irônico, talvez, que eles o chamassem de *provedor*, pois o casal já fora bem atendido mesmo antes de sua ida para Canaã. Viviam numa tenda de dois níveis com garagem para quatro camelos. A vida em Ur era boa.

"Mas a vida será melhor em Canaã", disse Abraão a Sara e ao resto da família, e então aí partiram. E quando ela perguntou: "Onde vamos morar?", Abraão respondeu: "Deus proverá". E o Senhor proveu.

Quando mais tarde eles foram pegos num escândalo no Egito, a família se indagou: "Como sairemos dessa?" E Abraão lhes assegurou: "Deus proverá". E ele proveu.

Quando eles repartiram a terra e o sobrinho Ló ficou com o campo verdejante, deixando tio Abraão com o terreno rochoso, a família se indagou: "Como sobreviveremos?" E Abraão sabia a resposta: "Deus proverá". E o Altíssimo proveu.

E quando Abraão e Sara ficavam perto do berço vazio e ela imaginava como seria a mãe de muitas nações, ele a envolvia com seu braço e sussurrava: "O Senhor proverá". E ele proveu.

Caso Sara pudesse ouvir o que disse Jesus em Mateus 5:3 sobre ser pobre em espírito, ela poderia dar um testemunho: "Ele está certo", ela diria. "Se faço as coisas do meu jeito, arranjo uma dor de cabeça. Se deixo que Deus assuma o comando, tenho um filho. Que situação. Só sei que sou a primeira mulher da cidade que paga o pediatra com o dinheiro da aposentadoria."

Abraão e Sara tinham realmente aprendido que Deus era provedor, mas aquilo que o Senhor iria pedir a eles em seguida certamente deve ter testado mais uma vez a confiança que nele depositavam.

Abraão deu àquele lugar o nome de "O SENHOR Proverá". (Gênesis 22:14).

Bem-aventurados os pobres em espírito, pois deles é o Reino dos céus. (Mateus 5:3).

> *Deus me encheu de riso, e todos os que souberem disso rirão comigo* (Gênesis 21:6).

5. Leia Gênesis 21:3-7. O nome *Isaque* significa "aquele que ri". Como você descreveria o riso de Sara neste capítulo (ver versículo 6) comparado ao riso dela em Gênesis 18?

___

6. Sara aprendeu uma lição sobre como ser "pobre em espírito" (Mateus 5:3). O que significa ser pobre em espírito? Por que isso é abençoado? De que maneiras você é pobre em espírito?

___

7. "Os pobres em espírito são aqueles que reconhecem necessitar da ajuda de Deus."[3] Como nossa percepção da necessidade de Deus afeta nosso cotidiano se comparada a uma não percepção de nossa carência do Senhor?

___

> *O meu Deus suprirá todas as necessidades de vocês, de acordo com as suas gloriosas riquezas em Cristo Jesus* (Filipenses 4:19).

8. *Jeová-Jiré* significa "o Senhor proverá". Deus foi provedor para Abraão e Sara em cada passo do caminho, e tudo o que tinham a fazer era crer nele. No espaço a seguir, escreva sobre uma ocasião do passado em que o Senhor lhe trouxe uma resposta para uma necessidade ou preocupação. Agora, anote uma preocupação atual e, ao lado dela, escreva o nome de Deus, *Jeová-Jiré*. Dedique um minuto para lembrar a si mesmo que o Criador foi fiel no seu passado e será fiel no seu presente.

___

> *Tudo é possível àquele que crê* (Marcos 9:23).

Certa vez, Deus perguntou a Abraão: "Existe alguma coisa impossível para o SENHOR?" (Gênesis 18:14). Na pergunta, encontramos a resposta: definitivamente não. Cerca de 2 mil anos mais tarde, a mesma verdade é proclamada a respeito de outra criança prometida, ainda por nascer. "Pois nada é impossível para Deus", disse o anjo a Maria, ao anunciar o nascimento do Salvador (Lucas 1:37). Você está tomado pela preocupação? Atormentado pela dúvida? Caso esteja, basta lembrar que se o Altíssimo pode fazer o "impossível" ao

LIÇÃO 1 ❖ SARAH ❖ Quinto dia: Um teste de fé

dar um filho a uma mulher de 91 anos e outro a uma adolescente virgem, ele pode fazer o impossível em sua vida. E assim como Sara riu alegremente no dia em que segurou nos braços o milagre impossível, que você possa sorrir alegremente hoje ao manter-se firme na promessa incrível de que *nada é impossível para Deus.* Nada.

~ PONTOS PARA LEMBRAR ~

- ❖ Quando o Senhor provê o impossível, aumenta a nossa compreensão do seu caráter e faz crescer a nossa confiança em sua fidelidade.
- ❖ A lembrança de como o Criador foi nosso provedor no passado nos ajudará a confiar nele para sermos fiéis no presente.
- ❖ Deus é capaz do impossível em nossa vida.

~ ORAÇÃO DO DIA ~

Nós te louvamos, Senhor, por tua fidelidade no passado — pelas promessas que cumpriste e por aquelas necessidades impossíveis que já atendeste. Teu amor e zelo são inestimáveis! Obrigado por nossas necessidades de hoje estarem seguras em tuas mãos. Amém.

E acrescentou: "Quem diria a Abraão que Sara amamentaria filhos? Contudo eu lhe dei um filho em sua velhice!" (Gênesis 21:7).

Quinto dia: Um teste de fé

A ORDEM MAIS DIFÍCIL

Difícil dizer o que é mais incrível: que Sara tenha engravidado aos noventa anos ou que ela e Abraão, naquela idade, ainda estivessem buscando ter um filho. De todos os presentes que Deus lhes ofereceu, Isaque foi o maior, mas de todas as ordens dadas a eles por Deus, esta seria a mais difícil: "Tome seu filho, seu único filho, Isaque, a quem você ama, e vá para a região de Moriá. Sacrifique-o ali como holocausto num dos montes que lhe indicarei" (Gênesis 22:2).

A Bíblia não nos diz o que estava passando pela mente de Abraão ao ouvir a ordem, assim como não nos diz qual foi a reação de Sara ao se despedir do filho. Tudo o que sabemos é que Abraão selou o jumento, chamou Isaque e dois servos, e viajaram para o local do sacrifício. Ao avistar a montanha à distância, ele instruiu os servos para que ficassem ali e esperassem, e, então declarou algo merecedor de atenção especial: "Fiquem aqui com o jumento enquanto eu e o rapaz vamos até lá. Depois de adorarmos, voltaremos" (versículo 5).

Repare no "voltaremos" confiante de Abraão. Conforme o autor de Hebreus observaria mais tarde, "Abraão levou em conta que Deus pode ressuscitar os mortos e, figuradamente, recebeu Isaque de volta dentre os mortos" (Hebreus 11:19).

Passado algum tempo, Deus pôs Abraão à prova, dizendo-lhe: "Abraão!" Ele respondeu: "Eis-me aqui" (22:1).

Na manhã seguinte, Abraão levantou-se e preparou o seu jumento. Levou consigo dois de seus servos e Isaque, seu filho (versículo 3).

27

> *Deus não pode ser tentado pelo mal, e a ninguém tenta.*
> *(Tiago 1:13).*

1. Leia Gênesis 22. No versículo 1, vemos que "Deus *testou* Abraão" (grifo nosso). O que significa "testar" a fé de alguém? Observe que o Senhor nunca *tenta* a nossa fé, apenas a testa (ver Tiago 1:13). Qual a diferença entre testar e tentar?

   _____
   _____
   _____
   _____
   _____

> *Assim acontece para que fique comprovado que a fé que vocês têm [...] resultará em louvor, glória e honra, quando Jesus Cristo for revelado*
> *(1Pedro 1:7).*

2. Leia 1Pedro 1:7 e descreva uma ocasião em que você acha que o Senhor tenha testado a sua fé. Como a sua fé foi "refinada pelo fogo" durante esse teste?

   _____
   _____
   _____
   _____
   _____

3. Na história de Sara e Abraão, justamente quando a espera e os testes acabaram — justamente quando a vida corre bem com seu filho prometido, Isaque —, Deus aplica o teste mais duro ainda. Por que o Altíssimo testa a fé de Abraão? Ele já não tinha se mostrado suficientemente fiel ao Senhor?

   _____
   _____
   _____
   _____
   _____

> *Pela fé Abraão, quando Deus o pôs à prova, ofereceu Isaque como sacrifício.*
> *(Hebreus 11:17)*

4. Leia Hebreus 11:17-19. Como o autor descreve a reação de Abraão em relação a Deus durante esse teste de fé? O que podemos aprender com o seu exemplo?

   _____
   _____
   _____
   _____
   _____

DEVOLVENDO TUDO PARA DEUS

> *Abraão ergueu os olhos e viu um carneiro preso pelos chifres num arbusto. Foi lá pegá-lo, e o sacrificou como holocausto em lugar de seu filho*
> *(Gênesis 22:13).*

Pai e filho seguem para o alto da montanha. A certa altura, Isaque pergunta: "Mas onde está o cordeiro para o holocausto?" (Gênesis 22:7). É de se imaginar como a resposta saiu da garganta de Abraão. "Deus mesmo há de prover o cordeiro para o holocausto, meu filho" (versículo 8). Jeová-Jiré, o Senhor proverá.

Abraão amarra seu filho, coloca-o sobre o altar, levanta a faca... e, então, um anjo segura sua mão. Deus interrompeu o sacrifício e poupou a vida de Isaque. Abraão ouve um farfalhar na mata e vê um carneiro preso pelos chifres num arbusto. Ele o oferece em sacrifício e dá um nome à montanha: Jeová-Jiré, o Senhor provê.

No Novo Testamento, encontramos Jesus acercando-se de pais com filhos afetados por sérios problemas: a mãe cananeia, o pai de um menino epilético, Jairo. Eles seguravam uma ponta de sua corda numa das mãos e estendiam a outra ponta para Cristo, e em todos os casos Cristo respondeu. Sua doçura permanente transmite uma mensagem acolhedora: Deus está atento à preocupação no coração dos pais.

Afinal, nossos filhos são filhos do Criador primeiro. "Os filhos são herança do Senhor, uma recompensa que ele dá" (Salmos 127:3). Antes de nossos filhos serem nossos, eram dele, e mesmo sendo nossos, ainda assim são dele. Tendemos a nos esquecer disso e a perceber os filhos como "nossos", como se tivéssemos a palavra final com relação à saúde e ao bem-estar deles, mas não temos. Toda a gente é gente de Deus, incluindo os pequeninos que se sentam conosco à mesa.

Sábios são aqueles que costumam devolver a Deus o que dele receberam, e é exatamente isso que vemos na vida de Sara e Abraão. Eles estavam dispostos a não reter nada do Senhor e confiaram a ele a própria vida daquele que durante tantos anos haviam esperado para receber. Seu exemplo nos mostra que o Altíssimo nos recompensa quando procedemos da mesma forma.

Então um homem chamado Jairo, dirigente da sinagoga, veio e prostrou-se aos pés de Jesus, implorando-lhe que fosse à sua casa porque sua única filha [...] estava à morte. (Lucas 8:41-42).

Agora sei que você teme a Deus, porque não me negou seu filho (Gênesis 22:12).

5. Pense num presente que Deus tenha lhe dado e que você adora. Se o Senhor lhe pedisse para devolver a ele o presente amanhã, como reagiria?

_____
_____
_____
_____

6. Em Mateus 6:21, Jesus diz: "Pois onde estiver o seu tesouro, aí também estará o seu coração". Se não tomarmos cuidado, daremos mais valor aos presentes do que ao Doador deles. Você tem bens terrenos que valoriza demais? Se tiver, como pode alcançar um lugar de onde possa ver o Criador como o maior dos tesouros e não os presentes que ele lhe oferece?

_____
_____
_____

Não acumulem para vocês tesouros na terra [...] mas acumulem para vocês tesouros nos céus (Mateus 6:19-20).

7. Mil anos depois de Abraão, o templo em Jerusalém seria construído sobre o monte Moriá. Embora a Bíblia não especifique, muitos estudiosos acreditam que o templo e o lugar onde Abraão ofereceu Isaque em sacrifício têm mesma localização. Se for esse o caso, qual seria a relevância dessa localização coincidente (veja Gênesis 22:14)?

_____
_____
_____
_____

> *Não se esqueçam de fazer o bem e de repartir com os outros o que vocês têm, pois de tais sacrifícios Deus se agrada (Hebreus 13:16).*

8. O sacrifício de Abraão foi um ato de adoração — uma oferenda a Deus do que ele possuía de melhor, e a devolução ao Criador daquilo que, por direito, ao Senhor pertencia desde o início. Como podemos, de forma semelhante, sacrificar ao Altíssimo nossos pertences mais valorizados, no sentido físico e espiritual?

_____
_____
_____
_____
_____

Deus respondeu à fidelidade de Abraão com as seguintes palavras: "Por ter feito o que fez, não me negando seu filho, o seu único filho, esteja certo de que o abençoarei e farei seus descendentes tão numerosos como as estrelas do céu e como a areia das praias do mar. Sua descendência conquistará as cidades dos que lhe forem inimigos e, por meio dela, todos os povos da terra serão abençoados, porque você me obedeceu" (Gênesis 22:16-18).

No final, o Senhor abençoou Sara e Abraão por confiarem nele. Sim, Satanás usara o berço vazio para alimentar a tensão, a discórdia e a dúvida em seu lar, e facilmente Sara poderia ter servido como prova evidente do inimigo para demonstrar a razão pela qual alguém jamais poderia crer em Deus. Mas, em vez disso, conforme constatamos, ela fez justamente o contrário, e, desde então, a história de Sara tem ensinado a milhões que Deus deixa o melhor para o final.

> *Abraão já era velho, de idade bem avançada, e o Senhor em tudo o abençoara (Gênesis 24:1-2).*

Outros exemplos se destacam nas páginas da Bíblia. Quando Daniel e os melhores jovens de Jerusalém foram levados para o cativeiro, parecia que Satanás tinha vencido. A estratégia do inferno era isolar os jovens fiéis, mas novamente o plano teve efeito contrário, pois Daniel foi logo chamado para servir na corte do rei. Aquele mesmo homem que Satanás queria silenciar, passou a maior parte da vida orando ao Deus de Israel e aconselhando os reis da Babilônia.

Pedro é outro exemplo. Satanás procurou desacreditar Jesus, provocando Pedro para que o negasse, mas o plano fracassou, e, em vez de ser um exemplo de quão baixo alguém pode cair, Pedro se tornou um exemplo de quão alto a graça de Deus pode alcançar.

> *Vocês planejaram o mal contra mim, mas Deus o tornou em bem, para que hoje fosse preservada a vida de muitos (50:20).*

Ou considere Paulo. Satanás esperava que a prisão dele silenciasse seu púlpito. Isso aconteceu, mas, em contrapartida, sua pena foi colocada em ação. As cartas aos Gálatas, Efésios, Filipenses e Colossenses foram todas escritas de dentro de uma cela de prisão. Consegue imaginar Satanás tendo acessos de raiva e rosnando toda vez que alguém lê essas epístolas? Ele ajudou a escrevê-las!

Toda vez que Satanás marca um gol, o outro time ganha os pontos.

A história de Sara nos diz que o Senhor sempre cumpre suas promessas e nos mostra que Deus concede a graça àqueles que dela necessitam. Revela que o Criador fica conosco e está em nossa vida mesmo quando tentamos agir contra a sua vontade e também nos mostra que ele cuidará de nós quando confiarmos a ele as bênçãos que nos deu.

LIÇÃO 1 ❖ SARAH ❖ Quinto dia: Um teste de fé

Pontos para Lembrar

- Os momentos de provação refinam a nossa fé, tornando-a genuína, e permitem que honremos, glorifiquemos e louvemos o Senhor.
- Nossa disposição de entregar a Deus aquilo que mais valorizamos é um ato de adoração que o Senhor abençoará.
- Sabemos que nosso coração está na direção certa de Deus quando ele é mais valioso para nós do que qualquer tesouro que ele nos ofereça.

Oração do Dia

Tudo o que temos é teu, Senhor. Amamos e cuidamos dos teus tesouros, mas reconhecemos a insignificância deles se comparados a ti. Ajuda-nos a te louvar com o coração disposto a te oferecer tudo o que possuímos em cada dia de nossa vida. Amém.

Versículo para Memorizar na Semana

Saibam, portanto, que o Senhor, o seu Deus, é Deus; ele é o Deus fiel, que mantém a aliança e a bondade por mil gerações daqueles que o amam e guardam os seus mandamentos.

DEUTERONÔMIO 7:9

Leitura suplementar

Ao longo desta lição, foram citados textos extraídos de *No Wonder They Call Him Savior* [publicado no Brasil como: *Por isso o chamam Salvador*. São Paulo: Mundo Cristão, 2014]; *The Applause of Heaven* [publicado no Brasil como: *O aplauso do céu*. São Paulo: United Press, 1999]; *In the Grip of Grace* [publicado no Brasil como: *Nas garras da graça*. São Paulo: CPAD, 1999]; *Great House of God* [publicado no Brasil como: *A grande casa de Deus*. São Paulo: CPAD, 1997]; *Six Hours One Friday* [publicado no Brasil como: *Seis horas de uma sexta-feira*. São Paulo: Vida, 1989] e *Fearless* [publicado no Brasil como: *Sem medo de viver*. São Paulo: Thomas Nelson, 2009].

Notas
1. Earl Radmacher, Ronald B. Allen, H. Wayne House (Orgs.). *Nelson's New Illustrated Bible Commentary* [Comentário Bíblico Ilustrada da Nelson]. Nashville: Thomas Nelson, 1999, p. 30.
2. Ibid., p. 32
3. *The ESV Global Study Bible* [Bíblia de estudo global ESV]. Wheaton, Ill.: Crossway, 2012, nota sobre Mateus 5:3.

LIÇÃO 2

RAABE

QUANDO UM PASSADO DUVIDOSO CONHECE A GRAÇA DE DEUS

U M GRUPO DE CRIANÇAS DE CATEURA, na periferia de Assunção, no Paraguai, está fazendo música com lixo. Elas transformam tinas de lavar roupa em tambores, e canos, em trompetes. Outras orquestras afinam violoncelos de madeira nobre ou tubas de metal. Não é o caso desse grupo musical. Eles tocam sonatas de Beethoven usando baldes plásticos.
Nessa parte da capital paraguaia, o lixo é a única colheita a ser feita, então, os catadores separam e vendem a sucata por centavos o quilo. Muitos deles já tiveram a mesma sina que o lixo, ou seja, foram jogados fora e descartados.

Agora, porém, graças a dois homens, estão fazendo música.

Favio Chavez é um técnico ambientalista que idealizou uma escola de música como uma válvula de escape bem-vinda para as crianças. Don Cola Gomez é reciclador de materiais e carpinteiro que nunca antes na vida tinha visto, ouvido ou segurado um violino. No entanto, quando alguém descreveu o instrumento, esse artesão autodidata pegou uma lata de tinta e uma bandeja de forno em sua minúscula oficina e fez um violino. O instrumento seguinte foi um violoncelo. De um barril de óleo, montou o corpo, e, para as cravelhas de afinação, usou uma escova de cabelo, o salto de um sapato e uma colher de pau.

Graças a esse Stradivarius, o lixo ganha uma nova chance, assim como as crianças que vivem no meio dele, e desde o dia em que a história delas virou notícia, elas têm sido instruídas por maestros, aparecido em programas de TV de alcance nacional e levadas a tocar em uma turnê mundial. São conhecidas como a Harmônica do Lixão e também como a Orquestra de Instrumentos Reciclados de Cateura.

Poderíamos chamá-la também de retrato da graça de Deus.

Deus faz música com a plebe, e até a orquestra celestial é formada pelos músicos mais improváveis. Pedro, primeiro trompetista, maldisse o nome do

Fortifique-se na graça que há em Cristo Jesus (2Timóteo 2:1).

Cristo que o salvou. Paulo toca o violino, mas houve uma época em que bancou o caçador de religiosos. E o sujeito da harpa? Aquele é Davi, o rei, o Davi mulherengo, conivente, sanguinário. O Davi arrependido.

Dedique uma atenção especial à mulher que toca a clarineta, é Raabe. A história dela aparece no segundo capítulo de Josué. "Então Josué, filho de Num, enviou secretamente de Sitim dois espiões e lhes disse: 'Vão examinar a terra, especialmente Jericó'. Eles foram e entraram na casa de uma prostituta chamada Raabe, e ali passaram a noite" (versículo 1).

> *O rei de Jericó foi avisado: "Alguns israelitas vieram aqui esta noite para espionar a terra"* (Josué 2:2).

1. Honestamente, como você se vê hoje? Como um punhado de lixo, inútil e esquecido? Ou como um instrumento de Deus, reconstituído e valioso? Ou talvez uma mistura dos dois? Explique seu pensamento.

_____
_____
_____
_____
_____
_____
_____

2. De que maneira o Senhor pegou o lixo da sua vida — talvez más decisões tomadas no passado ou um conflito atual que está enfrentando — e, de forma misericordiosa, transformou-o em música?

_____
_____
_____
_____
_____
_____
_____

> *Prestem culto ao Senhor com alegria; entrem na sua presença com cânticos alegres* (Salmos 100:2).

Uma panela transformada em violino. Um violoncelo feito de um barril. Quem poderia imaginar que sairia música de algo tão bagunçado, tão descartado, tão estragado? Entretanto, Deus faz isso diariamente. Ele afina nosso coração fora do tom para acompanhar sua canção. Nossa única tarefa é deixá-lo fazer sua obra, e, se pensamos que ele não pode nos usar, estamos errados. Então, hoje, peçamos ao Senhor que nos ajude a nos vermos como instrumentos do lixão — antes sujos, agora limpos; antes silenciosos, agora entoando sua canção.

∞ Oração da Semana ∞

Senhor, tu nos diz que "se alguém está em Cristo, é nova criação. As coisas antigas já passaram; eis que surgiram coisas novas!" (2Coríntios 5:17). Obrigado por transformar nosso lixo em tua canção. Hoje, rogamos que continues a fazer com que a música de nossa vida se pareça cada vez mais contigo. Amém.

$\mathcal{P}$rimeiro dia: Provação no deserto

MEDOS DO TAMANHO DOS CANANEUS

Na verdade, a Terra Prometida foi a terceira parada durante o icônico itinerário dos hebreus. A peregrinação começou no Egito, onde tinham sido escravizados pelo faraó, mas depois que Deus elegeu Moisés como líder do povo, e os israelitas pisaram em terra seca pelo mar Vermelho e adentraram o deserto, onde estavam livres do jugo egípcio. Mas você não teria sabido disso se escutasse o que diziam.

Com apenas três dias de liberdade, "o povo começou a reclamar a Moisés, dizendo: 'O que beberemos?'" (Êxodo 15:24). Mais alguns dias se passaram e "No deserto toda a comunidade de Israel reclamou a Moisés e Arão. [...] 'Quem dera a mão do Senhor nos tivesse matado no Egito! [...] mas vocês nos trouxeram a este deserto para fazer morrer de fome toda esta multidão!'" (16:2-3). O povo "queixou-se a Moisés" (17:2) e "reclamou a Moisés" (versículo 3). Eles inalavam ansiedade como oxigênio e reclamavam de tal forma que Moisés clamou: "Que farei com este povo? Estão a ponto de apedrejar-me!" (versículo 4).

Finalmente, quando Deus chamou o povo para avançar na direção de Canaã, Moisés enviou doze espiões até lá, e, ao voltarem, todos, com exceção de dois, disseram que a missão era impossível, pois os gigantes eram simplesmente grandes demais para eles. "Parecíamos gafanhotos", eles disseram (Números 13:33). *Éramos como insetos, insetos diminutos. Eles vão nos esmagar.*

Então, Deus lhes deu tempo para pensar a respeito, colocando a nação inteira num intervalo por quase quarenta anos. Andavam em círculos e comiam a mesma comida todos os dias. A vida era uma rotina infindável, com as mesmas rochas, os mesmos lagartos e as mesmas cobras. As vitórias eram escassas e o progresso, vagaroso. Estavam a salvo, mas não fortalecidos; resgatados, mas não livres; a salvo do faraó, mas presos no deserto; resgatados, porém aprisionados numa rotina. Foram quatro décadas de tédio.

Mas chegou o dia em que o Altíssimo apareceu para Josué, o sucessor de Moisés, e disse: "Você e todo este povo preparem-se para atravessar o rio Jordão e entrar na terra que eu estou para lhes dar" (Josué 1:2). Chegara a hora de uma segunda chance e Jericó foi o primeiro teste.

Como reagiria o povo dessa vez?

1. Antes de adentrarmos os muros de Jericó, vamos recordar a jornada dos israelitas até chegarem ali. Leia Êxodo 3:7-10. O que Deus prometeu a Moisés e ao povo nesses versículos? O que você pode apreender do afeto do Senhor em relação a Israel?

_____
_____
_____
_____

[Moisés] os tirou de lá, fazendo maravilhas e sinais no Egito, no mar Vermelho e no deserto durante quarenta anos (Atos 7:36).

Mas nossos antepassados se recusaram a obedecer-lhe; ao contrário, rejeitaram-no, e em seu coração voltaram para o Egito (versículo 39).

Desci para livrá-los das mãos dos egípcios (Êxodo 3:8)

> *Cantem ao Senhor, pois triunfou gloriosamente. Lançou ao mar o cavalo e o seu cavaleiro (Êxodo 15:21).*

2. Abra em Êxodo 15:20-21. Deus libertou os israelitas após 430 anos de cativeiro por meio de uma épica série de pragas e da divisão do mar Vermelho. Uma vez fora do Egito, eles começam a louvar o Senhor. O que Miriã e as mulheres declaram sobre o Criador na sua canção? Quais são a atitude e a conduta delas?

_____
_____
_____
_____

> *No deserto, toda a comunidade de Israel reclamou a Moisés e Arão (16:2).*

3. Agora, pule alguns versículos e leia Êxodo 16:1-3. Havia pouco, o povo estava adorando a Deus, mas agora está reclamando. O que acha que provocou a mudança? Descreva uma ocasião em que você, assim como os israelitas, sentiu culpa por louvar ao Senhor em dado momento para logo depois dar meia-volta e duvidar dele.

_____
_____
_____
_____

> *Nenhum deles chegará a ver a terra que prometi com juramento aos seus antepassados (Números 14:23).*

4. Leia Números 13:28-29. A dúvida dos israelitas em relação ao plano de Deus não cessou. Depois que Moisés enviou espiões à Terra Prometida, eles voltaram com más notícias. O que os espiões disseram que os amedrontou? Que medos com o tamanho de Canaã você sente agora?

_____
_____
_____
_____

UMA LIÇÃO DE CONFIANÇA QUE DUROU QUARENTA ANOS

Para compreender como os israelitas reagiriam à ordem de Deus em Josué 1:2 de entrar na Terra Prometida, precisamos olhar o que eles tinham aprendido durante os quarenta anos em que vagaram pelo deserto. Como vimos, eles tinham elevado a ansiedade a uma nova forma de arte. Você poderia achar que eles teriam ministrado seminários sobre fé com base em tudo o que haviam testemunhado. Tinham presenciado um milagre após o outro, mas ainda assim ficavam preocupados.

> *Quem dera a mão do Senhor nos tivesse matado no Egito! Lá nos sentávamos ao redor das panelas de carne e comíamos pão à vontade (Êxodo 16:3).*

Com apenas um mês de liberdade, os mesmos hebreus que haviam bradado a Deus por libertação falavam agora como se o tempo no Egito tivesse sido um período de férias remuneradas. Tinham se esquecido dos milagres presenciados e da miséria vivida, e o esquecimento gera irritação, então, o Criador tinha de ensiná-los a confiar nele e a dele depender, e precisavam depender do Senhor *um dia de cada vez*.

Ao anoitecer, Deus mandava codornizes para abastecer o grupo e, pela manhã, o maná brilhava feito geada; em outras palavras, carne para o jantar.

LIÇÃO 2 ❖ RAABE ❖ Primeiro dia: Provação no deserto

e pão para o café da manhã. A comida caía dos céus todos os dias. Não uma vez por ano, ao mês ou a cada hora, mas diariamente. O povo aprendeu que o Criador tinha recursos que eles desconheciam por completo, soluções fora de sua realidade, provisões fora de sua possibilidade. Viam a terra árida; Deus olhava um cesto de pães celestial. Enxergavam o solo seco; Deus via um bando de codornizes atrás de cada arbusto. Viam problemas; Deus contemplava a provisão.

Em Romanos 8:28, Paulo escreve: "Sabemos que Deus age em todas as coisas para o bem daqueles que o amam." Acho que esse é um dos versículos mais úteis e reconfortantes de toda a Bíblia, anunciando a soberania do Senhor em qualquer situação dolorosa ou trágica que enfrentamos. Por quê? Porque não só ele nos diz que *Deus age* — que ele está atuante em nossa situação — como também que ele *age para o nosso bem*. O Altíssimo usa nossas lutas para fortalecer construir nosso caráter.

Tiago fala sobre a mesma coisa em sua carta: "Meus irmãos, considerem motivo de grande alegria o fato de passarem por diversas provações, pois vocês sabem que a prova da sua fé produz perseverança. E a perseverança deve ter ação completa, a fim de que vocês sejam maduros e íntegros, sem lhes faltar coisa alguma" (Tiago 1:2-4). A provação de hoje é a maturidade de amanhã.

A ostra não nos ensinou esse princípio? O grão de areia invade o conforto da concha, e como a ostra reage? Como lida com a irritação? Vai até o bar das ostras tomar "umas"? Fica deprimida e se fecha? Faz uma "festa" no shopping e gasta um monte de dinheiro para superar a dor? Não. Ela expele a substância que não só supera a irritação como transforma esta última numa pérola. Toda pérola é simplesmente uma vitória sobre irritações.

Então, o que fazemos enquanto isso? Fazemos o que povo de Israel fez: aprendemos a confiar inteiramente, dia após dia, em relação a todas as nossas necessidades. E lembramos que "Deus está agindo... para o bem... Deus está usando todas as coisas".

Vocês saberão que foi o SENHOR [...]. O SENHOR lhes dará carne para comer ao entardecer e pão à vontade pela manhã, porque ele ouviu as suas queixas contra ele (Êxodo 16:6,8).

5. Leia Números 14:1-10. Como o povo reagiu ao saber pelos dez espiões sobre o tamanho e a força dos cananeus? O que Josué e Calebe fizeram para tentar convencer o povo a confiar em Deus?

_____
_____
_____
_____

Todos os israelitas queixaram-se contra Moisés e contra Arão, e toda a comunidade lhes disse: "Quem dera tivéssemos morrido no Egito! (Números 14:2).

6. Abra em Marcos 11:22-25. O que diz Jesus nessa passagem sobre o poder de se ter fé no Senhor? O que ele expressa sobre duvidar das promessas de Deus?

_____
_____
_____
_____

Portanto, eu lhes digo: Tudo o que vocês pedirem em oração, creiam que já o receberam, e assim lhes sucederá (Marcos 11:24).

7. Quando, na sua vida, a dúvida e/ou o medo impediram você de estar em um lugar de "leite e mel" — um espaço de mais liberdade e contentamento?

37

Por que vocês estão perturbados e por que se levantam dúvidas no coração de vocês? (Lucas 24:38).

Que passos deu para superar a dúvida? Como percebeu Deus conduzindo você?

_____
_____
_____

8. Ninguém gosta de provações, mas as Escrituras mostram claramente que elas servem a um propósito. Leia as passagens a seguir e escreva algumas das formas como Deus usa os tempos difíceis para moldar nosso caráter.

Romanos 5:3-4: "Não só isso, mas também nos gloriamos nas tribulações, porque sabemos que a tribulação produz perseverança; a perseverança, um caráter aprovado; e o caráter aprovado, esperança."

_____
_____
_____
_____

2Coríntios 1:3-4: "Pai das misericórdias e Deus de toda consolação, que nos consola em todas as nossas tribulações, para que, com a consolação que recebemos de Deus, possamos consolar os que estão passando por tribulações."

_____
_____
_____
_____

2Coríntios 4:17: "Pois os nossos sofrimentos leves e momentâneos estão produzindo para nós uma glória eterna que pesa mais do que todos eles."

_____
_____
_____
_____

1Pedro 4:12-13: "Amados, não se surpreendam com o fogo que surge entre vocês para prová-los, como se algo estranho lhes estivesse acontecendo. Mas alegrem-se à medida que participam dos sofrimentos de Cristo, para que também, quando a sua glória for revelada, vocês exultem com grande alegria."

_____
_____
_____
_____

LIÇÃO 2 ❖ RAABE ❖ Segundo dia: O primeiro passo na fé

No Egito, por gerações, o povo de Deus sentou-se à mesa do jantar, dizendo a seus filhos: "Um dia o Senhor nos libertará. Ele prometeu!" No entanto, quando esse dia de fato chegou, o povo esqueceu a promessa e se concentrou no medo. Procedemos da mesma forma quando permitimos que as palavras do inimigo ou nossas próprias inseguranças ofusquem a verdade do Senhor. Assim, hoje vamos desviar nossos olhos dos medos com o tamanho de Canaã em direção à promessa de Deus — a mesma promessa que ele fez aos israelitas: "Eu sou o Senhor. [...] Eu os libertarei da escravidão e os resgatarei com braço forte [...]. Eu os farei meu povo e serei o Deus de vocês. Então vocês saberão que eu sou o Senhor, o seu Deus, que os livra do trabalho imposto pelos egípcios" (Êxodo 6:6-7).

Então o Senhor lhe disse: "Saiba que os seus descendentes serão estrangeiros numa terra que não lhes pertencerá, onde também serão escravizados e oprimidos por quatrocentos anos" (Gênesis 15:13).

Pontos para Lembrar

- Colocar tudo nas mãos de Deus e depender dele um dia de cada vez fortalece nossa confiança nele e nos seus planos.
- O Criador tem recursos e soluções fora da nossa realidade e além do nosso conceito do que é possível.
- As provações servem a um propósito: constroem o caráter, permitem que nos identifiquemos com a dor dos outros, trazem a glória de Deus e nos ajudam a ser mais como Cristo.

Oração do Dia

Senhor, perdoa-nos quando esquecemos tuas promessas. Quando o medo chegar, inunda nosso coração com a afirmação de que nos libertaste, nos resgataste, nos assumiste como como teus filhos e nos concedeste o privilégio de chamá-lo nosso Deus. Usa as provações em nossa vida para nos moldar, fazendo-nos o tipo de pessoa que desejas que sejamos — pessoas mais à semelhança de teu filho, Jesus. Amém.

Segundo dia: O primeiro passo na fé

DEUS CONDUZ O CAMINHO

O primeiro exercício dos israelitas na fé veio sob a forma do rio Jordão. Durante a maior parte dos meses do ano, a largura do rio variava entre 27 e 37 metros e talvez 1,80m de profundidade.² Mas Josué recebeu as ordens durante a época da colheita, e, naquela ocasião, o Jordão se alargava até cerca de 1,6 quilômetro, com águas bem turbulentas em virtude do derretimento das neves do monte Hermom.

[...] vocês atravessarão o Jordão neste ponto, para entrar e tomar posse da terra que o Senhor, o seu Deus, lhes dá (Josué 1:11).

39

Deus queria todos do outro lado do rio: homens, mulheres, crianças e bebês. Não apenas os saudáveis e vigorosos, mas também os mais velhos e fracos, os doentes e os incapacitados, ou seja, ninguém seria deixado para trás. Josué deve ter engolido em seco ante aquela ordem. Dois milhões de pessoas atravessando um rio de 1,6 quilômetro de largura? Ainda assim, deu prosseguimento ao processo.

De manhã bem cedo Josué e todos os israelitas [...] foram para o Jordão, onde acamparam antes de atravessar o rio (Josué 3:1).

Por três dias, o povo acampou na margem leste do rio, observando as águas acobreadas e as ondas revoltas carregarem dejetos e troncos de árvore. Três dias. Tempo de sobra para se perguntarem como, afinal, conseguiriam passar para o outro lado. No terceiro dia, porém, veio a resposta: "Quando virem a arca da aliança do SENHOR, o seu Deus [...] saiam das suas posições e sigam-na" (Josué 3:3).

Quando o Altíssimo disse: "Sigam a arca", ele estava dizendo: "Sigam-me". Deus abriu o caminho. Não foram os soldados. Não foi Josué. Não foram os engenheiros com seus planos e suas Forças Especiais e seu equipamento. Quando chegou a hora de cruzar as águas intransponíveis, o plano de Deus foi simples: confiem em mim.

Os sacerdotes que carregavam a arca da aliança chegaram ao Jordão e seus pés tocaram as águas (versículo 15).

O povo assim o fez, embora a Bíblia não tente encobrir o medo dos israelitas. Os sacerdotes "tocaram" seus pés onde a água chegava. Não correram, nem se atiraram, tampouco mergulharam no rio. Colocaram, com imenso cuidado, a ponta do dedão do pé no rio. Foi o menor dos passos, mas, com Deus, o menor passo de fé pode ativar o mais poderoso dos milagres. E, ao tocarem na água, o fluxo parou como se alguém tivesse fechado o registro.

O primeiro obstáculo foi vencido, mas havia um desafio maior esperando por eles no horizonte: a conquista da poderosa cidade de Jericó. E, conforme veremos, Raabe teria um papel fundamental nos planos dos israelitas para tomá-la.

Preparem-se para atravessar o rio Jordão e entrar na terra que eu estou para dar aos israelitas (1:2).

1. Confira Josué 1:1-6. Após quarenta anos, a geração dos israelitas que duvidavam morre no deserto, e Deus indica Josué para liderar a geração seguinte até a Terra Prometida. O que o Senhor disse a Josué que fizesse? Que promessas ele fez?

   _____
   _____
   _____
   _____

Então eles responderam a Josué: "Tudo o que você nos ordenar faremos" (versículo 16).

2. Veja Josué 1:10-18. Josué ordena imediatamente que os israelitas se preparem para a batalha. Dessa vez, como os israelitas reagem à ordem? De que maneira essa geração de israelitas difere daquela que a precedeu?

   _____
   _____
   _____
   _____

LIÇÃO 2 ❖ RAABE ❖ Segundo dia: O primeiro passo na fé

3. Leia Josué 3:8-13. Tente colocar-se na pele dos israelitas ao se aproximarem do primeiro teste de fé: atravessar o rio Jordão. Qual foi a parte incomum quanto às instruções de Deus sobre como eles atravessariam? Como isso exigiu fé?

_____
_____
_____
_____

> *A arca da aliança do Soberano de toda a terra atravessará o Jordão à frente de vocês (Josué 3:11).*

4. Leia o restante da história nos versículos 14-17. Deus havia conduzido o povo para fora do Egito, abrindo caminho para que eles atravessassem o mar Vermelho pisando em terra seca. Agora, ele conduzia o povo para Canaã, abrindo-lhes o caminho para atravessar o rio Jordão sobre terra seca. Por quais "rios" Deus está conduzindo você na sua vida? Que passos de fé ele está pedindo que dê para alcançar o outro lado?

_____
_____
_____
_____
_____

> *Todo o Israel passava, até que toda a nação o atravessou pisando em terra seca (versículo 17).*

UMA ÁRVORE GENEALÓGICA RETORCIDA

Jericó era uma cidade colossal situada bem ao norte do mar Morto e ocupada pelos cananeus. Chamá-los de povo bárbaro seria como descrever o polo Norte como gelado, uma vez que essa gente transformava adoração no templo em orgia e enterrava bebês vivos. O povo de Jericó não tinha a menor consideração com a vida humana nem respeito algum por Deus.

Foi para essa cidade que Josué enviou dois homens para espionar as defesas do inimigo, e foi aí também que os espiões conheceram Raabe, a prostituta.

Muito se poderia dizer sobre ela sem mencionar sua profissão: era cananeia; ofereceu cobertura aos espiões de Josué; veio a acreditar no Deus de Abraão antes mesmo de conhecer os filhos de Abraão; foi poupada quando da destruição de sua cidade; foi incorporada à cultura hebraica; e casou-se com um contemporâneo de Josué, teve um filho chamado Boaz, um bisneto de nome Jessé, um tetraneto chamado Davi e um descendente chamado Jesus. Sim, o nome de Raabe consta na árvore genealógica do Filho de Deus.

Seu currículo não precisava mencionar a profissão, mas, ainda assim, em cinco das oito vezes em que seu nome aparece nas Escrituras, ela é apresentada como "prostituta". Cinco! Uma não seria o suficiente? Será que essa única referência não poderia ser abrandada com um eufemismo do tipo "Raabe, a melhor anfitriã de Jericó", ou "Raabe, a que fazia todos se sentirem bem-vindos"? Disfarcem sua escolha de carreira, encubram-na, mascarem-na. Apliquem um pouco de corretor sobre essa mancha bíblica. Retirem a referência ao bordel, por favor.

> *Destruam-nos totalmente [...] Senão, eles os ensinarão a praticar todas as coisas repugnantes que fazem quando adoram os seus deuses, e vocês pecarão contra o SENHOR, o seu Deus (Deuteronômio 20:17-18).*
>
> *Eles foram e entraram na casa de uma prostituta chamada Raabe (Josué 2:1).*

No entanto, a Bíblia não faz isso. Faz justamente o contrário, ou seja, coloca um letreiro luminoso sobre ela, o qual chega a estar afixado junto ao seu nome no livro do Hall da Fama dos hebreus. A lista inclui Abel, Noé, Abraão, Isaque, Jacó, José, Moisés... e então, de repente, "a prostituta Raabe" (11:31). Nenhum asterisco, nenhuma nota de rodapé, nenhum pedido de desculpas. Seu histórico de prostituição é parte do seu testemunho.

> *A prostituta Raabe, por ter acolhido os espiões, não foi morta com os que haviam sido desobedientes* (Hebreus 11:31).

5. Veja em Hebreus 11:30-31. O que diz o autor sobre Raabe nessa passagem?
_____
_____
_____
_____

> *Caso semelhante é o de Raabe, a prostituta: não foi ela justificada pelas obras, quando acolheu os espias e os fez sair por outro caminho?* (Tiago 2:25).

6. Veja Tiago 2:25-26. Quem Tiago menciona nessa passagem? Quem ela personifica, de acordo com esses versículos?
_____
_____
_____
_____

7. Agora, dê uma olhada em Mateus 1:1-16. Encontrou Raabe na lista? Qual o significado de ela ser incluída nessa linhagem, tendo em mente a sua reputação?
_____
_____
_____
_____
_____

> *Salmom gerou Boaz, cuja mãe foi Raabe* (Mateus 1.5).

8. Os israelitas tinham um passado maculado, tal como Raabe, mas, ainda assim, Deus usou ambos, chegando a fazer de Raabe um modelo de fé exemplar ao longo de toda a Bíblia! O que isso nos ensina, não apenas sobre nosso passado, mas também a respeito de nosso futuro?
_____
_____
_____
_____
_____
_____

> *O Senhor é compassivo e misericordioso, mui paciente e cheio de amor.* (Salmos 103:8).

Talvez você venha de uma linhagem de pessoas sem fé ou talvez sua genealogia seja mais do tipo de pouca fé. Apesar disso, você não se alegra por termos um Deus que age segundo a bondade dele e não segundo a nossa? Por ele ser fiel, nós ainda temos um futuro; por ele ser bom, ainda temos esperança. Podemos louvá-lo porque "ele não nos trata conforme os nossos pecados, nem nos retribui conforme as nossas iniquidades" (Salmos 103:10). Em vez disso, o Senhor nos perdoa e nos vê como puros. Como resultado, nós, da mesma maneira que Raabe, podemos nos reconhecer na linhagem do Cristo.

LIÇÃO 2 ❖ RAABE ❖ Terceiro dia: Providência por meio de uma prostituta

❧ PONTOS PARA LEMBRAR ❧

- ❖ O menor passo de fé pode ativar um poderoso milagre.
- ❖ Nossa história pode se tornar parte de nosso testemunho da bondade de Deus.
- ❖ Nosso futuro — que só pode ser assegurado pela graça divina — pode nos dar esperança e um lugar na família do Criador.

Se vocês tiverem fé do tamanho de um grão de mostarda, poderão dizer a este monte: "Vá daqui para lá" (Mateus 17:20).

❧ ORAÇÃO DO DIA ❧

Senhor, obrigado por nos prometer um futuro, apesar do que fizemos no passado. Obrigado por nos usar em teu grande plano do reino, assim como usaste Raabe. Dê-nos olhos para nos vermos assim como tu nos vês: perdoados, puros e teus. Amém.

Terceiro dia: Providência por meio de uma prostituta

UM SANTUÁRIO IMPROVÁVEL

Assim começa a história de Raabe: "O rei de Jericó foi avisado: 'Alguns israelitas vieram aqui esta noite para espionar a terra'" (Josué 2:2). O rei podia ver a multidão de hebreus acampada na margem leste do Jordão, e, conforme Raabe revelaria mais tarde, o povo de Jericó estava com medo. Dizia-se pelas ruas que a mão de Deus estava por trás dos recém-chegados — e que a desgraça cairia sobre qualquer um que ficasse no caminho deles.

Quando o rei soube que os espiões estavam escondidos na casa de Raabe, enviou soldados para pegá-los. Vejo meia dúzia de homens se esgueirando pelas ruas estreitas de pedra da zona do meretrício. É tarde da noite. As tavernas iluminadas com tochas estão abertas e os fregueses para lá de bêbados. Gritam obscenidades para os homens do rei, mas os soldados não reagem.

Os guardas continuam andando até pararem diante da porta de madeira de um prédio de pedra contíguo aos famosos muros de Jericó. A lâmpada está apagada, fazendo com que os soldados se perguntem se haveria alguém em casa. O capitão bate à porta. Há uma movimentação no interior. Raabe responde.

A maquiagem dela é pesada e os olhos, carregados de sombra. A roupa decotada revela um pedaço de renda da lingerie provocante. A voz é rouca pela quantidade de cigarros. Uma das mãos está na cintura e a outra segura uma taça de martíni.

— Desculpa aí, rapazes — diz ela — mas tá lotado esta noite.
— Não viemos pra isso — retruca o capitão. — Viemos atrás dos hebreus.

Diante disso, o rei de Jericó enviou esta mensagem a Raabe: "Mande embora os homens que entraram em sua casa" (Josué 2:3).

> *Ela disse [...] "Não sei por onde foram. Corram atrás deles."* (Josué 2:5).

— Hebreus? — ela sacode a cabeça. — Pensei que tivessem vindo se divertir. Ela dá uma piscadela para um jovem soldado, o olho pesado de rímel. Ele fica envergonhado, mas o capitão mantém o foco.

— Viemos pegar os espiões. Onde estão?

Ela vem até a entrada, olha para a direita, depois para a esquerda e, então, baixa a voz num sussurro:

— Acabou de perder os caras. Eles se mandaram antes de os portões fecharem. Se apertar o passo, ainda vai conseguir pegá-los.

Os homens do rei viram as costas e correm. Ao desaparecerem na esquina, Raabe sobe rapidamente as escadas do bordel até o terraço, onde os dois espiões tinham se escondido e diz a eles que o terreno está livre. "A cidade inteira está falando de vocês e dos seus exércitos. Todo mundo está apavorado. O rei não consegue dormir e o povo não consegue comer. Estão se entupindo de calmantes. A última dose de coragem partiu no trem da manhã" (versículos 8-11, versão parafraseada de Max Lucado).

> *Mas a mulher que tinha escondido os dois homens* (versículo 4).

1. Leia Josué 2:1-15. Que atitudes Raabe toma nesses versículos para proteger os espiões?
_____
_____
_____
_____
_____

> *Sei que o Senhor lhes deu esta terra. Vocês nos causaram um medo terrível, e todos os habitantes desta terra estão apavorados por causa de vocês* (versículo 8).

2. Que razões Raabe apresenta para proteger os espiões? Por que ela diz que o povo de Canaã está com medo dos israelitas?
_____
_____
_____
_____

3. Muitas vezes, fazer a coisa certa requer sacrifício. O que Raabe sacrificou para esconder os espiões? Que sacrifícios você está fazendo atualmente pelo bem de alguém?
_____
_____
_____
_____
_____

4. A casa de uma prostituta é oferecida como refúgio para gente enviada por Deus e essa gente oferece refúgio para uma prostituta. O que isso diz sobre o Senhor e a forma como ele age? O que isso diz sobre a maneira como ele cuida de seu povo?
_____
_____
_____
_____

LIÇÃO 2 ❖ RAABE ❖ Terceiro dia: Providência por meio de uma prostituta

O FUNDO DO POÇO

As palavras de Raabe sobre o medo que os cidadãos do lugar sentiam devem ter deixado surpresos os espiões, pois eles jamais esperariam encontrar covardes em Jericó. Mais ainda, jamais esperariam encontrar fé num bordel, mas encontraram. Leia o que a mulher suspeita de Jericó disse a eles:

> Sei que o Senhor lhes deu esta terra. [...] Pois temos ouvido como o Senhor secou as águas do mar Vermelho [...] e o que vocês fizeram a leste do Jordão com [...] os dois reis [...] o SENHOR, o seu Deus, é Deus em cima nos céus e embaixo na terra (versículos 9-11).

Bem, o que você sabe? Raabe encontrou Deus. Ou, melhor dizendo, o Senhor encontrou Raabe. Ele descobriu um coração brando naquela cidade dura e a alcançou para salvá-la. Ele teria salvo toda a cidade, mas ninguém mais o pediu. Mais uma vez, então, Raabe levou vantagem sobre os demais, pois não tinha nada a perder, uma vez que já estava no lugar mais baixo possível. Já perdera a reputação, a posição social, a chance de progredir — isto é, havia chegado ao fundo do poço.

5. Leia Josué 2:12-24. Na conversa de Raabe com os espiões, ela usa o nome próprio de Deus, Jeová, que aqui é traduzido para "Senhor".[1] O que isso diz a respeito do coração dela em relação ao único Deus verdadeiro?

_____
_____
_____
_____
_____

6. O que Raabe e os espiões negociam em troca da bondade e proteção oferecidas (ver versículos 12-14)? Que razões Raabe apresenta para estar fazendo aquilo por eles?

_____
_____
_____
_____
_____
_____
_____

7. No versículo 9, Raabe disse: "Sei que o Senhor lhes deu esta terra. Vocês nos causaram um medo terrível". Raabe, o "inimigo", tinha declarado a certeza de que os israelitas já haviam derrotado Jericó. O que aquelas palavras causaram no coração dos espiões? Quem Deus usou de forma surpreendente para encorajar você quanto à verdade dele?

_____

Ao ouvir isso, Jesus admirou-se [...] [e] disse: "Eu lhes digo que nem em Israel encontrei tamanha fé" (Lucas 7:9).

Jurem-me pelo Senhor que, assim como eu fui bondosa com vocês, vocês também serão bondosos com a minha família (Josué 2:12).

"A nossa vida pela de vocês!", os homens lhe garantiram (versículo 14).

Quando soubemos disso, o povo desanimou-se completamente, e por causa de vocês todos perderam a coragem (Josué 2:11).

8. No final, Deus não só atendeu Raabe como também toda a nação de Israel, colocando Jericó em suas mãos. O que você precisa que o Senhor providencie na sua vida neste exato momento? De que maneira essa história da incrível providência divina lhe trará conforto e esperança?

> *E Deus é poderoso para fazer que lhes seja acrescentada toda a graça, para que em todas as coisas, em todo o tempo, tendo tudo o que é necessário, vocês transbordem em toda boa obra (2Coríntios 9:8).*

Deus se movimentava à frente dos israelitas, no meio dos israelitas e atrás dos israelitas. Ele preparou o caminho para eles e supriu tudo o que necessitavam, e essa mesma verdade se mantém firme hoje para nós. Conforme Paulo escreveria milhares de anos depois: "O meu Deus suprirá todas as necessidades de vocês, de acordo com as suas gloriosas riquezas em Cristo Jesus" (Filipenses 4:19). É claro que, muitas vezes, a forma como Deus provê é inesperada, e, como vemos nessa história, ele libertou uma mulher estrangeira de reputação duvidosa para que ela, por sua vez, libertasse o povo dele. Quem poderia imaginar? Pois é assim que nosso pai celestial faz conosco hoje. Ele está sempre indo à nossa frente, atrás de nós e agindo e nosso meio de nós para nos surpreender com sua insondável providência.

Pontos para Lembrar

- ❖ Mostrar o cuidado de Deus pelos outros vai requerer sacrifício de nossa parte.
- ❖ O Criador pode usar alguém inusitado para estimular nossa fé e providenciar o que necessitamos.
- ❖ Qualquer um que honre ao Senhor e o respeite se torna objeto de seu cuidado e providência.

Oração do Dia

Senhor, obrigado por cuidar de mim. Assim como seguiste à frente dos israelitas, sei que segues à minha frente. Sei que "tu me cercas, por trás e pela frente, e pões a tua mão sobre mim" (Salmos 139:5). Perdoa-me quando eu não acreditar na tua providência, e ajuda-me a levar o conhecimento de tua bondade da minha cabeça até o meu coração. Amém.

LIÇÃO 2 ❖ RAABE ❖ Quarto dia: Parte da família

Quarto dia: Parte da família

DEUS TEM UM LUGAR

Talvez você se identifique com Raabe. Pode ter ou não vendido seu corpo, mas vendeu sua lealdade, seu afeto, sua atenção e seus talentos. Você comprometeu sua integridade. Todos nós fizemos isso.

Já nos perguntamos — todos já nos questionamos — que tipo de vida numa Terra Prometida Deus poderia ter reservado para nós. *Talvez para aquele ou para aquela,* pensamos, *mas não para nós. Somos muito... impuros, atormentados. Já pecamos demais. Tropeçamos muitas vezes. Debatemo-nos por muito tempo. Estamos no latão de lixo da sociedade. Não há dias de glória para nós.*

A resposta de Deus para essa dúvida, em uma única palavra? *Raabe!*

Para que não pensemos que a Terra Prometida por Deus está reservada para apenas alguns poucos escolhidos, ele coloca a história de Raabe no começo do livro. O narrador lhe dedica um capítulo inteiro, pelo amor de Deus! Ela ganha mais linhas de texto do que os sacerdotes, os espiões ou o imediato de Josué.

Se quantidade e cronologia têm algum significado na teologia, então o título de destaque sobre esta prostituta diz o seguinte: *Deus tem um lugar para as Raabes do mundo.*

E como o Oriente está longe do Ocidente, assim ele afasta para longe de nós as nossas transgressões (Salmos 103:12).

1. Alguma vez já sentiu como se estivesse fora do alcance do perdão de Deus? Em caso afirmativo, o que fez se sentir assim? Em caso negativo, como o Criador protegeu você dessa mentira imperdoável?

___
___
___
___

2. Leia Números 14:17-19. Quando a primeira geração de israelitas não entrou na Terra Prometida, Moisés implorou ao Senhor para perdoar seu povo, recitando para Deus as palavras que ele próprio havia proferido (uma imagem interessante). Por que Moisés diz que o Altíssimo deveria perdoar os israelitas? No que ele baseia o pedido?

___
___
___
___
___

Segundo a tua grande fidelidade, perdoa a iniquidade deste povo, como a este povo tens perdoado (Números 14:19).

3. Leia Hebreus 10:12-14. O que esses versos dizem sobre o poder do perdão de Cristo? O que significa dizer que por meio de um único sacrifício, Jesus "aperfeiçoou para sempre os que estão sendo santificados"?

___
___
___

Por meio de um único sacrifício, ele aperfeiçoou para sempre os que estão sendo santificados (Hebreus 10:14).

47

4. A história de Raabe revela que a Terra Prometida de Deus não está reservada apenas para uns poucos. O que os versículos a seguir dizem sobre como recebemos nossa Terra Prometida de Deus?

Marcos 16:15-16: "E [Jesus] disse-lhes: 'Vão pelo mundo todo e preguem o evangelho a todas as pessoas. Quem crer e for batizado será salvo'".

_____
_____
_____
_____
_____

João 14:6: "Respondeu Jesus: 'Eu sou o caminho, a verdade e a vida. Ninguém vem ao Pai a não ser por mim'".

_____
_____
_____
_____
_____

Atos 16:30-31: "Então levou-os para fora e perguntou: 'Senhores, que devo fazer para ser salvo?' Eles responderam: 'Creia no Senhor Jesus, e serão salvos, você e os de sua casa'".

_____
_____
_____
_____
_____

Romanos 10:9: "Se você confessar com a sua boca que Jesus é Senhor e crer em seu coração que Deus o ressuscitou dentre os mortos, será salvo".

_____
_____
_____
_____
_____

Tiago 1:21: "Portanto, livrem-se de toda impureza moral e da maldade que prevalece, e aceitem humildemente a palavra implantada em vocês, a qual é poderosa para salvá-los".

_____
_____
_____
_____
_____

FILHOS ADOTADOS

Quando buscamos Cristo, Deus não só nos perdoa como nos adota, e, mediante uma série de eventos surpreendentes, passamos de órfãos condenados e sem esperança a filhos adotados destinados. Basta considerar a história de Raabe, que morava em Jericó, cidade destinada à destruição, mas, por causa de sua fé, o Senhor interveio, salvando-a e à sua família.

Entretanto, temos mais a acrescentar à história dela, pois adiante vamos ler que um dos descendentes mais próximos de Raabe foi Boaz, que se casou com uma estrangeira chamada Rute. Eles foram os bisavós do rei Davi, de quem descendeu José, o marido de Maria (ver Mateus 1:1-16). Assim, num sentido muito real, Raabe tornou-se parte da árvore genealógica do Senhor naquele dia em que a salvação chegou à sua casa, já que pela sua linhagem veio Jesus, o Filho de Deus.

Assim como Raabe, seria suficiente se o Criador apenas limpasse nosso nome, mas ele vai além e nos dá o nome *dele*. "E, porque vocês são filhos, Deus enviou o Espírito de seu Filho ao coração de vocês" (Gálatas 4:6). Seria suficiente se Deus apenas nos libertasse, mas ele vai além. O Senhor nos leva para casa. "E se eu for e lhes preparar lugar, voltarei e os levarei para mim, para que vocês estejam onde eu estiver" (João 14:3).

Pais adotivos compreendem isso mais do que ninguém. Com certeza, não quero ofender nenhum pai biológico — pois também sou um. Nós, pais biológicos, conhecemos bem o desejo sincero de ter um filho, mas em muitos casos nossos berços foram ocupados facilmente, isto é, decidimos ter um filho e ele veio. Na verdade, por vezes, veio sem nenhuma decisão prévia. Já ouvi falar de gravidez não planejada, mas nunca ouvi falar de adoção sem planejamento.

Daí o motivo pelo qual os pais adotivos compreendem a paixão de Deus por nos adotar, pois sabem o que significa sentir um espaço vazio dentro do peito. Sabem o que significa procurar, partir em uma missão e assumir a responsabilidade por uma criança de passado maculado e futuro incerto. Se existe alguém que compreende o entusiasmo do Criador por seus filhos, é aquele que resgatou um órfão da aflição, porque isso foi o que o Senhor fez por nós.

Deus nos adotou, nos buscou, nos encontrou, assinou os papéis e nos levou para casa.

> *Noemi tinha um parente por parte do marido. Era um homem rico e influente, pertencia ao clã de Elimeleque e chamava-se Boaz* (Rute 2:1).

5. Leia Romanos 8:15-17. O que essas promessas dizem sobre nossa adoção espiritual por Deus?
_____
_____
_____
_____

> *Receberam o Espírito que os torna filhos por adoção* (Romanos 8:15).

6. Paulo nos diz em Gálatas 4:6 que, por causa da nossa adoção espiritual, podemos chamar Deus de "*Aba*, Pai". *Aba* é um termo íntimo, familiar, simples e gentil, a palavra mais carinhosa em aramaico para "pai".[2] Que consequências essa promessa traz para sua vida? O que significa para você poder chamar o Senhor de "Papai"?
_____
_____
_____
_____
_____

> *[...] por meio do qual [Espírito] clamamos: "Aba, Pai"* (versículo 15).

> *Qual de vocês que, possuindo cem ovelhas, e perdendo uma, não deixa as noventa e nove no campo e vai atrás da ovelha perdida, até encontrá-la?* (Lucas 15:4).

7. Leia Lucas 15:4-7. Como essa parábola descreve a forma pela qual Deus procura por aqueles que estão perdidos? Como é descrita a forma como ele se sente quando o que estava perdido se junta à sua família?

_____
_____
_____
_____
_____
_____

8. Quando o Senhor nos alcança — assim como alcançou Raabe —, passamos de condenados à orfandade a filhos adotivos destemidos. Como ser parte da família de Deus expulsou os medos existentes em sua vida? De que maneira isso lhe deu esperança?

_____
_____
_____
_____
_____
_____
_____

> *Pois a mensagem da cruz é loucura para os que estão perecendo, mas para nós, que estamos sendo salvos, é o poder de Deus* (1Coríntios 1:18).

A cruz. O sacrifício que Jesus fez pelo mundo no Calvário cobre todos os pecados cometidos antes e todos os pecados que vierem. O poder da cruz deu a Raabe um novo começo e transformou-a de alguém à margem da sociedade em membro da família de Deus. A cruz pode realizar o mesmo por nós, e tudo o que temos a fazer é recebê-la, aceitar o sacrifício de Jesus pelos nossos pecados, e escolher ser adotado pela família do Senhor. Que a realidade dessa verdade possa atingir o mais profundo de nós, e que ela possa modificar a forma como nos percebemos, a forma como percebemos os outros e a forma como percebemos o Criador.

Pontos para Lembrar

❖ Não há um só ser vivente cuja salvação esteja fora da capacidade de Deus de nos redimir.
❖ O perdão do Senhor baseia-se no seu amor, não no nosso valor.
❖ Deus não só nos liberta como nos leva para sua família — para sua casa.

Oração do Dia

Senhor, "obrigado" é tudo o que podemos dizer ao imaginarmos o sofrimento que padeceste na cruz. Recebemos o teu perdão não por causa de qualquer coisa que tenhamos feito, mas apenas por quem tu és. Nós aceitamos teu convite para sermos parte da tua família. Obrigado pela tua promessa de ter vindo antes de nós para nos preparar um lugar — o nosso lar eterno. Amém.

Quinto dia: O padrão da graça

UM BEM ESCASSO

Recentemente, participei de uma campanha para levantamento de fundos para um ministério chamado Grace House (Casa da Graça), um lar de transição para mulheres que deixam o presídio. Elas moram sob o mesmo teto, comem à mesma mesa e buscam o mesmo Senhor. Além disso, estudam a Bíblia, aprendem um ofício, e acima de tudo, aprendem a confiar em sua nova identidade em Cristo.

Uma das internas deu um testemunho e descreveu uma vida na prostituição, nas drogas e no álcool. Havia perdido o casamento, os filhos e, por fim, a liberdade, mas então Cristo a encontrou. O que me impactou foi o ritmo constante de sua história: "Eu era... mas agora..." "Estava nas drogas, mas agora estou limpa." "Estava nas ruas, mas agora estou no caminho certo."

Eu era... mas agora. Esse é o coro da graça. Essa é a obra que Deus fez na vida de Raabe. "Estava perdida, mas Deus me encontrou." "Era marginalizada, mas agora faço parte da família de Deus."

Hoje, para muitos de nós, a esperança é um bem escasso, pois, assim como Raabe, sentimos que os muros estão para ruir — para desabar em breve. Precisamos de uma saída. O que seria necessário para restabelecer nossa esperança? Embora as respostas sejam muitas, três me ocorrem de imediato.

A primeira seria uma pessoa, mas não qualquer uma, pois não pode ser alguém igualmente confuso. Precisamos de alguém que conheça a saída, que tenha alguma visão; ou seja, precisamos de uma pessoa que eleve nosso ânimo, que nos olhe de frente e diga: "Este não é o fim. Não desista. Existe um lugar melhor do que este. E eu levarei você até lá".

E, talvez mais importante ainda, precisamos de direção. Se temos ao lado apenas uma pessoa, mas sem uma visão renovada, conseguimos apenas companhia; por outro lado, se ela tem visão, mas lhe falta direção, estamos com um sonhador ao nosso lado. Porém, se estamos com uma pessoa com direção — alguém capaz de nos tirar de nossa condenada cidade de Jericó e nos levar para o lugar que Deus nos reservou — ah, então temos alguém capaz de restaurar nossa esperança.

Jesus é aquele que sabe qual é a saída, e ele veio a esta terra para nos guiar. Ele tem a visão correta, pois nos lembra de que "somos como estrangeiros e peregrinos neste mundo" (1Pedro 2:11). E ele nos estimula a elevar os olhos deste mundo à nossa volta para o céu que existe acima de nós. Cristo também conhece a direção certa. Foi ele o autor da afirmativa mais ousada da história da humanidade ao declarar: "Eu sou o caminho" (João 14:6).

As pessoas se perguntavam se aquela declaração era precisa. Jesus respondia às suas indagações abrindo um caminho através da vegetação rasteira do pecado e da morte... e escapando vivo. Foi o Único a consegui-lo, e é o Único que pode nos ajudar, a você e a mim, a fazer o mesmo.

"Este meu filho estava morto e voltou à vida; estava perdido e foi achado." E começaram a festejar (Lucas 15:24).

Respondeu Jesus: "Eu sou o caminho, a verdade e a vida. Ninguém vem ao Pai, a não ser por mim. Se vocês realmente me conhecessem, conheceriam também o meu Pai" (João 14:6-7).

1. Pense sobre sua história de Raabe. Como preencheria as lacunas nesta afirmativa: "Era/estava _____, mas agora sou/estou _____"? De que maneira Deus afastou você dos erros cometidos no passado e lhe ofereceu uma nova esperança e um futuro?

   _____
   _____
   _____
   _____

2. Paulo escreve: "Deus tornou pecado por nós aquele que não tinha pecado, para que nele nos tornássemos justiça de Deus" (2Coríntios 5:21). Como você reescreveria esse versículo? Que definição da graça de Deus ele transmite?

   _____
   _____
   _____
   _____

> *Todavia, àquele que não trabalha, mas confia em Deus, que justifica o ímpio, sua fé lhe é creditada como justiça* (Romanos 4:5).

3. O que Raabe fez para receber a graça de Deus? O que ela fez para escapar da destruição que se aproximava? Segundo Romanos 4:4-5, como recebemos a graça de Deus hoje?

   _____
   _____
   _____
   _____

> *Que diremos então? Continuaremos pecando para que a graça aumente?* (6:1).

4. Leia Romanos 6:1-4. Quais são algumas das formas pelas quais podemos abusar da graça de Deus? O que diz Paulo sobre continuarmos em pecado para que a graça possa ser abundante?

   _____
   _____
   _____
   _____

ESPAÇO DE SOBRA

Acontece que os espiões hebreus eram, na verdade, missionários. Eles pensavam estar numa viagem de reconhecimento, mas estavam, pois Deus não precisava de um relatório descritivo, uma vez que seu plano era derrubar os muros da cidade como uma fileira de dominós. Ele não tinha enviado os homens para colher informações. Mandara-os em busca de Raabe.

Eles recomendaram que ela "amarrasse aquele cordão vermelho na janela" para que pudessem identificar sua casa (Josué 2:18). Sem hesitar, ela amarrou o cordão escarlate na janela. Os espiões fugiram e Raabe cuidou dos preparativos. Avisou a família para se aprontar e ficou de olho no exército que se aproximava. Ela verificou (e como!) o cordão para ter certeza de que estava bem amarrado e pendurado na janela.

> *Os homens lhe disseram: "Estaremos livres do juramento que você nos levou a fazer se, quando entrarmos na terra, você não tiver amarrado este cordão vermelho na janela".* (Josué 2:17-18).

LIÇÃO 2 ❖ RAABE ❖ Quinto dia: Padrão da graça

Quando os hebreus chegaram e os muros tombaram, quando todos os demais pereceram, Raabe e sua família foram salvas. "Pela fé a prostituta Raabe, por ter acolhido os espiões, não foi morta" (Hebreus 11:31). Sua profissão de fé foi mais importante do que sua profissão como prostituta.

Jesus disse: "Na casa de meu Pai há muitos aposentos" (João 14:2). Por que ele fez questão de mencionar o tamanho da casa? Podemos responder a essa pergunta pensando nas muitas vezes na vida em que ouvimos o contrário. Não houve ocasiões em que nos disseram: "Não temos lugar para você aqui"? Essas são palavras das mais tristes do mundo.

Cristo sabia como soavam, pois ele ainda estava no ventre de Maria quando o dono da hospedaria disse: "Não temos lugar para vocês". Quando os líderes religiosos o acusaram de blasfêmia, eles declararam: "Não temos lugar para quem se autodetermina o Messias". Quando ele estava pendurado na cruz, a mensagem foi de rejeição total: "Não temos lugar para você neste mundo".

Mas, vez por outra, Jesus é bem-vindo. Vez por outra, alguém como Raabe abre a porta do coração e o convida a ficar, e para essa pessoa o Senhor faz uma grande promessa. "Não importa se o seu passado é obscuro, se seus companheiros compartilham sua fé ou se é de natureza violenta ou rebelde. Eu vim buscar e salvar os perdidos, e há espaço de sobra para você na casa do meu Pai".

5. Leia a conclusão dramática da história de Raabe em Josué 6:20-25. O que acontece com Raabe e sua família? Por que Josué disse que precisavam resgatá-la?

_____
_____
_____
_____
_____
_____

6. "A palavra de Deus não transforma os maus em bons; ele faz os mortos voltarem a viver."³ De que maneira essa citação fala contundentemente à cultura em que vivemos na atualidade? De que formas nossa cultura tem dificuldade para entender a noção de graça?

_____
_____
_____
_____
_____
_____

7. Josué e os israelitas aceitaram Raabe, e ela e sua família habitaram entre eles e tornaram-se parte deles. Como você permitiu que a graça de Deus lhe proporcionasse um novo começo? De que maneiras comunga com seus companheiros de fé em Cristo?

Josué disse [...] "Entrem na casa da prostituta e tirem-na de lá com todos os seus parentes, conforme o juramento que fizeram a ela." [...] Tiraram de lá todos os da sua família e os deixaram num local fora do acampamento de Israel (Josué 6:22-23).

53

> *Todavia, Deus, que é rico em misericórdia, pelo grande amor com que nos amou, deu-nos vida com Cristo, quando ainda estávamos mortos em transgressões — pela graça vocês são salvos (Efésios 2:4-5).*

8. Leia Efésios 2:4-8. Nessa passagem, Paulo estabelece os fundamentos da graça que Jesus nos concedeu. Quais das suas palavras lhe soam mais fortes hoje? Por quê?

Não deixamos cordões escarlate pendurados na janela, mas confiamos no filete encarnado do sangue de Cristo. Não nos preparamos para a chegada dos hebreus, no entanto, ficamos de olho na segunda vinda do nosso Josué — Jesus Cristo. No final, todos vemos o que aquela gente de Assunção, no Paraguai, está descobrindo. Nossa perturbação se tornará música e Deus terá um céu cheio de Raabes resgatadas em sua sinfonia. Lá estarei eu com minha tuba. E você? O que estará tocando? Uma coisa é certa. Todos nós saberemos executar *Amazing Grace* de cor.

⚜ Pontos para Lembrar ⚜

❖ Jesus nos oferece o caminho para longe do pecado e do desespero em direção à esperança e a um futuro.
❖ Cristo se vestiu com nosso pecado — e com a morte que justamente merecíamos — para que pudéssemos ser vestidos com sua justiça e sua vida.
❖ A riqueza da graça de Deus se expressa pela sua dádiva da salvação por intermédio de Cristo Jesus.

⚜ Oração do Dia ⚜

Doce Jesus, obrigado por tua graça. Abusamos dela, falhamos em compreendê-la e esquecemos sua beleza, e ainda assim tu continuas a derramá-la sobre nós. Ajuda-nos a entendê-la melhor, a viver mais por ela e a oferecê-la mais aos outros. Amém.

⚜ Versículo para Memorizar na Semana ⚜

Pois vocês são salvos pela graça, por meio da fé, e isto não vem de vocês, é dom de Deus.

EFÉSIOS 2:8

Leitura suplementar

Ao longo desta lição, foram citados textos extraídos de *Great House of God* [publicado no Brasil como: *A grande casa de Deus*. São Paulo: CPAD, 1997]; *When Christ Comes* [publicado no Brasil como: *Quando Cristo voltar*. São Paulo: Thomas Nelson, 2011]; *Traveling Light* [Luz itinerante]. Nashville: Thomas Nelson, 2001; *Great Day Every Day* [publicado no Brasil como: *Todo dia é um dia especial*. São Paulo: Thomas Nelson, 2007]; *Max on Life* [Max fala sobre a vida]. Nashville: Thomas Nelson, 2010; *Before Amen* [publicado no Brasil como: *Antes de dizer amém*. São Paulo: Thomas Nelson, 2014] e *Glory Days* [publicado no Brasil como: *Dias de glória*. São Paulo: Thomas Nelson, 2015].

Notas:
1. Earl Radmacher, Ronald B. Allen, H. Wayne House (Orgs.). *Nelson's New Illustrated Bible Commentary* [Comentário à Bíblia Ilustrada da Nelson]. Nashville: Thomas Nelson, 1999, p. 276.
2. A pesquisa de Joachim Jeremias levou-o a escrever: "Aba era uma palavra do dia a dia, familiar e comum... Nenhum judeu ousaria se dirigir a Deus dessa maneira. Jesus sempre o fazia, em todas as suas orações passadas para nós, à exceção do grito vindo da cruz" (Joachim Jeremias, *The Prayers of Jesus* [As orações de Jesus]. Londres: SCM Press, 1967, p. 57). Alguns estudiosos discordam de Jeremias. Ainda assim, o convite a orar "Aba" é reforçado pela instrução de Cristo para que nos tornemos crianças.
3. Tullian Tchividjian, *Surprised by Grace: God's Relentless Pursuit of Rebels* [Surpreendido pela graça: a incessante busca de rebeldes por parte de Deus]. Wheaton, Ill.: Crossway, 2010.

LIÇÃO 3

ABIGAIL

A BELA ENTRE AS FERAS

Ernest Gordon geme na casa da morte de Chungkai, na Birmânia. Ouve os lamentos dos moribundos e sente o cheiro fétido dos mortos. O calor implacável da floresta queima-lhe a pele e resseca a garganta. Tivesse ele força, poderia fechar a mão em torno da coxa esquelética, mas não tem nem a energia nem o interesse, pois a difteria sugou-lhe ambos, e ele não consegue andar nem sentir o corpo.

Ernest divide uma cama dobrável com moscas e percevejos e aguarda uma morte solitária num campo de prisioneiros japonês. Como o conflito vinha sendo cruel com ele! Entrara na Segunda Guerra Mundial com vinte e poucos anos, um soldado de elite da brigada escocesa Argyll and Sutherland Highlanders. Veio, porém, a captura pelos japoneses, meses de trabalhos forçados extenuantes na floresta, espancamentos diários e um lento definhar pela fome. A Escócia parece sempre muito longe. Alguma civilização, mais distante ainda.

Os soldados aliados agem como bárbaros, roubando uns dos outros, pilhando companheiros agonizantes, lutando por restos de comida. Aqueles encarregados de servir as refeições surrupiam as porções para terem comida extra. A lei da selva tornou-se a lei do campo, e Ernest está feliz em dizer adeus a ela. A morte pela doença derrota a vida em Chungkai.

Mas eis que algo maravilhoso acontece. Dois novos prisioneiros, ainda animados pela esperança, são transferidos para o campo, e, embora também estejam doentes e fragilizados, obedecem a um código mais elevado e dividem as parcas refeições e se oferecem voluntariamente para trabalho extra. Eles limpam as feridas ulceradas de Ernest e massageiam suas pernas atrofiadas e dão-lhe o primeiro banho em seis meses. Aos poucos, ele recupera a força e, com ela, sua dignidade.

A bondade daqueles soldados se revela contagiosa, e Ernest entra no clima, e também começa a tratar dos doentes e a dividir as refeições. Chega mesmo a se desfazer dos seus pertences. Outros soldados fazem o mesmo. Com o

Digo-lhes a verdade: O que vocês fizeram a algum dos meus menores irmãos, a mim o fizeram (Mateus 25:40).

Onde está, ó morte, a sua vitória? Onde está, ó morte, o seu aguilhão? (1Coríntios 15:55).

tempo, o clima no campo se abranda e se ilumina, e o sacrifício substitui o egoísmo. Os soldados organizam cultos e estudos bíblicos.

Vinte anos mais tarde, quando Ernest serve como capelão na Universidade de Princeton, ele descreve a transformação com estas palavras: "A morte ainda nos rondava — sem dúvida —, mas lentamente íamos nos libertando de sua garra destrutiva... Egoísmo, ódio... e orgulho, tudo isso é contrário à vida. Por outro lado, o amor... o sacrifício pessoal... e a fé eram a essência da vida... presentes dados por Deus aos homens... A morte não tinha mais a última palavra em Chungkai".[1]

Egoísmo, ódio e orgulho — não é preciso ir a um campo de prisioneiros de guerra para achá-los. Um dormitório na faculdade servirá, assim como a sala de diretoria de uma empresa ou um quarto de casal ou os confins de uma região. O código da selva está vivo e ativo. *Cada um por si. Pegue tudo aquilo de que consiga se apossar e se aposse de tudo que pegar. A sobrevivência do mais apto.*

Esse código contamina o seu mundo? Os pronomes possessivos dominam o linguajar do seu círculo? *Minha* carreira, *meus* sonhos, *minhas* coisas. Quero que as coisas funcionem do *meu* jeito dentro da *minha* programação. Se assim for, você sabe como esse gigante pode ser brutal, entretanto, vez por outra, um diamante cintila na lama. Um companheiro compartilha, um soldado cuida, ou Abigail — a assombrosa Abigail — aparece no seu caminho.

1. Onde, na sua vida, você mais percebe esse "código da selva" — o código do egoísmo, do ódio e do orgulho? Que preocupações isso traz para aquele que crê em Cristo?
_____
_____
_____

Cada um cuide, não somente dos seus interesses, mas também dos interesses dos outros (Filipenses 2:4).

2. Nas suas relações, de que forma agiu para ser como os dois prisioneiros cheios de esperança da história, que trataram os outros com bondade? Que efeitos percebeu?
_____
_____
_____

Egoísmo. Todos nós nascemos com ele. Conforme o rei Davi escreveu: "Sei que sou pecador desde que nasci, sim, desde que me concebeu minha mãe" (Salmos 51:5). Não é preciso mais do que assistir ao jornal da noite ou ver um bebê de dois anos para perceber isso, pois mesmo em nossas tentativas de fazer o "bem", muitas vezes somos egoístas. Queremos que nossas boas ações apareçam no Instagram, queremos ajudar apenas quando é conveniente e esperamos que o nosso favor seja retribuído na mesma moeda. É preciso uma ajuda sobrenatural para não vivermos só para nós, e é necessária a obra do único ser humano que penetrou em nosso mundo selvagem e jamais fez concessões ao seu próprio ego. Ele nos ensinou um novo código: "Como o

LIÇÃO 3 ❖ ABIGAIL ❖ Primeiro dia: O único refúgio

Filho do homem, que não veio para ser servido, mas para servir e dar a sua vida em resgate por muitos" (Mateus 20:28).

ORAÇÃO DA SEMANA

Deus, com nossa própria força não conseguimos colocá-lo em primeiro lugar. Não conseguimos pôr os outros em primeiro lugar. Então, hoje oramos para que sejas maior dentro de nós, de modo que possamos nos tornar menores (ver João 3:30). Obrigado por agires no nosso coração. Amém.

> *Quem quiser tornar-se importante entre vocês deverá ser servo, e quem quiser ser o primeiro deverá ser escravo; como o Filho do homem, que não veio para ser servido (Mateus 20:26-28).*

Primeiro dia: O único refúgio

O GROSSEIRÃO DE CARMELO

Abigail viveu na época de Davi e era casada com Nabal, nome que significa "insensato" em hebraico. Ele fazia jus à definição. Pense nele como o Saddam Hussein da região. Possuía gado e ovelhas e se orgulhava de ambos. Mantinha a adega bem abastecida, era um mulherengo contumaz e circulava pelas ruas de sua cidade, Carmelo, numa enorme limusine. Tinha cadeiras cativas na primeira fila nos torneios da NBA, possuía um jatinho da Learjet e estava sempre pronto para um bate-volta até Las Vegas, a fim de lá passar um fim de semana na jogatina.

Meia dúzia de guarda-costas grandalhões o seguia por onde quer que fosse, e ele precisava dessa proteção. Era "intratável e irascível — um verdadeiro cão calebita. [...] De natureza tão destemperada que ninguém consegue falar com ele".[2] Tinha aprendido boas maneiras no zoológico da cidade e jamais conheceu alguém que não o enraivecesse ou um relacionamento que ele não arruinasse.

O mundo de Nabal girava em torno de uma pessoa — Nabal. Não devia nada a ninguém e ria só de pensar em repartir alguma coisa com alguém, muito menos com Davi.

Davi desempenhava o papel de Robin Hood no deserto, e ele e seus soldados protegiam fazendeiros e pastores dos bandidos e dos beduínos. Israel não dispunha de patrulha rodoviária nem de força policial, portanto, Davi e seus homens poderosos atendiam a uma necessidade concreta nos campos. Eles protegiam com tamanha eficiência que um dos pastores de Nabal chegou a dizer: "Dia e noite eles eram como um muro ao nosso redor, durante todo o tempo em que estivemos com eles cuidando de nossas ovelhas" (1Samuel 25:16).

> *Certo homem de Maom, que tinha seus bens na cidade de Carmelo, era muito rico. Possuía mil cabras e três mil ovelhas (1Samuel 25-2).*
>
> *[Ele,] descendente de Calebe, era rude e mau (versículo 3).*

1. Vamos começar a conhecer os personagens de Davi, Nabal e Abigail em 1Samuel 25. Quais são algumas das descrições que encontra sobre Nabal? Que quadro o autor nos oferece a respeito da personalidade dele? De que forma ele age insensatamente?

> *O nome de sua mulher era Abigail, mulher inteligente e bonita (1Samuel 25:3).*

2. Quais são algumas das descrições encontradas de Abigail? Como você percebe que ela vive de acordo com essas descrições mediante suas atitudes?

> *Aqueles homens foram muito bons para conosco. Não nos maltrataram, e, durante todo o tempo em que estivemos com eles nos campos, nada perdemos. Dia e noite eles eram como um muro ao nosso redor, durante todo o tempo em que estivemos com eles cuidando de nossas ovelhas (versículos 15-16).*

3. Repare nas palavras do servo em 1Samuel 25:14-16. Com base nesses versículos, como você descreveria Davi e seus homens? O que isso diz sobre o coração de Davi?

4. A Bíblia tem muito a dizer sobre os perigos de não agirmos com sabedoria. Como os versículos seguintes descrevem um insensato? Como essas descrições têm a ver com Nabal?

Salmos 14:1: "Diz o tolo em seu coração: 'Deus não existe'. Corromperam-se e cometeram atos detestáveis; não há ninguém que faça o bem!"

Provérbios 10:14: "Os sábios acumulam conhecimento, mas a boca do insensato é um convite à ruína."

Provérbios 20:3: "É uma honra dar fim a contendas, mas todos os insensatos envolvem-se nelas."

Provérbios 29:9: "Se o sábio for ao tribunal contra o insensato, não haverá paz, pois o insensato se enfurecerá e zombará."

Eclesiastes 7:9: "Não permita que a ira domine depressa o seu espírito, pois a ira se aloja no íntimo dos tolos."

UM REI EM FUGA

Davi fora levado a assumir aquele papel por causa das ações do rei Saul, que àquela altura o tinha efetiva e sistematicamente isolado de toda fonte de estabilidade. Sua meia dúzia de tentativas de assassinato pusera fim à carreira militar de Davi e sua perseguição levara o casamento de Davi a uma ruptura. Depois que a mulher de Davi, Mical, ajudou-o a escapar, Saul exigiu dela uma explicação. Ela mentiu: "Ele me disse que o deixasse fugir, se não me mataria" (1Samuel 19:17). Davi nunca mais acreditou em sua mulher; eles até permaneceram casados, porém dormindo em camas separadas.

Davi fugiu da corte de Saul para a casa de Samuel, mas, tão logo chegou, alguém já dissera a Saul que ele estava lá. Davi correu até Jônatas, mas nada havia que o amigo pudesse fazer por ele. Jônatas não podia deixar a corte nas mãos de um louco — ele tinha de ficar com seu pai. Davi podia ouvir o fio da linha da vida esticando.

Sem lugar na corte.

Sem posto no exército.

Sem mulher, nem sacerdote, nem amigo.

Nada a fazer, senão fugir.

No entanto, durante esse período aflitivo na vida de Davi, a palavra *refúgio* surge como uma de suas favoritas. Circule-a cada vez que aparece no livro dos Salmos, e, em algumas versões, chegará a contar mais de quarenta. Embora Davi não tenha para onde ir, ele sabe que Deus é o seu refúgio e que não está sozinho. E das profundezas de uma caverna naquele deserto, uma voz suave entoa: "Misericórdia, ó Deus; misericórdia, pois em ti a minha alma se refugia. Eu me refugiarei à sombra das tuas asas, até que passe o perigo" (Salmos 57:1).

5. Verifique um pouco da história pregressa de Davi em 1Samuel 18:6-9, 19:11-18, 22:1-2 e 23:14. Por que Saul estava atrás de Davi?

Saul falou a seu filho Jônatas e a todos os seus conselheiros sobre a sua intenção de matar Davi (1Samuel 19:1).

E [Jônatas] disse a Davi: "Vá em paz, pois temos jurado um ao outro, em nome do S<small>ENHOR</small>, quando dissemos: 'O S<small>ENHOR</small> para sempre é testemunha entre nós e entre os nossos descendentes'". Então Davi partiu, e Jônatas voltou à cidade (20:42-43).

Davi [...] foi falar com Jônatas e lhe perguntou: "O que foi que eu fiz? Qual é o meu crime? Qual foi o pecado que cometi contra seu pai para que ele queira tirar a minha vida?"
(1Samuel 20:1).

6. Alguma vez você já se sentiu, como Davi, que estava sendo atacado injustamente? Como reagiu à situação? Qual foi o resultado?

_____
_____
_____
_____
_____

7. Davi escreveu vários salmos enquanto fugia do rei. De acordo com os versículos seguintes, o que Davi faz em resposta ao comportamento bárbaro de Saul?

Salmos 59:14-16: "[Meus inimigos] voltam ao cair da tarde, rosnando como cães, e rondando a cidade. À procura de comida perambulam e, se não ficam satisfeitos, uivam. Mas eu cantarei louvores à tua força; de manhã louvarei a tua fidelidade, pois tu és o meu alto refúgio, abrigo seguro nos tempos difíceis."

_____
_____
_____
_____
_____

Salmos 52:7-9: "'Veja só o homem que rejeitou a Deus como refúgio; confiou em sua grande riqueza e buscou refúgio em sua maldade!' Mas eu sou como uma oliveira que floresce na casa de Deus; confio no amor de Deus para todo o sempre. Para sempre te louvarei pelo que fizeste; na presença dos teus fiéis proclamarei o teu nome, porque tu és bom."

_____
_____
_____
_____
_____

Salmos 57:1-3,7: "Misericórdia, ó Deus; misericórdia, pois em ti a minha alma se refugia. Eu me refugiarei à sombra das tuas asas, até que passe o perigo. Clamo ao Deus Altíssimo, a Deus, que para comigo cumpre o seu propósito. Dos céus ele me envia a salvação, põe em fuga os que me perseguem de perto. Deus envia o seu amor e a sua fidelidade. [...] Meu coração está firme, ó Deus, meu coração está firme; cantarei ao som de instrumentos!"

_____
_____
_____
_____
_____

LIÇÃO 3 ❖ ABIGAIL ❖ Segundo dia: O "Velho Oeste" no Oriente Médio antigo

8. Quem ou o quê você busca como refúgio antes de se voltar para Deus? Como lhe parece o ato de buscar refúgio no Altíssimo Deus quando alguém magoa ou ataca você?

_____
_____
_____
_____

Nabal rejeitou Davi. Saul ameaçou Davi. Mas o que Davi tinha feito? Humildemente, servira ao rei e protegera os homens de Nabal — e era assim que ele era recompensado? Ele tinha confiado em Deus — e isso era o que ela recebia de volta? Davi tinha razões para rejeitar o Criador e seguir seu próprio caminho, mas, em vez disso, ele perseverou no Senhor, pois sabia que o Senhor era o único bem constante num mundo envenenado pelo orgulho e pelo poder de homens como Saul e Nabal. Precisamos fazer o mesmo: continuar fazendo o bem, confiando em Deus, perseverando nele ainda mais. Ele é o nosso refúgio e, enquanto estamos sob suas asas, encontramos cura para nossas feridas e recuperação para nossa alma.

Pois o SENHOR é bom e o seu amor leal é eterno; a sua fidelidade permanece por todas as gerações.
(Salmo 100:5)

Pontos para Lembrar

❖ Os insensatos pensam apenas em si mesmos e tratam os outros injustamente, enquanto os sábios buscam a Deus e tratam os outros com bondade.
❖ Confiar no Senhor mesmo quando somos tratados com injustiça nos permite manter nosso foco na proteção divina e não na nossa situação pessoal.
❖ A forma como reagimos a maus-tratos revela o estado de nossa relação com o Criador.

Oração do Dia

Senhor, tu és nosso refúgio, um apoio sempre presente nos tempos difíceis. Hoje, oramos para que nos envolvas com teus braços. Dá-nos paz quando estivermos ansiosos e descanso quando estivermos exauridos. Nós te amamos, Senhor. Em nome de Jesus, amém.

Segundo dia: O "Velho Oeste" no Oriente Médio antigo

DESAJUSTADOS EM BUSCA DE DEUS

Os sobreviventes do deserto encontram refúgio na presença de Deus e descobrem também uma comunidade entre o povo do Senhor. No caso de Davi, seus irmãos e outros parentes logo se juntam a ele, e, em seguida, outros

Dez mulheres da Bíblia ❖ Max Lucado

> *Também juntaram-se a ele [Davi] todos os que estavam em dificuldades, os endividados e os descontentes; e ele se tornou o líder deles. Havia cerca de quatrocentos homens com ele (1Samuel 22:2).*

começam a chegar — os que estão em dificuldades, ou com dívidas ou, ainda, apenas descontentes —, até que Davi se torna líder de aproximadamente quatrocentos homens.

Não é aquilo que poderíamos chamar de um regimento de cadetes de uma importante academia militar dos nossos dias. Em dificuldades, endividados ou descontentes. Que turma... Desajustados, sim. Uma escória, sem dúvida. Rejeitados, perdedores, desertores. Mas quem é Davi para virar as costas para eles? Ele não é candidato a arcebispo. É um ímã para os marginais. Então, Davi cria uma comunidade de desajustados em busca de Deus, e o Senhor faz deles um grupo poderoso. "Diariamente chegavam soldados para ajudar Davi, até que o seu exército tornou-se tão grande como o exército de Deus" (1Crônicas 12:22).

> *Samuel morreu, e todo o Israel se reuniu e o pranteou; e o sepultaram onde tinha vivido, em Ramá. Depois Davi foi para o deserto de Maom (25:1).*

Davi e seu bando de desajustados se deslocam de um lugar para outro, evitando os soldados que o rei Saul enviou para matá-los. Por fim, vão parar no deserto de Maom, onde se estabelecem e começam a proteger a terra contra aqueles bandoleiros e beduínos. Mas Davi não é a única fortaleza da região, já que, conforme se fica sabendo depois, grande parte da propriedade pertence a ninguém menos do que o rico Nabal.

Os dois homens logo ocupam o mesmo território com a harmonia de dois touros no mesmo pasto. Ambos são fortes e teimosos, e o choque entre os dois é apenas questão de tempo.

1. Davi buscou refúgio em Deus enquanto fugia de Saul, mas também ofereceu refúgio a outros. Quem é um refúgio para você? O que faz dessa pessoa um refúgio?

_____
_____
_____
_____
_____

> *Herança guardada nos céus para vocês que, mediante a fé, são protegidos pelo poder de Deus até chegar a salvação prestes a ser revelada no último tempo (1Pedro 1:4-5).*

2. Que pessoa na sua vida diria que você é um refúgio para ela? Como você pode se tornar mais um "lugar seguro" onde outros busquem refúgio?

_____
_____
_____
_____
_____

> *Pois eu tive fome, e vocês me deram de comer; tive sede, e vocês me deram de beber; fui estrangeiro, e vocês me acolheram (Mateus 25:35).*

3. Davi criou uma comunidade de "desajustados" — um lugar onde forasteiros e rebeldes se sentiam acolhidos. Hoje, Deus diz que nós, partícipes da igreja, devemos ser um lugar seguro para forasteiros. Em Mateus 25:35-40, o que Jesus infere de como a igreja deveria olhar para os "desajustados" do mundo?

LIÇÃO 3 ❖ ABIGAIL ❖ Segundo dia: O "Velho Oeste" no Oriente Médio antigo

4. Leia Efésios 4:15. Você faz parte de uma comunidade divina que está se desenvolvendo no amor? É um lugar seguro onde as pessoas encontram refúgio? Por que sim ou por que não?

Antes, seguindo a verdade em amor, cresçamos em tudo naquele que é a cabeça, Cristo (Efésios 4:15).

O CALDO FERVE E ENTORNA

Para Davi e seu grupo de desajustados, a coisa começa a esquentar logo após a colheita. Com as ovelhas tosquiadas e o feno colhido, é hora de pôr o pão no forno, assar o carneiro e servir o vinho. É hora de deixar descansar o arado e o rebanho e saborear o fruto do trabalho. Ao abordarmos a história, os homens de Nabal estão fazendo exatamente isso.

Davi fica sabendo daquela festa particular e acha que seus homens merecem ser convidados, afinal, eles protegeram as plantações e as ovelhas do sujeito, patrulharam as montanhas e garantiram os vales e, portanto, merecem um pouco daquela recompensa. Então, Davi envia dez homens até Nabal com o seguinte pedido: "Estamos vindo em época de festa. Por favor, dê a nós, seus servos, e a seu filho Davi o que puder" (1Samuel 25:8).

O rude Nabal escarnece ao pensar nisso. "Quem é Davi? Quem é esse filho de Jessé?", ele pergunta. "Hoje em dia muitos servos estão fugindo de seus senhores. Por que deveria eu pegar meu pão e minha água, e a carne do gado que abati para meus tosquiadores, e dá-los a homens que vêm não se sabe de onde?" (25:10-11). Nabal finge que nunca ouviu falar em Davi, comparando-o a um escravo fugitivo e vagabundo.

Essa insolência enfurece os mensageiros e eles giram nos calcanhares e se apressam em voltar para Davi com um relatório completo, e ele não precisa ouvir a notícia duas vezes. Ordena que os homens formem um grupo armado, ou, mais precisamente: "Ponham suas espadas na cintura!" (25:13).

Quatrocentos homens se armam e botam o pé na estrada. Os olhos brilham, as narinas inflam, os lábios se crispam e a testosterona flui. Davi e suas tropas investem pesadamente sobre Nabal, o patife, que, claro, bebia cerveja e comia churrasco com os amiguinhos. A estrada estremece ante o urro de Davi: "Que Deus castigue Davi, e o faça com muita severidade, caso até de manhã eu deixe vivo um só do sexo masculino de todos os que pertencem a Nabal!" (25:22).

Espere aí!. É o Velho Oeste no Oriente Médio antigo.

No deserto, Davi ficou sabendo que Nabal estava tosquiando as ovelhas. Por isso, enviou dez rapazes, dizendo-lhes: "Levem minha mensagem a Nabal, em Carmelo, e cumprimentem-no em meu nome. Digam-lhe: 'Longa vida para o senhor! Muita paz para o senhor e sua família! E muita prosperidade para tudo o que é seu!'" (1Samuel 25:4-6).

Cerca de quatrocentos homens acompanharam Davi, enquanto duzentos permaneceram com a bagagem (versículo 13).

A resposta calma desvia a fúria, mas a palavra ríspida desperta a ira (Provérbios 15:1).

5. Veja em Samuel 25:10-13. Pelos versículos, é óbvio que Nabal tem um temperamento esquentado e um coração orgulhoso, mas como você descreveria a reação de Davi? Foi de honra a Deus ou de honra a si mesmo? Explique sua opinião.
_____
_____
_____
_____
_____

6. Nabal e Davi eram ambos fortes e cabeças-duras — "dois touros no mesmo pasto". Descreva uma situação de sua vida em que esteve às voltas com dois líderes fortes que não se davam bem. Por que existiu o conflito? Como o conflito foi tratado?
_____
_____
_____
_____
_____

7. Bons líderes são necessários em toda e qualquer comunidade com que você esteja envolvido, seja no local de trabalho, na igreja, num pequeno grupo ou na família. De acordo com os seguintes versículos, que aparência teria uma liderança saudável?

2Timóteo 2:15-16: "Procure apresentar-se a Deus aprovado, como obreiro que não tem do que se envergonhar e que maneja corretamente a palavra da verdade. Evite as conversas inúteis e profanas, pois os que se dão a isso prosseguem cada vez mais para a impiedade."
_____
_____
_____
_____
_____

2Timóteo 2:1, 3-5: "Fortifique-se na graça que há em Cristo Jesus. [...] Suporte comigo os meus sofrimentos, como bom soldado de Cristo Jesus. Nenhum soldado se deixa envolver pelos negócios da vida civil, já que deseja agradar aquele que o alistou. Semelhantemente, nenhum atleta é coroado como vencedor, se não competir de acordo com as regras."
_____
_____
_____
_____
_____

LIÇÃO 3 ❖ Abigail ❖ Segundo dia: O "Velho Oeste" no Oriente Médio antigo

Tito 1:7: "Por ser encarregado da obra de Deus, é necessário que o bispo seja irrepreensível: não orgulhoso, não briguento, não apegado ao vinho, não violento, nem ávido por lucro desonesto."

Tito 1:8-9: "É preciso que ele seja hospitaleiro, amigo do bem, sensato, justo, consagrado, tenha domínio próprio e apegue-se firmemente à mensagem fiel, da maneira como foi ensinada."

8. Leia Tito 3:1-2 e 1Pedro 5:5. Como Deus deseja que apoiemos nossos líderes de modo que nossa comunidade se conserve saudável?

Comunidade. Fomos feitos para viver em comunidade. Bem no início, depois de criar Adão, Deus declarou: "Não é bom que o homem esteja só (Gênesis 2:18). Mas, com a comunidade, vem o estresse, assim como tensões entre os líderes, corações orgulhosos que não se dobram, estranhos desajustados socialmente, pavios curtos e línguas afiadas... tudo isso existe porque há o pecado. Por essa razão, precisamos nos voltar com frequência para a Palavra de Deus como guia da convivência. Precisamos orar pelos nossos líderes e pedir ao Senhor para nos ajudar a amar o próximo. Quando os problemas afloram e as penas voam, não devemos esmorecer, mas sim lembrar que o Altíssimo ama sua noiva — a igreja — e a está transformando, unificando e usando como refúgio para os desvalidos. Ele jamais a abandonará.

> *Lembre a todos que se sujeitem aos governantes e às autoridades, sejam obedientes, estejam sempre prontos a fazer tudo o que é bom* (Tito 3:1).
>
> *Da mesma forma, jovens, sujeitem-se aos mais velhos* (1Pedro 5:5).
>
> *Cristo amou a igreja e entregou-se por ela* (5:25).

❦ Pontos para Lembrar ❦

❖ Quando reagimos com fé, oferecendo refúgio aos marginalizados, estamos servindo a Jesus.
❖ caráter piedoso, a disciplina e o treinamento nos tornam líderes eficazes, especialmente nos momentos de conflito.
❖ que é justo aos olhos de Deus precisa estar acima de nossos desejos autorreferenciados.

Oração do Dia

Senhor, obrigado pelo dom da comunidade. Hoje, oramos para que nos ajudes a amar ao próximo, a liderar com humildade e a servir com prontidão. Desejamos que o mundo à nossa volta conheça o teu amor ao ver os que frequentam a igreja amarem-se uns aos outros. Amém.

Terceiro dia: Surge a pacificadora

INTELIGÊNCIA E BELEZA

A crescente tensão entre Nabal e Davi havia chegado ao ponto de ebulição. Davi ordenou que seus homens empunhassem a espada, e agora seu exército — formado por quatrocentos homens fortes — está a caminho para ensinar a Nabal uma lição sobre respeito. Parece que a única forma que as duas potências têm para determinar a supremacia na região é partindo para o confronto.

Mas, então, em meio ao caos, surge a beleza, e uma margarida desponta no deserto, um cisne pousa no abatedouro, um traço de perfume paira no vestiário masculino. Abigail, a mulher de Nabal, se interpõe no caminho e faz um contraste gritante com o marido mal comportado. Onde ele se mostra rude, grosseiro e desprezível, ela é "inteligente e bonita" (1Samuel 25:3).

Inteligência *e* beleza. Abigail coloca ambas para funcionar. Ao saber da resposta rude de Nabal, ela trata de agir, e, sem nada dizer ao marido, reúne alguns presentes e corre para interceptar Davi. Enquanto este e seus homens descem por uma encosta, ela assume sua posição, armada com "duzentos pães, duas vasilhas de couro cheias de vinho, cinco ovelhas preparadas, cinco medidas de grãos torrados, cem bolos de uvas passas e duzentos bolos de figos prensados…" (versículo 18).

> *Um dos servos disse a Abigail […] "Agora, leve isso em consideração e veja o que a senhora pode fazer, pois a destruição paira sobre o nosso senhor e sobre toda a sua família"* (1Samuel 25:14, 17).

1. Releia 1Samuel 25:18-20. Qual foi a reação imediata de Abigail ao alerta do servo sobre Davi? O que você pode concluir, à luz do texto, sobre sua conduta?

___

> *Imediatamente, Abigail […] disse a seus servos: "Vocês vão na frente; eu os seguirei"* (versículos 18-19).

2. Nessa passagem, que ações de Abigail consideraria sábias?

___

LIÇÃO 3 ❖ ABIGAIL ❖ Terceiro dia: Surge a pacificadora

3. Abigail levou um tempo encorajando Davi nos versículos 28-30. O que ela diz? No que ela acredita sobre o futuro de Israel? Como você acha que essas palavras soaram para Davi, especialmente considerando a posição em que ele estava?

_____
_____
_____
_____
_____

> *O Senhor certamente fará um reino duradouro para ti, que travas os combates do Senhor* (1 Samuel 25:28).

4. Que traços dessa "esposa exemplar" você gostaria que servissem de modelo para a sua vida? Como acha que a manifestação desses traços afetaria suas relações?

_____
_____
_____
_____
_____

INTERCEPTADOS NO CAMINHO

Ao verem Abigail, os quatrocentos homens de Davi puxaram as rédeas das montarias. Alguns ficaram boquiabertos com a comida, outros abestalhados com a mulher, pois ela é atraente e cozinha bem, uma combinação capaz de parar qualquer exército. (Imagine uma loira de fechar o comércio surgindo num acampamento de soldados com uma caminhonete cheia de hambúrgueres e sorvete.)

Abigail não é tola e sabe da importância do momento. Está na barreira final entre sua família e a morte certa, então, se jogando aos pés de Davi, faz um apelo merecedor de um parágrafo nas Escrituras. "Meu senhor, a culpa é toda minha. Por favor, permite que tua serva te fale; ouve o que ela tem a dizer" (1Samuel 25:24).

Ela não defende Nabal, mas concorda que ele é um ordinário. Não suplica por justiça, mas por perdão, assumindo uma culpa que não merece. "Esquece, eu te suplico, a ofensa de tua serva" (25:28). Ela traz oferendas de sua casa e insiste para que Davi deixe Nabal aos cuidados de Deus e evite o peso grave do remorso.

> *Quando Abigail viu Davi, desceu depressa do jumento e prostrou-se perante Davi com o rosto em terra* (1 Samuel 25:23).

5. Releia as palavras de Abigail para Davi em 1Samuel 25:23-31. De que modo ela procede fisicamente ao falar essas palavras? Como isso demonstra sua sabedoria?

_____
_____
_____
_____
_____
_____

> *Ela caiu a seus pés e disse [...] "Não dês atenção àquele homem mau, Nabal* (versículos 24-25).

DEZ MULHERES DA BÍBLIA ❖ Max Lucado

*Uma esposa exemplar;
feliz quem a encontrar!
É muito mais valiosa
que os rubis
(Provérbios 31:10).*

6. Leia Provérbios 31:10-31. Essa passagem bem conhecida descreve a "esposa exemplar". Que traços dessa mulher Abigail possui e como você vê esses traços aflorarem?

_____
_____
_____
_____
_____

*Que é que o Senhor,
o seu Deus, lhe pede,
senão que tema o
Senhor, o seu Deus,
que ande em todos
os seus caminhos
(Deuteronômio 10:12).*

7. A Bíblia diz que, para sermos sensatos como Abigail, precisamos "temer a Deus" (Deuteronômio 10:12). Isso significa respeitá-lo, obedecer a ele, submeter-se à sua disciplina e louvá-lo em adoração. O que os seguintes versículos dizem sobre temer ao Senhor?

Salmos 33:8: "Toda a terra tema o Senhor; tremam diante dele todos os habitantes do mundo."

_____
_____
_____
_____

Salmos 34:9: "Temam o Senhor, vocês que são os seus santos, pois nada falta aos que o temem".

_____
_____
_____
_____

Provérbios 1:7: "O temor do Senhor é o princípio do conhecimento, mas os insensatos desprezam a sabedoria e a disciplina".

_____
_____
_____
_____

Jeremias 5:23-24: "Mas este povo tem coração obstinado e rebelde; eles se afastaram e foram embora. Não dizem no seu íntimo: 'Temamos o Senhor, o nosso Deus: aquele que dá as chuvas do outono e da primavera no tempo certo e nos assegura as semanas certas da colheita'".

_____
_____
_____
_____

LIÇÃO 3 ❖ ABIGAIL ❖ Terceiro dia: Surge a pacificadora

Mateus 10:28: "Não tenham medo dos que matam o corpo, mas não podem matar a alma. Antes, tenham medo daquele que pode destruir tanto a alma como o corpo no inferno".

_____
_____
_____
_____
_____

8. O que significa "temer o Senhor" em sua vida? Como vê o Senhor guiando você para que tome decisões sábias quando confia nele e a ele se submete?

_____
_____
_____
_____
_____
_____
_____

Abigail não temia o marido insensato, também temia o exército de quatrocentos homens de Davi. Ela temia o Senhor, pois de que outra forma ela teria tido a clareza de pensamento e a garra para fazer o que fez? E porque ela o temia, quando os ânimos se acirravam, ela refletia a paz de Deus; e quando as palavras eram ásperas, ela falava na graça do Altíssimo. Se você está lutando para fazer o mesmo, lembre-se desta promessa de Tiago 1:5: "Se algum de vocês tem falta de sabedoria, peça-a a Deus, que a todos dá livremente, de boa vontade; e lhe será concedida". Até mesmo ao pedir por sabedoria, você demonstrará que teme ao Senhor e que deseja colocá-lo acima do seu coração.

E a paz de Deus, que excede todo o entendimento, guardará o coração e a mente de vocês em Cristo Jesus (Filipenses 4:7).

Pontos para Lembrar

❖ Para sermos sábios, precisamos "temer o Senhor", ou demonstrar-lhe o respeito que ele merece mediante adoração, louvor e devoção.
❖ O temor ao Senhor minimiza nosso medo daqueles que têm potencial para nos causar mal.
❖ Quando os ânimos se acirram à nossa volta, concentrarmo-nos nos propósitos de Deus nos permitirá contar com sua paz para agir com sabedoria.

 ## Oração do Dia

Senhor Deus, tua Palavra nos diz que, quando rogarmos por sabedoria, tu irás garanti-la para nós. Então, hoje, pedimos mais. Em todas as nossas relações, em todas as nossas decisões, em todas as nossas interações, dá-nos a tua sabedoria e compreensão. Desejamos refletir o Criador em tudo aquilo que fazemos. Amém.

Quarto dia: A humildade vira o jogo

POR UM TRIZ

Não permita que a ira domine depressa o seu espírito, pois a ira se aloja no íntimo dos tolos (Eclesiastes 7:9).

As palavras de Abigail recaem sobre Davi como sol de verão sobre gelo, e ele se derrete e diz: "Bendito seja o SENHOR, o Deus de Israel, que hoje a enviou ao meu encontro. Seja você abençoada pelo seu bom senso e por evitar que eu hoje derrame sangue e me vingue com minhas próprias mãos" (1Samuel 25:32-33).

Foi por um triz, como o próprio Davi prontamente admite. "De outro modo, juro pelo nome do SENHOR, o Deus de Israel, que evitou que eu lhe fizesse mal, que, se você não tivesse vindo depressa encontrar-me, nem um só do sexo masculino pertencente a Nabal teria sido deixado vivo ao romper do dia" (versículo 34).

Davi aceita os presentes de Abigail, dizendo a ela: "Vá para sua casa em paz. Ouvi o que você disse e atenderei o seu pedido" (versículo 35). E, então, Davi retorna ao acampamento e Abigail volta para Nabal.

Quando Abigail retornou a Nabal, ele estava dando um banquete em casa, como um banquete de rei (1Samuel 25:36).

Ao chegar, ela encontra Nabal bêbado demais para conversar, e, então, espera até a manhã seguinte para descrever quão perto Davi chegara do acampamento dele e quão perto Nabal estivera da morte. O que acontece em seguida é surpreendente. "Ele sofreu um ataque e ficou paralisado como uma pedra. Cerca de dez dias depois, o SENHOR feriu Nabal, e ele morreu" (versículos 37-38).

1. Com base nessa passagem, qual o efeito das palavras sensatas de Abigail sobre Davi? Como ele reagiu ao conjunto de esforços dela para promover a paz?

Bem-aventurados os pacificadores, pois serão chamados filhos de Deus (Mateus 5:9).

2. Em que situações no passado Deus convocou você para agir como pacificador? Os resultados foram semelhantes ou diferentes dos que Abigail vivenciou nessa passagem? Explique.

3. Quem, na sua vida — talvez um líder como Davi —, você pode encorajar hoje? Dedique algum tempo para pedir a Deus que identifique essa pessoa e o que pode dizer a ele ou ela. Escreva o que o Senhor coloca em seu coração e compartilhe-o com essa pessoa.

LIÇÃO 3 ❖ ABIGAIL ❖ Quarto dia: A humildade vira o jogo

4. O que os seguintes versículos dizem sobre como Deus deseja que tratemos nossos líderes?

Tito 3:1: "Lembre a todos que se sujeitem aos governantes e às autoridades, sejam obedientes, estejam sempre prontos a fazer tudo o que é bom".

1Pedro 2:17-18: "Tratem a todos com o devido respeito: amem os irmãos, temam a Deus e honrem o rei. Escravos, sujeitem-se a seus senhores com todo o respeito, não apenas aos bons e amáveis, mas também aos maus".

1Pedro 5:5: "Da mesma forma, jovens, sujeitem-se aos mais velhos. Sejam todos humildes uns para com os outros, porque 'Deus se opõe aos orgulhosos, mas concede graça aos humildes'".

O PODER DOS MANSOS

Ao saber da morte de Nabal e da súbita disponibilidade de Abigail, Davi agradece a Deus pelo primeiro fato e tira proveito do segundo. Sem conseguir apagar da memória a imagem da linda mulher no meio da estrada, ele a pede em casamento e ela aceita. Davi fica com uma nova esposa, Abigail com um novo lar, e nós, com um grande princípio: a beleza consegue superar a barbárie.

A mansidão virou o jogo naquele dia, e a disposição de Abigail de humilhar-se reverteu um mar de fúria em Davi. Somos chamados a fazer o mesmo — a nos humilharmos e sermos pacificadores neste mundo — e, como modelo, não precisamos mais do que Cristo, que, "sendo encontrado em forma humana, humilhou-se a si mesmo e foi obediente até a morte, e morte de cruz!" (Filipenses 2:8).

Quando Davi soube que Nabal estava morto, disse: "Bendito seja o SENHOR." [...] Então Davi enviou uma mensagem a Abigail, pedindo-lhe que se tornasse sua mulher (1Samuel 25:39-40).

Dez mulheres da Bíblia ❖ Max Lucado

Jesus lhes disse: "Só em sua própria terra, entre seus parentes e em sua própria casa, é que um profeta não tem honra" (Marcos 6:4).

Cristo deixou de lado sua reputação. Ninguém em Nazaré o saudava como o filho de Deus, e ele não se destacou na foto de formatura do ensino fundamental, nem exigiu papel brilhante no anuário da faculdade. Os amigos o conheciam como um carpinteiro, não como o dono de uma grande madeireira. Sua aparência não chamava a atenção; sua posição não lhe garantia crédito. No grande evento do Natal, Jesus abandonou os privilégios celestiais e aceitou as dores terrestres. Deus está à procura daqueles que farão o mesmo — de gente como Abigail, por intermédio de quem ele possa entregar Cristo ao mundo.

A história de Nabal nos mostra que o sucesso sabota as lembranças dos bem-sucedidos. Há uma antiga fábula sobre um elefante que, pesadamente, atravessa uma ponte de madeira sobre um desfiladeiro. Quando o imenso animal cruzou aquela estrutura velha e desgastada, ela rangeu e gemeu sob seu peso. Ao chegar do outro lado, uma mosca que se aninhara numa de suas orelhas exclamou: "Cara, a gente balançou legal aquela ponte!"[3]

Comentário sem noção o dessa mosca! O elefante tinha feito todo o esforço. Mas será que não fazemos o mesmo? O sujeito que suplicou por ajuda na faculdade de medicina dez anos atrás está muito ocupado hoje para louvar, mas no passado, quando a família lutava para dar conta dos desafios, confiava em Deus para ter o pão de cada dia. Agora, que há um carro a mais na garagem e dinheiro no bolso, faz algum tempo que não falam dele. O sucesso provoca amnésia.

Bendiga o SENHOR a minha alma! Não esqueça nenhuma de suas bênçãos (Salmos 103:2).

No entanto, conforme a história de Abigail revela, a humildade tem o poder de superar o orgulho. Desculpas podem aplacar discussões, mas contrição pode neutralizar a raiva. Galhos de oliveira fazem mais coisas boas do que machadinhas. "A língua branda quebra até ossos" (Provérbios 25:15).

5. Ao reler essa história, de que maneira vê Abigail demonstrar humildade?

_____
_____
_____
_____
_____

Quando o SENHOR tiver abençoado a ti, lembra-te de tua serva (1Samuel 25:31).

6. Abigail pediu a Davi que a perdoasse e, em seguida, rogou para que toda a culpa atribuída a Nabal recaísse sobre ela. É uma bela imagem do poder da humildade. O que os seguintes versículos dizem sobre o que a humildade fará em nossa vida?

2Crônicas 34:27: "Já que o seu coração se abriu e você se humilhou diante de Deus [...] você se humilhou diante de mim, rasgou as suas vestes e chorou na minha presença, eu o ouvi", declara o SENHOR.

_____
_____
_____
_____
_____

Jeremias 9:24: "Mas quem se gloriar, glorie-se nisto: em compreender-me e conhecer-me, pois eu sou o Senhor e ajo com lealdade, com justiça e com retidão sobre a terra".

Lucas 14:11: "Pois todo o que se exalta será humilhado, e o que se humilha será exaltado".

Tiago 4:10: "Humilhem-se diante do Senhor, e ele os exaltará".

7. Quais são algumas formas pelas quais você pode espelhar a humildade de Cristo hoje?

8. Repare que, nessa história, Davi também reage com humildade. Como você percebe o coração dele mudar? Quem, no seu mundo, alimentou a humildade em você? Explique.

Todos vivemos num mundo onde somos reizinhos dentro dos nossos reinos e queremos tudo do nosso jeito e agora. A humildade parece um estrangeiro em nossa sociedade egoísta. Ela se destaca, vai de encontro à norma e contrasta com ela, exatamente como Abigail, a qual confronta a hostilidade egoísta que a cerca. Quando ela abre a boca nessa história, o tom muda da treva para luz, e ela compreende o poder da humildade, porque por trás desta está o poder de Deus. Somente quando permitimos que a graça de Deus desvie nossos olhos de nossos reinos para o verdadeiro reino é que a legítima humildade pode começar a crescer.

Então Davi aceitou o que Abigail lhe tinha trazido e disse: "Vá para sua casa em paz. Ouvi o que você disse e atenderei o seu pedido" (1Samuel 25:35).

Busquem, pois, em primeiro lugar o Reino de Deus e a sua justiça (Mateus 6:33).

⚘ Pontos para Lembrar ⚘

❖ A forma como tratamos nossos líderes — independentemente de eles serem bons ou insensatos — é um reflexo da graça de Deus em nós.
❖ Palavras sábias e uma atitude humilde podem desviar outras pessoas do pecado e do infortúnio.
❖ O Senhor usa aqueles que se mostram humildes para oferecer oportunidades de reconciliação, embora às vezes à custa da reputação deles.

⚘ Oração do Dia ⚘

Senhor Jesus, somos naturalmente muito egoístas. Por favor, continue a aparar nosso orgulho e a moldar nosso coração para que se pareça com o teu. Gratos pela história de Abigail. Que nós, da mesma forma, sejamos humildes diante de ti e diante dos outros. Amém.

Quinto dia: O presente perfeito

A GRAÇA TRANSFORMA VIDAS

Portanto, também nós [...] [tenhamos] os olhos fitos em Jesus, autor e consumador da nossa fé. Ele, pela alegria que lhe fora proposta, suportou a cruz (Hebreus 12:1-2).

Abigail nos ensina muitas coisas, como o poder contagioso da bondade e a força de um coração brando. Sua maior lição, porém, é a de desviar nossos olhos de sua beleza para a formosura de outrem. Ela eleva nossos pensamentos de uma trilha rural para uma cruz em Jerusalém. Abigail jamais conheceu Jesus, uma vez que viveu mil anos antes do sacrifício dele, mas, ainda assim, a história dela prefigura a vida dele, já que sua graça antecede a graça que Cristo nos ofertou.

A graça de Deus é um presente pessoal perfeito que ele deu só para nós. "Hoje [...] *lhes* nasceu o Salvador, que é Cristo, o Senhor" (Lucas 2:11, grifo nosso). Foi um anjo que falou essas palavras. Os pastores as ouviram em primeiro lugar, mas, aquilo que o anjo lhes disse, o Altíssimo dirá a qualquer um que ouça. "Hoje *lhes* nasceu o Salvador..."

Jesus é a dádiva. Ele, em si, é o tesouro, é a graça é preciosa porque ele é precioso. A graça nos protege porque ele o fará, e, da mesma forma como a graça oferecida por Abigail a Davi mudou a vida deles, a graça que Jesus despeja sobre nós transforma nossa vida. A dádiva é o doador.

Descobrir a graça é descobrir a total devoção de Deus a você, sua determinação teimosa de nos ofertar um amor purificador, curador e depurador que faz o ferido se reerguer. Ele fica no alto da montanha, propondo que suba o vale? Não. Ele salta de onde está e leva você com ele. Ele constrói uma ponte e manda você atravessá-la? Não. Ele atravessa a ponte contigo nos ombros. "Vocês são salvos pela graça, por meio da fé, e isto não vem de vocês, é dom de Deus" (Efésios 2:8).

LIÇÃO 3 ❖ ABIGAIL ❖ Quinto dia: O presente perfeito

A história de Abigail e Davi nos mostra que, quando permitimos que a graça de Deus se infiltre pelas rachaduras grosseiras de nossa vida, ela amolece corações e transforma vidas. Então, permita que a graça de Deus borbulhe no seu coração como uma fonte no Saara — em palavras de bondade e ações de generosidade —, pois, ao fazê-lo, verá que ela não só modifica a vida dos outros, como também a sua.

1. O momento culminante da história de Abigail ocorre quando ela se atira aos pés de Davi, assume a culpa pelas ações do marido — embora seja inocente — e implora-lhe por misericórdia. Leia Isaías 53:5. Como as ações dela se comparam ao que Cristo fez por nós?

   _____
   _____
   _____
   _____

2. "Da mesma forma como a graça oferecida por Abigail a Davi mudou a vida deles, a graça que Jesus despeja sobre nós transforma nossa vida." Como a graça modificou a sua vida?

   _____
   _____
   _____
   _____
   _____

3. Medite por algum tempo sobre Filipenses 2:4-11. Que palavras desses versículos se destacam para você? Como ter a atitude de Jesus em suas relações com os outros?

   _____
   _____
   _____
   _____
   _____

4. Abigail estava disposta a sacrificar a vida pela família, e Cristo estava disposto a sacrificar sua vida pelo mundo. De acordo com Romanos 12:1, o que isso deveria nos obrigar a fazer como seguidores de Jesus? Como você pratica as palavras desse versículo no seu cotidiano?

   _____
   _____
   _____
   _____
   _____

MUDANÇA DE CORAÇÕES

A barbárie que vemos em Nabal ainda está viva e plena no planeta Terra de hoje. Podemos negar nosso problema com o pecado tanto quanto Quasimodo pode negar sua corcunda. Nosso problema de coração é universal — e pessoal. Basta medir a sua vida à luz dos parâmetros estabelecidos nos

---

O seu falar seja sempre agradável e temperado com sal, para que saibam como responder a cada um (Colossenses 4:6).

Mas ele foi transpassado por causa das nossas transgressões, foi esmagado por causa de nossas iniquidades; o castigo que nos trouxe paz estava sobre ele, e pelas suas feridas fomos curados (Isaías 53:5).

Seja a atitude de vocês a mesma de Cristo Jesus (Filipenses 2:5).

Ofereçam-se em sacrifício vivo, santo e agradável a Deus (Romanos 12:1).

Pois todos pecaram e estão destituídos da glória de Deus (Romanos 3:23).

Dez Mandamentos e verá como seu coração é insubmisso. Há um pouco de Nabal em cada um de nós.

Um Deus sagrado e perfeito não pode ignorar tais pecados como se fossem apenas "erros inocentes", no entanto, a história de Abigail revela o que ele pode fazer — e que realmente *fez* — com relação à nossa condição de pecadores. Podemos constatar isso ao longo do Novo Testamento: "O bom pastor dá a sua vida pelas ovelhas" (João 10:11); "Isto é o meu corpo dado em favor de vocês" (Lucas 22:19); "Cristo morreu pelos nossos pecados" (1Coríntios 15:3); "Jesus Cristo, que se entregou a si mesmo por nossos pecados" (Gálatas 1:4); "Cristo nos redimiu da maldição da Lei quando se tornou maldição em nosso lugar" (3:13).

Assim como Abigail se colocou entre Davi e Nabal, Jesus se colocou entre Deus e nós. Da mesma maneira que Abigail se ofereceu para ser castigada pelos pecados de Nabal, Cristo permitiu que os céus o punissem pelos seus pecados e pelos meus. Assim como Abigail afastou a raiva de Davi, Jesus Cristo nos protegeu da ira de Deus. Embora são, ele assumiu a nossa doença; embora doentes, aqueles de nós que aceitamos o que ele oferece somos considerados sãos.

O resultado? Mais do que apenas perdoados, somos declarados inocentes. Entramos no céu não com um coração curado, mas com o coração *dele*.

Deus o ofereceu como sacrifício para propiciação (Romanos 3:25).

5. Assim como Abigail agiu como mediadora em favor de Nabal, Cristo é um mediador em nosso favor. Hebreus 7:26-28 e 9:6-7 nos falam um pouco sobre o papel de mediador. De acordo com esses versículos, qual era o propósito dos sumos sacerdotes no Antigo Testamento?

_____
_____
_____
_____
_____

É de um sumo sacerdote como este que precisávamos: santo, inculpável, puro, separado dos pecadores, exaltado acima dos céus (Hebreus 7:26).

6. Leia Hebreus 9:22. Os sacrifícios oferecidos pelo sumo sacerdote sempre envolviam o derramamento de sangue pelo pecado do povo. Qual o significado do sangue?

_____
_____
_____
_____
_____

Sem derramamento de sangue não há perdão (9:22).

7. Volte para Hebreus 9:11-15. Antes de Jesus, o sumo sacerdote atuava como mediador entre Deus e o povo, fazendo um sacrifício com sangue para o perdão do pecado. Por que esses versículos dizem que Cristo é o sumo sacerdote *definitivo*?

_____
_____
_____
_____
_____

LIÇÃO 3 ❖ ABIGAIL ❖ Quinto dia: O presente perfeito

8. Que promessas recebemos em Hebreus 7:25? Como a representação de Cristo como nosso mediador nos dá paz e segurança para esta vida e aquela por vir?

_____
_____
_____

Ele é capaz de salvar definitivamente aqueles que, por meio dele, aproximam-se de Deus (7:25).

Abigail foi uma mediadora que reconciliou Davi e Nabal. De forma semelhante, Jesus é o nosso mediador e ele nos reconcilia com Deus, pois "se entregou a si mesmo como resgate por todos" (1Timóteo 2:5-6). Cristo se interpôs entre a ira de Deus e o nosso castigo. Aconteceu algo remotamente parecido na história de Ernest Gordon e do campo de prisioneiros de Chungkai, que contei no início desta lição.

Conforme mencionei, o campo tinha se transformado com a chegada de dois prisioneiros que se apegaram a um código mais elevado do que simplesmente se guiar pela "sobrevivência dos mais aptos". A bondade e a compaixão deles mostraram-se contagiosas, e logo todos os prisioneiros exibiam esses traços. Então, certa noite, após o trabalho, um guarda japonês anunciou a falta de uma pá, e o oficial colocou os aliados perfilados, insistindo que alguém a tinha roubado.

Gritando num inglês medíocre, o guarda ordenou que o culpado desse um passo à frente. Colocou o fuzil no ombro, pronto para executar um prisioneiro por vez até obter a confissão. Foi quando um soldado escocês saiu da fileira, colocou-se em posição de sentido e disse: "Fui eu". O oficial descarregou toda a sua fúria, espancando o homem até à morte, e quando o guarda finalmente ficou exausto, os prisioneiros recolheram o corpo do homem e suas ferramentas e voltaram para o acampamento. Só então as pás foram recontadas. O soldado japonês havia cometido um engano e, no final das contas, não faltava nenhuma pá.[4]

Ninguém tem maior amor do que aquele que dá a sua vida pelos seus amigos (João 15:13).

Que tipo de pessoa assumiria a culpa por algo que não fez? Quem faz isso? Quando encontrar o adjetivo, atribua-o a Jesus. "O SENHOR fez cair sobre ele a iniquidade de todos nós" (Isaías 53:6). Deus tratou seu filho inocente como a raça humana culpada, o mais sagrado como alguém ordinário e mentiroso, sua Abigail como um Nabal.

Cristo viveu a vida que não poderíamos viver e recebeu o castigo que não suportaríamos a fim de oferecer a esperança que não podemos recusar. Seu sacrifício nos implora que façamos a pergunta: *Se ele nos amava tanto, não podemos nos amar uns aos outros?* Tendo sido perdoados, não podemos perdoar? Tendo festejado à mesa da graça, não podemos compartilhar umas poucas migalhas? "Amados, visto que Deus assim nos amou, nós também devemos amar uns aos outros" (1João 4:11).

Acha o seu "mundo Nabal" difícil de digerir? Então, faça o que Davi fez: pare de ficar olhando para Nabal e desvie o seu olhar para Cristo, ou seja, olhe mais para o Mediador e menos para os criadores de caso. "Não se deixem vencer pelo mal, mas vençam o mal com o bem" (Romanos 12:21).

[Abigail] se levantou, inclinou-se com o rosto em terra, e disse: "Aqui está a sua serva, pronta para servi-los" (1Samuel 25:41).

Um prisioneiro pode mudar um campo. Uma Abigail pode salvar uma família. Seja a bela em meio às suas feras e veja o que acontece.

79

~ Pontos para Lembrar ~

❖ A graça de Deus em nós faz com que outros se voltem para ele e transforma vidas.
❖ A graça do Senhor limpa, cura e nos dá a força de que precisamos para nos sentirmos uma nova pessoa, levando conosco o coração de Cristo.
❖ Jesus foi castigado pelos nossos pecados e protege da ira de Deus os que buscam nele a salvação.

~ Oração do Dia ~

Jesus, por causa do teu sacrifício, podemos estar na segurança da salvação. Obrigado, Senhor, por sentares à direita do Pai e por intercederes por nós, indignos como somos. Somos eternamente gratos. Em teu nome oramos, amém.

~ Versículo para Memorizar na Semana ~

Pois há um só Deus e um só mediador entre Deus e os homens: homem Cristo Jesus, o qual se entregou a si mesmo como resgate por todos.

1 Timóteo 2:5-6

Leitura suplementar

Ao longo desta lição, foram citados textos extraídos de *It's Not About Me* [Nada a ver comigo]. Nashville: Thomas Nelson, 2004; *Facing Your Giants* [publicado no Brasil como: Derrubando Golias. São Paulo: Thomas Nelson, 2007]; *Cure for the Common Life* [Cura para a vida diária]. Nashville: Thomas Nelson, 2006; *3:16 — The Numbers of Hope* [publicado no Brasil como: 3:16 — A mensagem de Deus para a vida eterna. São Paulo: Thomas Nelson, 2007] e *Grace* [publicado no Brasil como: Graça. São Paulo: Thomas Nelson, 2012].

Notas

1. Ernest Gordon, *To End All Wars: A True Story About the Will to Survive and the Courage to Forgive* [Para acabar com todas as guerras: uma história real sobre a vontade de sobreviver e a coragem de perdoar]. Grand Rapids: Zondervan, 2002, p. 105-106, 101.
2. Hans Wilhelm Hertzberg, *First and Second Samuel* [Primeiro e Segundo Samuel],. Filadélfia: Westminster John Knox Press, 1964, p. 199-200.
3. Anthony de Mello, *Taking Flight: A Book of Story Meditations* [Alçando voo: um livro com histórias que convidam à meditação]. Nova York: Doubleday, 1988, p. 99.
4. Gordon, *To End All Wars* [Para acabar com todas as guerras]. p. 101-102.

LIÇÃO 4

ESTER

TOCANDO O CORAÇÃO DO REI

HÁ MUITOS ANOS, QUANDO MINHAS FILHAS Andrea e Sara eram pequenas, saímos em família à procura de escrivaninhas. Precisava de uma nova para o escritório e prometi às meninas escrivaninhas para o quarto delas. Sara estava especialmente empolgada, pois, sempre que voltava das aulas, ela brincava de escola. Nunca fiz isso quando era garoto; inclusive, tentava esquecer as atividades de aula, e não ficar repassando-as.

Então, lá fomos nós às compras. Quando minha mulher, Denalyn, comprava móveis, ela ficava entre dois extremos — aquele frágil de tão velho ou aquele tão novo que ainda não tinha nem sido pintado. Dessa vez, optamos pelo segundo tipo e entramos numa loja de móveis semiacabados.

Andrea e Sara rapidamente conseguiram fazer suas escolhas e eu tratei de fazer o mesmo. Em algum ponto do processo, Sara ficou sabendo que não levaríamos as escrivaninhas para casa naquele dia, e a notícia a perturbou imensamente. Expliquei a ela que a peça tinha de ser pintada e que eles a entregariam dali a quatro semanas, mas era como se tivesse dito quatro milênios.

Os olhos dela se encheram de lágrimas: — Mas, paizinho, eu queria levar ela pra casa hoje. Justiça seja feita, Sara não bateu o pé nem exigiu nada, entretanto, ela se lançou num esforço urgente para mudar o pensamento de seu pai. Para cada canto da loja que eu ia, ela vinha tentando me convencer.

— Paizinho, não acha que a gente mesmo podia pintá-la?

— Paizinho, só queria fazer uns desenhos na minha mesa nova.

— Paizinho, por favor, vamos levar ela pra casa hoje?

Depois de algum tempo, ela desapareceu, só para voltar em seguida, com os braços bem abertos, radiante com uma descoberta.

— Adivinha, paizinho? Ela cabe direitinho no porta-malas do carro.

Você e eu sabemos que uma criança de sete anos não faz ideia do que cabe ou não no porta-malas de um carro, mas o fato de ela ter medido o porta-malas com os braços amoleceu meu coração. O golpe de mestre, porém, foi o tratamento que ela dirigiu a mim: "paizinho".

Naquele dia, a família Lucado foi para casa levando uma escrivaninha.

Ouvi o pedido de Sara pela mesma razão que Deus ouve o nosso: O desejo dela era para o seu próprio bem. Que pai não desejaria que seu filho passasse mais tempo escrevendo e desenhando? Sara queria o que eu desejava para ela — só que ela queria mais cedo. Quando concordamos com o que Deus deseja, ele também nos ouve (ver 1João 5:14).

O pedido de Sara era de coração. Deus também é tocado pela nossa sinceridade. A "oração de um justo é poderosa e eficaz" (Tiago 5:16). Mas, acima de tudo, fui levado a reagir porque Sara me chamou de "paizinho". Por ela ser minha filha, ouvi seu pedido, e, por sermos filhos de Deus, ele ouve os nossos. O Rei da criação dá uma atenção especial à voz de sua família e não está apenas disposto a nos ouvir, mas gosta de nos ouvir, e chega a nos dizer o que devemos lhe pedir.

Jesus nos diz como começar. "Quando orarem, orem assim: 'Pai nosso que estás no céu, santificado seja o teu nome. Venha o teu reino'." Quando você diz "Venha o teu reino", está convidando o Messias em pessoa a entrar no seu mundo. "Vem, meu rei! Ocupa teu trono em nossa terra. Esteja presente no meu coração, em meu escritório. Vem para o meu casamento. Seja o Senhor da minha família, dos meus medos e das minhas dúvidas."

Não se trata de um pedido fraco, mas sim de um apelo contundente para que Deus ocupe cada aspecto de sua vida, mas quem é você para pedir uma coisa como essa? Quem é você para pedir a Deus que assuma o controle do seu mundo? Céus, você é filho dele! "Assim, aproximemo-nos do trono da graça com toda a confiança, a fim de recebermos misericórdia e encontrarmos graça que nos ajude no momento da necessidade" (Hebreus 4:16).

1. Fale sobre um momento em sua vida em que soube que Deus ouviu um desejo do seu coração. Como Deus respondeu ao seu pedido?

___

2. "Fui levado a reagir porque Sara me chamou de 'paizinho'. Por ela ser minha filha, eu ouvi seu pedido." Por que pode ser difícil de imaginar Deus como nosso Pai??

___

Certa vez, A. W. Tozer escreveu: "O que vem à nossa mente quando pensamos sobre Deus é a coisa mais importante a nosso respeito."[1] Se vemos o Senhor como nosso bondoso pai, podemos ser aquilo para que fomos criados: seus filhos. E, como seus filhos, podemos alegre e destemidamente nos

LIÇÃO 4 ❖ ESTER ❖ Primeiro dia: Um roteiro digno de Hollywood

aproximar dele com nossos pedidos, nossas perguntas e nossas preocupações sabendo que ele nos ama. Nossa vida de oração se torna rica e, acima de tudo, plena de relação, mas, se a imagem que nos ocorre quando pensamos em Deus for negativa, nossa vida de oração sofre, impedindo-nos de nos acercarmos do trono do Altíssimo com ousadia. O Senhor quer que o conheçamos não apenas como pai, mas também como paizinho (ver Romanos 8:15).

[...] receberam o Espírito que os torna filhos por adoção (Romanos 8:15).

 ORAÇÃO DA SEMANA

Deus, às vezes é difícil que o vejamos como um bom pai, e, por isso, nossas conversas contigo ficam complicadas. Ajuda-nos a ver-te da forma como desejas, a fim de que nossas orações se alinhem com o teu coração. Amém.

Primeiro dia: Um roteiro digno de Hollywood

NOS BASTIDORES

Uma ilustração maravilhosa desse tipo de coragem buscado por Deus encontra-se na história de Hadassa. Embora seu idioma e sua cultura sejam um atlas separado do nosso, ela pode contar a você sobre o poder de uma oração para um rei. Há, porém, algumas diferenças, pois o pedido dela não foi feito a seu pai, mas a seu marido, o rei, e sua oração não foi por uma escrivaninha, mas pela libertação de seu povo. E por ela ter adentrado a sala do trono, por ter aberto o coração para o rei, ele mudou seus planos, e milhões de pessoas, em 127 países diferentes, foram salvas.

Ah, como gostaria que você conhecesse Hadassa, mas por ela ter vivido no século V a.C., tal encontro não é possível, então, teremos de nos contentar em saber sobre ela pelo livro que tem seu nome — seu *outro* nome — Ester.

E que livro! Seria um desafio para Hollywood fazer um roteiro adaptando essa história... o cruel Hamã que exigia que todos lhe prestassem homenagem... o corajoso Mardoqueu, que se recusou a se inclinar diante de Hamã... as grandes palavras de Mardoqueu a Ester de que ela teria sido escolhida rainha para "um momento como este"... e a convicção de Ester de salvar seu povo. "Se eu tiver que morrer, morrerei", decidiu ela.

Foi no tempo de Xerxes, que reinou sobre cento e vinte e sete províncias, desde a Índia até a Etiópia (Ester 1:1).

1. Esse "drama hollywoodiano" que conhecemos como o livro de Ester foi escrito depois de o templo em Jerusalém ter sido destruído e de os babilônios terem mandado para o exílio quase todos os habitantes de Judá. Leia Lamentações 1:1-3. O que diz o autor sobre o povo judeu durante essa época? Qual o tom dele por trás dessas palavras?

_____

_____

Em aflição e sob trabalhos forçados, Judá foi levado ao exílio. Vive entre as nações sem encontrar repouso (Lamentações 1:3).

83

> *Então o Senhor os espalhará pelas nações, de um lado ao outro da terra* (Deuteronômio 28:64).

2. Veja em Deuteronômio 28:63-67. Essas palavras se passaram na época de Ester. O que Deus havia prometido que aconteceria ao povo dela se eles não seguissem suas ordens? O que esses versículos dizem sobre a condição do coração das pessoas?

_____
_____
_____
_____
_____

3. Ester viveu durante o reinado do império persa, que havia derrubado o império babilônico. Como exilados numa terra estrangeira, de que maneira acha que os judeus eram vistos?

_____
_____
_____
_____

4. Além de ser uma estrangeira, Ester era uma mulher — e mulheres naquela cultura eram vistas como seres inferiores, sendo dominadas pelos homens e tratadas como propriedade deles. Então, antes mesmo de examinarmos nossa história, o que tudo isso lhe diz sobre nossa protagonista e sobre como ela se via?

_____
_____
_____
_____
_____

MONTANDO O PALCO

> *Assim declaro eu, Ciro, rei da Pérsia: O Senhor […] designou-me para construir um templo para ele em Jerusalém, na terra de Judá. Quem dentre vocês pertencer ao seu povo vá […]* (2Crônicas 36:23).

Façamos uma revisão dos personagens centrais, começando por aquele que, aparentemente detinha todo o poder sobre a terra, Xerxes, rei da Pérsia e monarca absoluto do território que ia da Índia à Etiópia. Seu título oficial era *shahanshah*, e, mbora possa ser traduzido por "imperador", ele na verdade carrega um significado um pouco mais elevado: "rei dos reis". Xerxes era neto de Ciro, o Grande, que, segundo a Bíblia, permitiu que os judeus voltassem para Jerusalém, e filho de Dario, o Grande, responsável por fazer da Pérsia o maior império do mundo.

Um dos primeiros assuntos com que Xerxes teve de lidar logo depois de subir ao trono foi esmagar uma revolta que eclodira na Babilônia. Em anos anteriores, tanto Ciro quanto Dario tinham celebrado uma cerimônia num festival em que o dirigente segurava nas mãos da estátua de Marduque, o deus protetor da cidade, um gesto que, para os babilônios, garantia a prosperidade permanente. Todavia, Xerxes tinha pouco tempo e paciência para tais cerimônias — e, aparentemente, pouca diplomacia.

Em vez disso, ele optou por acabar com o ritual, derretendo a estátua, e, como você pode imaginar, isso não foi bem aceito pelos babilônios, que rapidamente se revoltaram, quando o novo rei assumiu o trono. Logo eles aprenderiam que, quando Xerxes erguia a sobrancelha, o destino do mundo mudava. Xerxes esmagou a revolta na Babilônia, e, em seguida fez o mesmo com outro levante no Egito, tendo depois invadido a Grécia. Esses eram o poder e o temperamento do rei supremo que viria a ser conhecido como "Xerxes, o Grande".

Em muitos aspectos, Xerxes simbolizava o poder de Deus — o verdadeiro "REI DOS REIS E SENHOR DOS SENHORES" (Apocalipse 19:16) —, pois ele conduz o rio da vida e nem chega a erguer a sobrancelha. No entanto, enquanto nosso Deus é paciente e amoroso, e nos convida a estar em sua presença, os súditos de Xerxes sabiam que ele era um homem a ser temido. E, de fato, o temiam.

5. O primeiro personagem apresentado em nossa encenação é Xerxes (ou, em algumas traduções, o rei Assuero, seu nome em hebraico). Leia Ester 1:1-9. Qual é o palco dessa encenação que vai acontecer? O que o rei está fazendo quando o livro começa?
_____
_____
_____
_____

6. Com base nesses versículos, que você consegue reunir sobre a natureza do rei Xerxes?
_____
_____
_____
_____

7. Em muitos aspectos, Xerxes simboliza o poder de Deus no território. Mas como o Altíssimo demonstra sua força nos versículos a seguir? Quais são as diferenças essenciais entre a forma como Xerxes e o Criador flexionam seus músculos?

Êxodo 14:17-18: "E serei glorificado com a derrota do faraó e de todo o seu exército, com seus carros de guerra e seus cavaleiros. Os egípcios saberão que eu sou o SENHOR quando eu for glorificado com a derrota do faraó, com seus carros de guerra e seus cavaleiros".
_____
_____
_____
_____

Em seu manto e em sua coxa está escrito este nome: REI DOS REIS E SENHOR DOS SENHORES (Apocalipse 19:16).

Naquela época o rei Xerxes reinava em seu trono na cidadela de Susã e, no terceiro ano do seu reinado, deu um banquete a todos os seus nobres e oficiais (Ester 1:2-3).

Juízes 7:22: "Quando as trezentas trombetas soaram, o Senhor fez que em todo o acampamento os homens se voltassem uns contra os outros com as suas espadas. Mas muitos fugiram para Bete-Sita, na direção de Zererá, até a fronteira de Abel-Meolá, perto de Tabate".

___
___
___
___

Isaías 14:26-27: "Esse é o plano estabelecido para toda a terra; essa é a mão estendida sobre todas as nações. Pois esse é o propósito do Senhor dos Exércitos; quem pode impedi-lo? Sua mão está estendida; quem pode fazê-la recuar?"

___
___
___
___

Mateus 19:26: "Jesus olhou para eles e respondeu: 'Para o homem é impossível, mas para Deus todas as coisas são possíveis'".

___
___
___
___

Romanos 1:20: "Pois desde a criação do mundo os atributos invisíveis de Deus, seu eterno poder e sua natureza divina, têm sido vistos claramente, sendo compreendidos por meio das coisas criadas".

___
___
___
___

Hebreus 1:3: "O Filho é o resplendor da glória de Deus e a expressão exata do seu ser, sustentando todas as coisas por sua palavra poderosa. Depois de ter realizado a purificação dos pecados, ele se assentou à direita da Majestade nas alturas".

___
___
___
___

8. O principal personagem da nossa história é uma mulher judia no cativeiro. Sabendo disso — e sabendo do triste estado de Israel —, como você acha que Deus está montando o palco perfeito para encenar sua glória?

___
___

LIÇÃO 4 ❖ ESTER ❖ Segundo dia: Sanatás puxa os cordões

_____

Muitas vezes, Deus é mais glorificado quando a vida fica difícil, algo que constatamos ao longo da Bíblia. Quando os israelitas estavam no cativeiro do Egito, o Senhor manifestou sua glória; quando Gideão tinha apenas cem homens para derrotar um inimigo avassalador, o Altíssimo manifestou sua glória; quando não havia lugar na hospedaria, o Criador exibiu sua glória. E ele faz o mesmo em nossa vida hoje. Não é que ele precise de um pano de fundo preto para brilhar com mais intensidade, no entanto, por sermos humanos, às vezes é preciso que tudo desabe diante de nós antes de nos dispormos a ver o Eterno e a ouvir falar sobre ele. Portanto, se você está passando por um momento difícil — como os judeus da nossa história —, talvez Deus esteja montando o palco no seu coração, destruindo tudo aquilo que teve um papel de destaque na sua vida, para que ele possa brilhar mais intensamente.

Aquele que é a Palavra tornou-se carne e viveu entre nós. Vimos a sua glória, glória como do Unigênito (João 1:14).

PONTOS PARA LEMBRAR

❖ Deus manifesta seu poder e glória por meio de acontecimentos pelo mundo, por meio dos líderes na terra e por meio de seu filho, Jesus.
❖ Muitas vezes, o Senhor é glorificado nos momentos difíceis e quando a resolução dessas dificuldades está além do controle das pessoas.
❖ A forma como vemos o Altíssimo determinará como reagiremos quando a vida for difícil.

 ORAÇÃO DO DIA

Deus, tua palavra nos mostra quão imenso és e que és capaz de nos salvar de qualquer coisa que enfrentemos nesta terra. Por favor, perdoa-nos quando nos encerrarmos em nossa própria glória ou na glória de outros à nossa volta. Queremos conhecer a tua grandeza — ver a tua glória. Destrói hoje qualquer coisa em nosso coração que rivalize com essa glória em nossa vida. Amém.

Segundo dia: Satanás puxa os cordões

UM EGÓLATRA PERIGOSO

Com certeza, Xerxes é aquele que tem o poder, mas, na história contada em Ester, não temos a sensação de que é ele sempre o único a puxar os cordões. Para isso, nos voltamos para Hamã, o braço-direito do rei. Leia tudo o que há escrito sobre o sujeito e não encontrará nada de bom a seu respeito. Ele é um egoísta insaciável, que quer a adoração de cada pessoa no reino.

O rei Xerxes honrou Hamã, filho de Hamedata, descendente de Agague (Ester 3:1).

87

> *Mas Saul e o exército pouparam Agague e o melhor das ovelhas e dos bois, os bezerros gordos e os cordeiros (1Samuel 15:9).*

Pela leitura, vemos que Hamã era um agagita (ver Ester 3:1), ou seja, um descendente de Agague, o rei de uma nação hostil a Israel. Em 1Samuel 15:7-9, ficamos sabendo que o rei Saul poupou a vida de Agague em desobediência à ordem de Deus. Quando Samuel descobriu, fez com que Agague viesse até ele e o matou (ver versículos 32-33). Agora que os judeus eram minoria na Pérsia, Hamã decidiu exterminá-los de uma vez por todas e convenceu Xerxes de que o mundo seria melhor com um holocausto e marcou uma data para o genocídio de todos os filhos de Abraão.

Hamã é um servo do inferno e a imagem do próprio diabo, que não tem outro objetivo maior do que exigir que todos se ajoelhem à sua passagem. Satanás também não tem outro plano a não ser perseguir o povo prometido de Deus. Ele vem para "roubar, matar e destruir" (João 10:10), e "está cheio de fúria, pois sabe que lhe resta pouco tempo" (Apocalipse 12:12).

Nesse caso, Satanás espera destruir os judeus e, por conseguinte, destruir a linhagem de Jesus. Para Hamã, o massacre é uma questão de conveniência, mas, para Satanás, uma questão de sobrevivência, e ele fará o que for preciso para impedir a presença de Cristo no mundo.

> *Todos os oficiais do palácio real curvavam-se e prostravam-se diante de Hamã, conforme as ordens do rei (Ester 3:2).*

1. Leia Ester 3:1-6. O que você conclui a respeito da personalidade de Hamã, com base nesses versículos? Por que ele se irava quando nem todos os súditos do reino prestavam-lhe reverência?

_____
_____
_____
_____
_____
_____

2. A tensão entre o povo de Hamã (os amalequitas) e o povo de Ester (os judeus) remontava há centenas de anos. Leia 1Samuel 15:1-3. Por que a ira de Deus se inflamou contra os amalequitas? Como resultado, o que o Senhor ordenou que Saul fizesse?

_____
_____
_____
_____
_____
_____

> *As cartas foram enviadas por mensageiros [...] com a ordem de exterminar e aniquilar completamente todos os judeus (versículo 13).*

3. Leia Ester 3:7-15. O que a raiva de Hamã em relação aos judeus levou-o a fazer? Como foi que enganou o rei Xerxes mediante o pedido que fez a ele?

_____
_____
_____
_____
_____
_____

LIÇÃO 4 ❖ ESTER ❖ Segundo dia: Sanatás puxa os cordões

4. Abra em Salmos 36:1-4. Como esses versículos descrevem a condição do coração de Hamã? Como o seu orgulho o levou a elaborar planos maléficos?

_____
_____
_____
_____

Ele se acha tão importante, que não percebe nem rejeita o seu pecado (Salmos 36:2).

O FASCÍNIO DA PRESUNÇÃO

Satanás usou o orgulho para insuflar o coração de Hamã e levá-lo a planejar atrocidades contra o povo de Deus. O orgulho é uma tática conhecida do seu arsenal, que o vemos usar desde os primórdios da criação. Lá, no jardim do Éden, sua primeira promessa de prestígio foi sussurrada para Eva com um sibilo, uma piscadela e um risinho malicioso.

Deus disse: "Coma livremente de qualquer árvore do jardim, mas não coma da árvore do conhecimento do bem e do mal, porque no dia em que dela comer, certamente você morrerá" (Gênesis 2:16-17). À sombra daquela mesma árvore, Satanás sabia o que oferecer a Eva para convencê-la a desobedecer à ordem. Não era prazer, saúde, prosperidade. Era... bem, leia as palavras dele e procure por sua arma de sedução: "Deus sabe que, no dia em que dele comerem, seus olhos se abrirão, e vocês, como Deus, serão conhecedores do bem e do mal" (3:5).

As palavras encontraram terreno fértil.

"*Vocês, como Deus serão* [...]." Eva coçou o queixo ao repetir para si mesma a promessa. A cobra afastou a cortina da sala do trono e convidou Eva para sentar. Coloque a coroa. Pegue o cetro. Vista o manto. Veja como é sentir que tem poder. Veja como é sentir que tem um nome. Veja como é sentir que está no controle!

Eva mordeu a isca. A tentação de ser como o Criador tirou-lhe a visão de Deus... e a mordida na maçã ecoou pelo reino. Séculos depois, Hamã morderia a mesma isca. "O rei Xerxes honrou Hamã, filho de Hamedata, descendente de Agague, promovendo-o e dando-lhe uma posição mais elevada do que a de todos os demais nobres" (Ester 3:1). O poder subiu de tal forma à cabeça de Hamã que ele não suportava o pensamento de que um único homem não se curvasse diante dele.

A serpente ainda sibila suas mentiras para nós nos dias de hoje. "Você é tão bom, tão maravilhoso. As pessoas precisam admitir esse fato e conceder-lhe o reconhecimento que você merece." A Bíblia indica com clareza que temos de capturar cada pensamento desses e torná-lo obediente a Cristo (ver 2Coríntios 10:5). Precisamos resistir a quaisquer ideias exageradas quanto à nossa importância pessoal (ver Romanos 12:3) e temos de fazer da cruz de nosso Senhor Jesus Cristo nossa razão pessoal para nos vangloriarmos (ver Gálatas 6:14).

Ao fazermos isso, passaremos a entender que o orgulho não agrada a Deus... e evitaremos as terríveis consequências de levarmos uma vida cheia de orgulho.

Quando vem o orgulho, chega a desgraça (Provérbios 11:2).

Quando a mulher viu que a árvore parecia agradável ao paladar, era atraente aos olhos e, além disso, desejável para dela se obter discernimento, tomou do seu fruto, comeu-o (Gênesis 3:6).

Destruímos argumentos e toda pretensão que se levanta contra o conhecimento de Deus (2Coríntios 10:5).

"Dias virão", declara o Senhor, "em que levantarei para Davi um Renovo justo" (Jeremias 23:5).

5. Abra em Jeremias 23:5-6. O que essa profecia diz sobre Jesus? Na Bíblia, como vemos Satanás usar indivíduos como Hamã para tentar destruir o povo de Deus e impedir o cumprimento dessa profecia? (Veja, por exemplo, Êxodo 1:8-10.)

_____

6. O que as seguintes passagens das Escrituras dizem sobre a natureza de Satanás e a forma como ele atua neste mundo?

Ezequiel 28:17-18: "Seu coração tornou-se orgulhoso por causa da sua beleza, e você corrompeu a sua sabedoria por causa do seu esplendor. Por isso eu o atirei à terra; fiz de você um espetáculo para os reis. Por meio dos seus muitos pecados e do seu comércio desonesto você profanou os seus santuários".

_____

João 8:44: "[Satanás] foi homicida desde o princípio e não se apegou à verdade, pois não há verdade nele. Quando mente, fala a sua própria língua, pois é mentiroso".

_____

2Coríntios 4:3-4: "Se o nosso evangelho está encoberto, para os que estão perecendo é que está encoberto. O deus desta era cegou o entendimento dos descrentes, para que não vejam a luz do evangelho da glória de Cristo, que é a imagem de Deus".

_____

2Coríntios 11:14-15: "O próprio Satanás se disfarça de anjo de luz. Portanto, não é surpresa que os seus servos finjam que são servos da justiça. O fim deles será o que as suas ações merecem".

LIÇÃO 4 ❖ ESTER ❖ Segundo dia: Sanatás puxa os cordões

1Pedro 5:8: "Estejam alerta e vigiem. O Diabo, o inimigo de vocês, anda ao redor como leão, rugindo e procurando a quem possa devorar".

7. Que táticas já viu o inimigo usar contra você? Como esses versículos o ajudam a reconhecer as estratégias dele e a vê-las como realmente são?

8. O que os seguintes versículos dizem sobre o poder que temos sobre Satanás? O que expressam a respeito do que devemos fazer se nos sentirmos atacados pelo mal?

Efésios 6:10-11: "Fortaleçam-se no Senhor e no seu forte poder. Vistam toda a armadura de Deus, para poderem ficar firmes contra as ciladas do Diabo".

Tiago 4:7-8: "Submetam-se a Deus. Resistam ao Diabo, e ele fugirá de vocês. Aproximem-se de Deus, e ele se aproximará de vocês".

1Pedro 5:9: "Resistam [ao diabo], permanecendo firmes na fé, sabendo que os irmãos que vocês têm em todo o mundo estão passando pelos mesmos sofrimentos".

1João 4:4: "Filhinhos, vocês são de Deus e os venceram, porque aquele que está em vocês é maior do que aquele que está no mundo."

Vistam toda a armadura de Deus, para que possam resistir no dia mau e permanecer inabaláveis (Efésios 6:13).

Concentrar-se demais no diabo nos afasta do poder e da segurança que temos em Cristo; por outro lado, ignorá-lo completamente nos afasta da advertência das Escrituras para que sejamos sensatos e cuidadosos em relação aos estratagemas dele. É preciso ter equilíbrio. Precisamos nos armar, porém lembrar que o diabo é um adversário derrotado. Ele é derrotado *agora* em nossa vida por meio da vitória que temos em Cristo, e será derrotado *para sempre* após o retorno de Cristo. "O Diabo, que as enganava, foi lançado no lago de fogo que arde com enxofre" (Apocalipse 20:10). Está para chegar o dia em que o mal será condenado à morte e destruído para sempre! Até lá, precisamos permanecer *vigilantes,* lembrando que os demônios fogem com a presença de Cristo em nós. E precisamos também nos manter *esperançosos,* tendo em mente o final maravilhoso que está por vir.

Pontos para Lembrar

- Satanás fará tudo o que puder para impedir a presença e o impacto de Jesus no mundo.
- O Diabo alimenta nosso orgulho como forma de nos atacar e destruir nossa relação com Deus.
- O orgulho é uma arma de destruição, mas a obra do nosso Senhor Jesus Cristo na cruz é uma defesa contra o mal.

Oração do Dia

Jesus, tu já alcançaste a vitória sobre o inimigo — e tu vives entre nós! Assim, sabemos que nada temos a temer. Hoje oramos para que nos ajudes a vestir toda a armadura de Deus para que estejamos armados e protegidos contra todos os estratagemas do inimigo. Não permita que sejamos presas de suas mentiras e ardis, mas nos capacita para resistir às suas tentações. Amém.

LIÇÃO 4 ❖ ESTER ❖ Terceiro dia: Para um momento como este

Terceiro dia: Para um momento como este

A NOVA MISS PÉRSIA

Há dois outros participantes importantes nessa história: Ester e Mardoqueu. Quando o livro começa, Ester acaba de se tornar rainha ao vencer um concurso para Miss Pérsia. Ao que parece, a antiga rainha — uma mulher de nome Vasti — tinha perdido rapidamente os favores do rei ao se recusar a ser exibida para os amigos dele. O sórdido episódio ocorreu durante uma festividade de sete dias no palácio, em que os convidados podiam "beber o quanto desejassem" (Ester 1:8). No sétimo dia, "quando o rei Xerxes já estava alegre por causa do vinho," ele decidiu que seria uma boa ideia convocar Vasti para "mostrar aos seus súditos e aos nobres a beleza dela" (versículos 10-11).

Vasti entendeu que aquela *não* era uma boa ideia e se recusou a aparecer. Furioso, o rei consultou seus... advogados. Rapidamente, eles aconselharam o rei a tomar providências para superar o prejuízo, enviando-a para o exílio, temendo que "as mulheres das altas autoridades da Pérsia e da Média [...] não respeitarão os seus maridos" (versículo 18 — NTLH). Eles também disseram a Xerxes que promovesse um concurso de beleza real a fim de escolher uma substituta para Vasti, e, como se poderia supor, essa ideia agradou o rei.

Ester acabaria vencendo o concurso e, praticamente de um dia para o outro, saiu da obscuridade para a realeza. Em mais de uma maneira, ela deveria fazer com que nos lembrássemos de nós mesmos. Assim como Ester, somos moradores do palácio — Ester, a noiva de Xerxes, e nós, a noiva de Cristo. Ambos temos acesso ao trono do rei, e ambos temos um conselheiro para nos guiar e ensinar. Nosso conselheiro é o Espírito Santo, enquanto o conselheiro de Ester era Mardoqueu, o último ator nesse conto.

1. Leia Ester 1:10-22. Além do próprio orgulho, por que outra razão o rei castiga Vasti (ver versículos 17-20)? Que mensagem clara ele estava transmitindo às mulheres? Como acha que isso fez Ester se sentir ao se mudar para o palácio?

   _____
   _____
   _____
   _____
   _____
   _____

2. Abra em Ester 2:1-18. O que você fica sabendo sobre o passado de Ester e sua criação? Por que é relevante que Mardoqueu seja seu primo?

   _____
   _____
   _____
   _____

O rei Xerxes [...] ordenou aos sete oficiais que o serviam [...] que trouxessem à sua presença a rainha Vasti, usando a coroa real. Ele queria mostrar aos seus súditos e aos nobres a beleza dela (Ester 1:10-11).

Que Vasti nunca mais compareça na presença do rei Xerxes. Também dê o rei a sua posição de rainha a outra que seja melhor do que ela (versículo 19).

A conduta da rainha se tornará conhecida por todas as mulheres, e assim também elas desprezarão seus maridos (versículo 17).

93

Ester causava boa impressão a todos os que a viam (Ester 2:15).

3. Que tema recorrente você encontra nos versículos 9, 15 e 17? De que maneira essa qualidade de Ester ajudou-a na corte persa?

_____
_____
_____
_____

4. Levando em consideração a criação de Ester, suas raízes judaicas e as milhares de outras mulheres do harém do rei, a probabilidade de Ester tornar-se rainha parecia ínfima, mas, ainda assim, ela conquistou a preferência de todos. Mera coincidência? De jeito nenhum. Examine os seguintes versículos e escreva o que cada um deles diz sobre a preferência de Deus.

Salmos 5:12: "Pois tu, Senhor, abençoas o justo; o teu favor o protege como um escudo".

_____
_____
_____
_____

Salmos 84:11: "O Senhor Deus é sol e escudo; o Senhor concede favor e honra; não recusa nenhum bem aos que vivem com integridade".

_____
_____
_____
_____

Provérbios 3:34: "Ele [o Senhor] zomba dos zombadores, mas concede graça aos humildes".

_____
_____
_____
_____

2Coríntios 9:8: "Deus é poderoso para fazer que lhes seja acrescentada toda a graça, para que em todas as coisas, em todo o tempo, tendo tudo o que é necessário, vocês transbordem em toda boa obra".

_____
_____
_____
_____

Efésios 2:8-9: "Pois vocês são salvos pela graça, por meio da fé, e isto não vem de vocês, é dom de Deus; não por obras, para que ninguém se glorie".

_____
_____
_____

LIÇÃO 4 ❖ ESTER ❖ Terceiro dia: Para um momento como este

UMA IMAGEM DO ESPÍRITO SANTO

Mardoqueu havia adotado Ester como filha e foi ele quem a incitou a manter sua nacionalidade judaica em segredo ao se tornar rainha. Foi também Mardoqueu que descobriu a trama de Hamã para exterminar os judeus e persuadiu Ester a falar com Xerxes sobre o massacre iminente. Você deve imaginar por que ela precisaria de todo tipo de encorajamento.

Mardoqueu deve ter imaginado o mesmo. Considere, porém, a mensagem que ele recebeu de Ester: "Todos os oficiais do rei e o povo das províncias do império sabem que existe somente uma lei para qualquer homem ou mulher que se aproxime do rei no pátio interno sem por ele ser chamado: será morto, a não ser que o rei estenda o cetro de ouro para a pessoa e lhe poupe a vida. E eu não sou chamada à presença do rei há mais de trinta dias" (Ester 4:11). Por mais estranho que possa parecer para nós, nem mesmo a rainha podia se aproximar do rei sem um convite, pois entrar na sala do trono sem ser convidado era arriscar uma visita ao patíbulo. Mas Mardoqueu a convence a correr o risco.

Se você está se perguntando por que vejo Mardoqueu como uma imagem do Espírito Santo, basta observar como ele, em seguida, a encoraja a fazer o que é certo e diz a Ester que, apenas por ela viver no palácio do rei, não deveria pensar que, de todo o povo judeu, só ela escaparia. Ele diz a Ester que, se ficasse calada dessa vez, outra pessoa ajudaria o povo judeu a se salvar, mas ela e sua família morreriam; em seguida, acrescenta: "Quem sabe se não foi para um momento como este que você chegou à posição de rainha?" (Ester 4:14).

Ester não tinha revelado a que povo pertencia nem a origem da sua família, pois Mardoqueu a havia proibido de fazê-lo (Ester 2:10).

Não pense que pelo fato de estar no palácio do rei, você será a única entre os judeus que escapará (4:13).

5. Leia Ester 2:19-23 e 4:1-14. O que esses versículos nos dizem sobre os compromissos de Mardoqueu? O que eles nos dizem sobre sua integridade? Sobre sua ousadia?

_____
_____
_____
_____

6. Mardoqueu é uma "imagem do Espírito Santo" e induziu Ester a fazer o que era certo. O que os seguintes versículos nos dizem sobre o papel do Espírito Santo em nossa vida?

João 14:26: "O Conselheiro, o Espírito Santo, que o Pai enviará em meu nome, lhes ensinará todas as coisas e lhes fará lembrar tudo o que eu lhes disse".

_____
_____
_____
_____

João 16:8-10: "Quando [o Espírito Santo] vier, convencerá o mundo do pecado, da justiça e do juízo. Do pecado, porque os homens não creem em mim; da justiça, porque vou para o Pai".

95

João 16:13-14: "Mas quando o Espírito da verdade vier, ele os guiará a toda a verdade. Não falará de si mesmo; falará apenas o que ouvir, e lhes anunciará o que está por vir. Ele me glorificará, porque receberá do que é meu e o tornará conhecido a vocês".

Romanos 8:26: "O Espírito nos ajuda em nossa fraqueza, pois não sabemos como orar, mas o próprio Espírito intercede por nós com gemidos inexprimíveis".

Tito 3:5-6: "Não por causa de atos de justiça por nós praticados, mas devido à sua misericórdia, [Deus] nos salvou pelo lavar regenerador e renovador do Espírito Santo, que ele derramou sobre nós generosamente, por meio de Jesus Cristo, nosso Salvador".

7. De que maneira você vê o favor de Deus não apenas quanto à vida de Ester como também quanto às vidas do povo judeu por intermédio de Mardoqueu?

8. Como cristãos, o Espírito Santo dentro de nós é prova da generosidade do Senhor em nossa vida. Como você tem visto o Espírito Santo protegê-lo ultimamente?

Embora o livro de Ester nunca mencione Deus pelo nome, a palavra *favor* aparece com frequência. Alguns comentaristas acreditam que a palavra hebraica para *favor* é usada habitualmente "para descrever a natureza da Deus" e "poderia ser uma forma sutil de sugerir a presença do Senhor sem mencionar seu nome".[2] A palavra pode ser traduzida por "amor leal", e esse é o tipo de amor que encontramos no centro da relação do Criador com Israel. O povo nada havia feito para merecer o favor do Altíssimos, mas ainda assim ele o escolheu e nunca o abandonou. Em Ester, vemos que o Criador ainda estava com Israel, mesmo no cativeiro. Antes mesmo que o edito de Hamã para destruir os judeus fosse pensado, o Senhor já havia posicionado seus protagonistas: Mardoqueu, o mensageiro e encorajador, e Ester, a ligação com o rei. O amor leal do rei nunca cessou. Israel não podia agir mais rápido que ele, nem nós podemos.

O rei gostou mais de Ester do que de qualquer outra mulher; ela foi favorecida por ele e ganhou sua aprovação mais do que qualquer das outras virgens (Ester 2:17).

Pontos para Lembrar

- ❖ Somos a noiva de Cristo, podendo recorrer ao rei e a um conselheiro para nos guiar e treinar.
- ❖ Deus é generoso para com os humildes, e seus filhos contam com seu favor e proteção.
- ❖ O Espírito Santo nos impele a fazer o que é certo, e ele nos ensina a verdade sobre quem é o Senhor, o que Deus quer de nós e como podemos viver como seu povo.

Oração do Dia

Pai, nós te agradecemos pelo teu favor misericordioso e pelo teu amor leal que nunca nos abandona. Hoje, oramos para que o teu amor leal defina tudo o que somos e tudo o que fazemos. Em nome de Jesus, amém.

Quarto dia: Mergulhando fundo

DISCORDANDO DE DEUS

Tenho de me perguntar como reagiríamos a um pedido como aquele feito a Ester. Como reagiríamos se nos pedissem para arriscar o pescoço para salvar alguém? A verdade é que, mesmo quando as circunstâncias são menos desesperadoras, nem sempre gostamos de obedecer ao Senhor. Por vezes, discordamos da intenção que está por trás daquilo que Deus nos pede para fazer, pois não *queremos* que o Altíssimo demonstre sua misericórdia por alguém que julgamos não *merecê-la*.

Basta pensar em Jonas. Assim como Ester, o Senhor o chamou para "um momento como este" para salvar uma nação, de pessoas que estavam destinadas

Cristo deu a sua vida por nós, e devemos dar a nossa vida por nossos irmãos (1João 3:16).

97

> *Mas Jonas fugiu da presença do SENHOR, dirigindo-se para Társis* (Jonas 1:3).

à destruição. Disse-lhe Deus: "Levante-se. Vá depressa à grande cidade de Nínive e pregue contra ela, porque a sua maldade subiu até a minha presença" (Jonas 1:2). Entretanto, Jonas, não sentia vontade de ir àquela cidade pagã; então, em vez de fazê-lo, ele pulou para outro barco enquanto o Criador não estava olhando... ou assim ele pensava.

Jonas velejava na direção oposta quando olhou por cima do ombro e viu nuvens cada vez mais carregadas se formando. Deus o havia seguido oceano adentro, e a tempestade acabou pegando o barco de surpresa e, no final das contas, a tripulação foi forçada a jogar Jonas ao mar para acalmar as águas. Ali, o Senhor enfiou seu profeta rebelde na barriga de um peixe para fazê-lo recuperar o juízo.

> *O SENHOR fez com que um grande peixe engolisse Jonas, e ele ficou dentro do peixe três dias e três noites* (versículo 17).

Por três dias, Deus deixou Jonas dentro da barriga do peixe, imerso em suco gástrico e algas semidigeridas. Por três dias, Jonas considerou suas opções e chegou à mesma conclusão: *não há escolhas*. De onde ele está sentado (ou de onde ele flutua), existem duas saídas — e nenhuma das duas é atraente. Mas Jonas também não é. Ele é um fiasco como pregador, um fracasso como fugitivo; na melhor das hipóteses, um covarde; na pior, um traidor. E o que sempre lhe faltara desde então, ele tem agora de sobra: coragem.

> *Dentro do peixe, Jonas orou ao SENHOR, o seu Deus* (2:1)

Então, Jonas faz a única coisa que pode fazer: ele ora. Não fala nada de como ele é bom, mas muito sobre como Deus é bom, e nem mesmo pede socorro, mas ajuda é o que obtém. Antes de dizer *amém*, a barriga se revolve, o peixe arrota, e Jonas acaba voando sobre as ondas e aterrissando na praia, de olhos arregalados e arrependido. (O que só serve para mostrar que não se pode engolir um homem bom sem acabar vomitando-o.)

> *E o SENHOR deu ordens ao peixe, e ele vomitou Jonas em terra firme* (versículo 10).

Por que Jonas resistiu ao chamado do Senhor? "Eu sabia que tu és Deus misericordioso e compassivo", diria ele mais tarde a Deus. "[Que és] muito paciente, cheio de amor e que prometes castigar, mas depois te arrependes" (Jonas 4:2). Jonas não queria alertar os ninivitas por acreditar que não fossem merecedores de misericórdia. Ele discordava do Criador. Mas o Altíssimo rejeitou a opinião de Jonas, perdoando os ninivitas e salvando-os da destruição.

> *Jonas, porém, ficou profundamente descontente com isso e enfureceu-se* (4:1).

1. Leia Jonas 1:1-17. De que maneira o chamado de Deus por Jonas e seu chamado por Ester se assemelham? De que forma diferem?

   _____
   _____
   _____
   _____
   _____

2. Qual a maior prova de fé que Deus já lhe solicitou? De que forma se sentiu tentado a reagir como Jonas?

   _____
   _____
   _____
   _____
   _____

3. Leia Jonas 2:1-10. Mesmo antes do Senhor libertar Jonas da barriga do peixe, ele já o estava louvando por libertá-lo. Como o Altíssimo reagiu à fé de Jonas? O que isso lhe ensina sobre Deus?

_____
_____
_____
_____

Em meu desespero clamei ao Senhor, e ele me respondeu (Jonas 2:1).

4. Leia Jonas 3:1-6. Como o povo de Nínive reagiu à mensagem de Jonas? O que isso diz sobre a forma como Deus nos usará para seus desígnios a despeito daquilo que desejamos?

_____
_____
_____
_____

Quando as notícias chegaram ao rei de Nínive, ele se levantou do trono, tirou o manto real, vestiu-se de pano de saco e sentou-se sobre cinza (3:6).

APROXIMANDO-SE DO REI

Ester encarou um desafio semelhante ao de Jonas, uma vez que Deus a havia chamado, por intermédio de Mardoqueu, para salvar um povo inteiro da destruição certa. Então, como foi que Ester reagiu ao desafio? Diferentemente de Jonas, "Ester vestiu seus trajes de rainha e colocou-se no pátio interno do palácio, em frente do salão do rei" (Ester 5:1). Ela enxergou o propósito maior, aceitou o risco e postou-se ousadamente diante do rei para buscar seu favor e proteção para o povo judeu.

Imagine a cena. Consegue ver Ester entrando na sala do trono? Parece saída de uma capa de revista feminina. Agora, imagine o rei Xerxes, sentado ali, folheando seu exemplar de uma revista sobre carros. De cada lado, ele tem um guarda corpulento, atrás dele, um eunuco tagarela e, à sua frente, um longo dia repleto de reuniões e muita burocracia palaciana. Ele suspira e afunda no trono... e, com o canto do olho, vê Ester.

Três dias depois, Ester vestiu seus trajes de rainha e colocou-se no pátio interno do palácio (Ester 5:1).

"Quando viu a rainha Ester ali no pátio, teve misericórdia dela" (5:2). Deixe-me apresentar-lhe a minha tradução desse versículo: "Quando o rei viu a rainha Ester ali no pátio, ele disse: 'Uauuu!'". Estendeu a ela o cetro de ouro que tinha na mão, um bastão de cerca de 1,5 metro de comprimento, com uma esfera ornamental na ponta, o qual simbolizava a autoridade absoluta do rei persa sobre o território. Ao apontá-lo para Ester, o rei indicava que ela podia contar com o favor dele.[3]

Teve misericórdia dela e estendeu-lhe o cetro de ouro que tinha na mão. Ester aproximou-se e tocou a ponta do cetro (versículo 2).

Ester adiantou-se e tocou a ponta do cetro, indicando o desejo de ser ouvida. "E o rei lhe perguntou: 'Que há, rainha Ester? Qual é o seu pedido? Mesmo que seja a metade do reino, lhe será dado'" (versículo 3). Até então, o plano de Ester parecia estar funcionando.

5. Leia Ester 4:15—5:8. As palavras de Mardoqueu incitam Ester à ação, mas repare que seu primeiro plano de ação é jejuar. Na Bíblia, verificamos que

> *Então Ester mandou esta resposta a Mardoqueu: "Vá reunir todos os judeus que estão em Susã, e jejuem em meu favor"* (Ester 4:15).

as pessoas com frequência entravam em um período de jejum e oração antes de tomar decisões importantes. O que isso lhe diz a respeito da visão de Ester sobre Deus? Qual era o verdadeiro perigo em se aproximar do rei?

_____
_____
_____
_____

6. Como Xerxes reagiu quando Ester se aproximou dele? De que maneira se parece com a forma com que o Senhor reage quando nos acercamos dele com nossos pedidos?

_____
_____
_____
_____

7. Por que acha que Ester promoveu dois banquetes (tendo Hamã como convidado) em vez de pedir diretamente ao rei para poupar seu povo? Que estratégia ela estava empregando para tornar Xerxes mais favorável a seu pedido? Qual era seu propósito ao convidar Hamã?

_____
_____
_____
_____

> *Assim, aproximemo-nos do trono da graça com toda a confiança, a fim de recebermos misericórdia e encontrarmos graça* (Hebreus 4:16).

8. Leia Hebreus 4:16. Não importa se escolhemos obedecer a Deus como Ester, ou fugir dele como Jonas: por que podemos nos aproximar do Rei dos Reis com confiança? Como está se aproximando dele hoje com seus pedidos?

_____
_____
_____
_____

> *Somos criação de Deus realizada em Cristo Jesus para fazermos boas obras, as quais Deus preparou antes para nós as praticarmos.* (Efésios 2:10).

Quando Deus nos chama para fazer algo, temos a escolha de fugir dele (como Jonas) ou de obedecê-lo (como Ester). Quando o Senhor nos chamar, consideremos por quê. Conforme Mardoqueu disse a Ester, "Se você ficar calada nesta hora, socorro e livramento surgirão de outra parte para os judeus" (Ester 4:14). Mardoqueu sabia que o Eterno não precisava de Ester para colocar seu plano soberano em prática — tampouco ele precisa de nós para realizar seus propósitos —, mas Deus, em sua misericórdia, fez um convite a Ester para se juntar à obra dele, confiar totalmente nele e fazer algo realmente corajoso que seria relembrado para sempre pelo povo do Senhor. Ele faz o mesmo quando nos convida a fazer parte de sua obra, e, quando o faz, sempre oferece a ajuda e o apoio de que precisamos. Assim como Xerxes, ele estende seu cetro de autoridade para nós e nos dá o poder e a força necessários para desempenhar a tarefa que temos pela frente.

LIÇÃO 4 ❖ ESTER ❖ Quinto dia: O trono da graça

～ PONTOS PARA LEMBRAR ～

- ❖ Deus realizará os propósitos dele a despeito do que fizermos, mas nos convida a participar daquilo que ele já está realizando.
- ❖ Quando percebemos o propósito maior do Senhor e aceitamos as tarefas para as quais nos convoca, vivenciamos seu favor e proteção.
- ❖ Como filhos amados do Criador, podemos nos aproximar dele confiantes, sabendo que ele está pronto e disposto a ouvir nossos pedidos.

～ ORAÇÃO DO DIA ～

Senhor Deus, obrigado pelas oportunidades que nos dás todos os dias de trabalharmos juntos neste mundo e realizar os teus propósitos. Obrigado porque, por causa de Jesus Cristo, podemos nos aproximar do teu trono com confiança para fazer nossos pedidos. Hoje oramos para que nos dês ouvidos para ouvir tua voz e responder com fé. Amém.

Quinto dia: O trono da graça

OS PLANOS DE SATANÁS CAEM POR TERRA

O que acontece no resto da história é o rápido desmoronar do castelo de cartas de Satanás. Hamã trama enforcar Mardoqueu, o único homem que não iria se inclinar para ele. Ester planeja promover dois banquetes para Xerxes e Hamã. Findo o segundo banquete, Xerxes implora a Ester que peça alguma coisa; ela olha para o chão, um tanto constrangida, e diz: "Bem, já que está falando isso, tem um favorzinho especial que queria lhe pedir".

Ester prossegue, informando o rei sobre o antissemita enfurecido que estava determinado a trucidar seus amigos como ratos, o que significava que Xerxes estava em vias de perder a noiva se não agisse com rapidez — e você não quer isso, não é, benzinho? O rei pergunta o nome do assassino, e nesse momento Hamã procura pelas portas de saída, mas Ester entrega tudo, e Xerxes perde a calma.

O rei sai aos trancos e barrancos pela porta, à procura de um Prozac, para voltar em seguida e encontrar Hamã aos pés de Ester. Ele está implorando por misericórdia, mas o rei pensa que ele está tentando seduzir a rainha, e, antes que tenha chance de se explicar, Hamã é conduzido ao mesmo patíbulo que tinha mandado erguer para Mardoqueu. Hamã fica com a corda de Mardoqueu, e este fica com o posto de Hamã. Ester ganha uma boa noite de sono, e os judeus vivem para ver a aurora de um novo dia.

E nós ficamos com uma lembrança marcante do que acontece quando nos aproximamos do nosso rei.

A rainha Ester respondeu: "Se posso contar com o favor do rei, e se isto lhe agrada, poupe a minha vida e a vida do meu povo; este é o meu pedido e o meu desejo. Pois eu e meu povo fomos vendidos para destruição, morte e aniquilação (Ester 7:3-4).

Assim Hamã morreu na forca que tinha preparado para Mardoqueu; e a ira do rei se acalmou (versículo 10).

1. Leia Ester 5:9-7:10. Que gama de emoções Hamã vivencia nessa passagem? Como os planos dele em relação a Mardoqueu tornam-se tiros que "saem pela culatra"?

___
___
___
___
___
___

2. Como Ester conta para o rei a trama de Hamã? Como Hamã reage? Como o rei reage em seguida?

___
___
___
___
___
___
___

O decreto do rei concedia aos judeus de cada cidade o direito de se reunirem e de se protegerem, de destruir, matar e aniquilar qualquer força armada de qualquer povo ou província que os ameaçasse, a eles, suas mulheres e seus filhos, e o direito de saquear os bens dos seus inimigos (Ester 8:11).

3. Leia Ester 8:1-17. Depois que Hamã morre na forca que ele mesmo havia mandado construir, o que Ester pediu para seu povo? Que direitos Xerxes garante ao povo judeu como resultado das palavras de Ester?

___
___
___
___
___
___

4. O rei Xerxes não só diz sim ao pedido de Ester para salvar seu povo, como coloca uma coroa na cabeça de Mardoqueu e abençoa a família dela. Quando foi uma ocasião em que Deus lhe ofereceu mais do que você havia pedido? O que isso lhe mostra a respeito do Senhor?

___
___
___
___
___
___
___

JAMAIS OS MANDOU EMBORA

Ester consegue salvar seu povo graças à sua disposição de se aproximar de Xerxes, o "rei dos reis", com seus pedidos. Quando Jesus chega à terra, ele revela o que acontece quando nós, da mesma forma, nos dispomos a nos aproximar de Deus — o verdadeiro rei dos reis — com nossos pedidos. Os evangelhos estão repletos de histórias de pessoas de todas as classes sociais e tipos de vida, desejosas de se aproximar de Jesus e falar-lhe das suas necessidades, e Cristo jamais as manda embora.

Venham a mim, todos os que estão cansados e sobrecarregados, e eu lhes darei descanso (Mateus 11:28).

LIÇÃO 4 ❖ ESTER ❖ Quinto dia: O trono da graça

Jairo é um desses indivíduos que ousadamente se aproximou de Jesus com um pedido. Ele é o líder da sinagoga local, o que faz dele a pessoa mais importante da comunidade. De muitas formas, é o líder religioso sênior, o professor de mais alto nível, o prefeito e o cidadão mais conhecido, tudo numa só pessoa. Jairo tem tudo isso. Segurança no emprego, uma acolhida garantida no café da esquina, um plano de previdência, golfe toda quinta-feira e uma viagem por ano com tudo pago para a convenção nacional.

Quem pediria mais que isso? Ainda assim, Jairo pede, pois *precisa* pedir mais. Na verdade, ele trocaria todo o pacote de benefícios e privilégios por uma única certeza — a de que sua filha iria sobreviver. Então, Jairo busca uma audiência com o Rei dos Reis, e, quando encontra Jesus, ele se joga aos pés do Senhor, dizendo insistentemente: "Minha filhinha está morrendo! Vem, por favor, e impõe as mãos sobre ela, para que seja curada e que viva" (Marcos 5:22-23).

Jairo não faz barganha, não negocia nem inventa desculpas; ele apenas se aproxima do Rei dos Reis e suplica por misericórdia. E como Jesus reage? Ele lhe estende o cetro de ouro, ou seja, interrompe o que está fazendo e vai com Jairo de volta até sua casa.

No trajeto, chegam notícias de que a filha de Jairo havia morrido, e é neste momento que a história fica comovente. Jesus passa de conduzido a condutor, e, quando chega à casa, literalmente arranca os pranteadores de lá! Puxa-os pelo cinto e pelo colarinho e os coloca porta afora. O Senhor da Vida, então, pega a mão da menina e ordena que ela se levante, e imediatamente, ela se põe de pé e começa a andar.

Jairo está assombrado, o povo também está assombrado, e nós recebemos uma lição sobre a autoridade de Cristo. Aprendemos ainda que, quando nos aproximamos corajosamente do trono da graça de Deus, podemos confiar que o rei dos reis vai nos ouvir e atender às nossas necessidades.

Então chegou ali um dos dirigentes da sinagoga, chamado Jairo. Vendo Jesus, prostrou-se aos seus pés (Marcos 5:22).

Jesus foi com ele (versículo 24).

Imediatamente a menina [...] levantou-se e começou a andar. Isso os deixou atônitos (Marcos 5:42).

5. Leia Marcos 5:21-24. O que Jesus estava acabando de fazer quando Jairo se aproximou dele? O que isso mostra sobre a disposição de Cristo de sempre ajudar às pessoas?

6. Leia Marcos 5:35-43. O que os emissários dizem a Jesus? Como Cristo reage?

> *Não fazendo caso do que eles disseram, Jesus disse ao dirigente da sinagoga: "Não tenha medo; tão somente creia"* (Marcos 5:36).

7. A essa altura, Jairo certamente acreditava que não havia esperança de que Jesus ainda atendesse a seu pedido. Mas o que Cristo lhe diz? O que ele pede que Jairo faça?

_____
_____
_____
_____
_____
_____

> *Mardoqueu saiu da presença do rei usando vestes reais em azul e branco* (Ester 8:15).

8. Em que ocasião você se aproximou de Deus, porém a resposta pareceu não vir na hora ou da forma que esperava? De que maneira perdeu a esperança de que seu pedido fosse atendido? No final, o que aprendeu sobre confiar no Senhor sempre?

_____
_____
_____
_____
_____
_____
_____
_____

Há muitas outras verdades que podemos descobrir na história de Ester. Assim como aconteceu com ela, fomos retirados da obscuridade e presenteados com um lugar no palácio. Como Ester, recebemos vestes reais — ela se vestiu de tecido, e nós, de retidão; e, ainda como ela, temos o privilégio de fazer nosso pedido ao rei dos reis.

Foi o que minha filha Sara fez há muitos anos, quando iniciou sua busca imperiosa para mudar meu pensamento com relação à escrivaninha; quando esbarrava comigo em cada canto da loja e suplicava para levar a escrivaninha para casa naquele mesmo dia. E, embora o pedido dela não fosse tão surpreendente quanto o de Ester, mudou os planos de seu pai.

Por sinal, a parábola viva de Sara e sua escrivaninha não parou na loja, pois, no caminho para casa, ela se deu conta de que a minha mesa continuava na loja. "Aposto que você não implorou, não foi, paizinho?" (Não obtemos porque não pedimos.) Quando descarregamos a mesa, ela me convidou para 'batizá-la' com ela, fazendo um desenho. Fiz um letreiro que dizia: "Escrivaninha da Sara". O letreiro dela dizia: "Amo meu paizinho". (O louvor é a resposta correta a uma prece atendida.)

> *O Senhor estabeleceu o seu trono nos céus, e como rei domina sobre tudo o que existe* (Salmos 103:19).

Minha parte favorita da história é o que aconteceu no dia seguinte. Compartilhei o relato durante meu sermão de domingo, e um casal da nossa igreja apareceu e levou a escrivaninha, dizendo que iam pintá-la. Ao voltarem, alguns dias depois, a mesa estava coberta de anjos, e eu fui lembrado de que, quando oramos para que o reino de Deus venha, ele vem! Toda a esfera celestial acorre em nosso auxílio.

LIÇÃO 4 ❖ ESTER ❖ Quinto dia: O trono da graça

Pontos para Lembrar

- Quando nos acercamos do trono do Altíssimo com nossos pedidos, podemos permanecer confiantes, pois ele nos ouvirá e não nos mandará embora.
- O convite de Deus para nos juntarmos ao seu trabalho é uma oportunidade para vermos suas grandes realizações neste mundo e a derrota do mal.
- Pela nossa fé eno Senhor, além de responder às nossas preces, ele também nos abençoa, superando nossas expectativas.

Oração do Dia

Senhor, obrigado por ser não apenas o Rei dos Reis e Criador do Universo, mas por ser também o nosso amado Pai celestial. Hoje, nós te pedimos para que nos ajude a crer em ti como o Pai que só quer o melhor para seus filhos. Gratos por sempre podermos nos aproximar de ti com nossos pedidos, e por sempre ouvires nossas orações e atendê-las. Nós te amamos, Senhor. Amém.

Versículo para Memorizar na Semana

Assim, aproximemo-nos do trono da graça com toda a confiança, a fim de recebermos misericórdia e encontrarmos graça que nos ajude no momento da necessidade.

HEBREUS 4:16

Leitura suplementar

Ao longo desta lição, foram citados textos extraídos de *No Wonder They Call Him Savior* [publicado no Brasil como: *Por isso o chamam Salvador*. São Paulo: Mundo Cristão, 2014]; *The Applause of Heaven* [publicado no Brasil como: *O aplauso do céu*. São Paulo: United Press, 1999]; *He Still Moves Stones* [publicado no Brasil como: *Ele ainda remove pedras*. São Paulo: CPAD, 2003]; *Just Like Jesus* [publicado no Brasil como: *Simplesmente como Jesus*. São Paulo: CPAD, 2000]; *Great House of God* [publicado no Brasil como: *A grande casa de Deus*. São Paulo: CPAD, 1997]; *Traveling Light* [*Luz itinerante*]. Nashville: Thomas Nelson, 2001, e *A Love Worth Giving* [publicado no Brasil como: *Um amor que vale a pena*. São Paulo: CPAD, 2003].

Notas
1. A. W. Tozer, *The Knowledge of the Holy* [O conhecimento do sagrado]. São Francisco: Harper One, 1978.
2. Earl Radmacher, Ronald B. Allen, H. Wayne House (Orgs.). *Nelson's New Illustrated Bible Commentary* [Comentário à Bíblia Ilustrada da Nelson]. Nashville: Thomas Nelson, 1999, p. 606.
3. Geoffrey W. Bromiley, *International Standard Bible Encyclopedia* [Enciclopédia da Bíblia Padrão Internacional], verbete "scepter" [cetro]. Grand Rapids: Wyoming: B. Eerdmans, 1988.

LIÇÃO 5

Maria, a mãe de Jesus

MAIS DO QUE UM CONTO DE NATAL

O PEQUENINO JOSÉ atravessa com passos curtos e rápidos o palco da igreja. Ele usa sandálias e um manto, e, no rosto, sua melhor tentativa de transmitir ansiedade. Bate na porta feita por seu pai para a peça de Natal das crianças, e então desloca o peso de um pé para o outro, em parte porque precisa parecer nervoso, mas, principalmente, porque está mesmo.

O dono da hospedaria responde. Ele também veste um manto de juta e usa uma toalha amarrada como turbante, e um elástico sustenta a barba postiça no rosto. Ele olha para José e se engasga com um riso nervoso. Há poucas horas, os dois meninos faziam um boneco de neve no pátio da frente, e as mães tiveram de chamá-los duas vezes para se aprontarem para o culto da véspera de Natal.

Lá estão eles. O proprietário da pousada cruza os braços. José acena e descreve uma viagem em lombo de jumento vindo de Nazaré, os cinco dias na estrada, um recenseamento aqui em Belém e, acima de tudo, uma esposa. Ele se vira e aponta na direção de uma menina de uns nove anos, a qual envergava uma barriga estufada por um travesseiro.

Ela vem com um andar que lembra o de um pato até o centro do palco, com uma das mãos na parte de trás da cintura e a outra enxugando a testa, e manca tentando passar o melhor retrato possível da dor de uma grávida, apesar do fato de que, se lhe perguntassem, ela não teria a menor noção do processo de um parto.

Ela encena o papel. *Geme. Suspira.*

"José, eu preciso de ajuda!"

A plateia dá risadas.

José olha para o dono da hospedagem.

> *Eis que estou à porta e bato. Se alguém ouvir a minha voz e abrir a porta, entrarei* (Apocalipse 3:20).

O dono da pousada olha para Maria.

E todos sabemos o que acontece em seguida. José insiste, mas o proprietário da hospedagem balança a cabeça, pois seu hotel está lotado, tem hóspede por todo canto. Ou seja, não há vaga lá.

Acho que uma licença poética poderia ser tomada aqui; em vez de passar rapidamente para a cena seguinte, deixemos que José defenda sua causa.

"Sr., pense duas vezes sobre essa decisão. Sabe quem está mandando embora? É Deus que está no ventre daquela menina! Está fechando a porta para o Rei do universo. É melhor reconsiderar. Ou quer realmente ser lembrado como aquele que deixou no frio a criança que veio dos céus?"

E deixemos o dono da pousada reagir.

"Entendi os apelos desesperados por um quarto, mas Deus dentro de uma menina? *Aquela* menina? Ela tem espinhas e tornozelos inchados, caramba! Para mim, não se parece nada com uma mãe de Deus, e você, não parece muito especial... hã... qual é o seu nome? Oh, sim, Zé. O velho Zé. Coberto de poeira da estrada da cabeça aos pés. Vá contar sua história noutro lugar, cara. Não vou cair nessa. Se quiser dormir no estábulo eu não me importo!"

O dono do hotel bufa irritado e vira as costas, e José e Maria saem. O coro entoa *Lá na manjedoura*, enquanto os assistentes de palco providenciam um fardo de feno, um comedouro e algumas ovelhas de plástico. A plateia sorri, aplaude e canta junto. Eles amam a canção e as crianças, e apreciam a história, mas, acima de tudo, apegam-se à esperança natalina de que Deus esteja sempre no cotidiano do nosso mundo.

1. Sem fanfarra e sem fogos de artifício, apenas a rejeição de portas que se fecham, um jumento cansado e uma adolescente grávida mais fatigada ainda. Por que você acha que Deus predeterminou que a história do Natal parecesse tão humilde?

2. Dedicamos um tempo especial na época do Natal para celebrar a encarnação — Deus feito carne —, mas o fato de o Altíssimo habitar o "cotidiano do nosso mundo" é uma razão diária para adorar. Pense sobre o seu dia. Como o esplendor da encarnação pode afetar todo e qualquer detalhe do seu dia — monótono ou novo, grande ou pequeno? (Seja específico!)

> *Do seguinte modo sabemos que ele permanece em nós: pelo Espírito que nos deu* (1João 3:24).

O milagre mais arrebatador da Bíblia é também o mais silencioso: Deus tornando-se homem. Quando aceito, esse milagre muda nossa identidade, nosso coração, nosso futuro — tudo, mas, ainda assim, muitas vezes esquecemos a magnitude desse milagre. Talvez, em nossa rotina atribulada, nós, assim

LIÇÃO 5 ❖ MARIA, A MÃE DE JESUS ❖ Primeiro dia: Um casal comum

como o dono da hospedaria, não criamos muito espaço para o Senhor e deixamos passar em branco as promessas da encarnação. Confiamos no nosso poder em vez de crer no poder prometido de Cristo em nós e enfrentamos nossos medos sozinhos, esquecendo que o Criador está conosco. O milagre da vinda de Cristo à terra não foi um milagre único; na verdade, é um milagre diário, que nos oferece promessas diárias. Portanto, vamos criar espaço para ele, nos lembrar dele e pedir ao Altíssimo para nos ajudar a contar com ele.

Receberão poder quando o Espírito Santo descer sobre vocês (Atos 1:8).

 ORAÇÃO DA SEMANA

Senhor, não temos como te agradecer o suficiente por fazer-te homem e habitar entre nós. Que essa verdade traga alegria, paz e esperança ao nosso cotidiano. Amém.

Primeiro dia: Um casal comum

NORMAL E DESPERCEBIDO

A história esbanja normalidade, pois não se trata da Rainha Maria ou do Rei José. O casal não chega a Belém em caravana, com camelos, servos, bandeiras roxas e dançarinos. Maria e José não têm isenção de impostos nem contatos políticos; em vez disso, eles têm o prestígio de um trabalhador migrante e ganhos líquidos na faixa do salário mínimo, e não são assunto para um documentário de uma grande rede de TV.

Não são candidatos à assistência social do governo. José e Maria iriam celebrar o nascimento de Jesus no templo com uma oferenda de duas rolinhas, que os Evangelhos afirmam ser a doação dos pobres (veja Lucas 2:22-24). A vida deles é difícil, sem ser miserável; José tem condições de pagar os impostos e eles habitam o mundo populoso entre a realeza e os destituídos.

Bem, eles são *pessoas normais*, e pessoas normais têm calos como José e estrias como Maria, pessoas normais ficam até tarde lavando roupa e acordam cedo para trabalhar, e acordam ainda mais cedo para levar os filhos para a escola. São pessoas normais, e não príncipes e princesas.

Pessoas normais cantam fora do tom e trabalham num cubículo e lutam para encontrar tempo para orar. Já estiveram onde José esteve e escutaram o que Maria escutou, não do dono da pousada de Belém, mas do técnico no ensino fundamental ou do bonitão do ensino médio ou do encarregado na fábrica. "Não temos lugar para você... tempo para você... espaço para você... emprego para você... interesse em você. Além disso, olhe pra você. É muito lento... gordo... inexperiente... atrasado... jovem... velho... tem as pontas dos pés voltadas para dentro... é vesgo... repetitivo. Você é muito... comum."

Mas aí, vem a história do Natal — Maria e José, os normais, caminham penosamente pela monotonia de Belém, no meio da noite. Ninguém os

Deus enviou o anjo Gabriel a Nazaré, cidade da Galileia, a uma virgem prometida em casamento a certo homem chamado José (1:26-27).

Se ela não tiver recursos para oferecer um cordeiro, poderá trazer duas rolinhas ou dois pombinhos (Levítico 12:8).

> *Enquanto estavam lá, chegou o tempo de nascer o bebê, ela deu à luz o seu primogênito. Envolveu-o em panos e o colocou numa manjedoura, porque não havia lugar para eles na hospedaria (Lucas 2:6-7).*

percebe, ninguém olha duas vezes em sua direção. O dono da pousada nem mesmo se dispõe a limpar um canto no sótão e as trombetas não soam, os sinos não batem e os anjos não jogam confete. Não nos alegramos por eles não terem feito isso?

1. Leia a história do nascimento de Jesus conforme consta em Lucas 2:1-7. Que detalhes nessa história indicam as condições humildes de Maria e José?
   _____
   _____
   _____
   _____

2. Por que você acha que Deus escolheu duas pessoas bem normais e humildes para serem os pais do Rei dos Reis? O que isso diz sobre a natureza dele?
   _____
   _____
   _____
   _____

> *Em seus dias Judá será salva, Israel viverá em segurança, e este é o nome pelo qual será chamado: O Senhor é a Nossa Justiça (Jeremias 23:6).*

3. Muitos dos judeus da época de Maria e José estavam esperando que o Messias prometido tivesse poder sobre a terra — um verdadeiro reino — por causa de profecias como a de Jeremias 23:5-6. O que Deus estava dizendo ao mundo, mediante o nascimento humilde de Jesus, sobre a diferença entre os reinos na terra e o reino espiritual dele?
   _____
   _____
   _____
   _____
   _____

> *Derrubou governantes dos seus tronos, mas exaltou os humildes (Lucas 1:52).*

4. Leia Lucas 1:46-55. Nessa canção de adoração e louvor, Maria declara muitas das maravilhas do reino invertido de Deus. Indique alguns dos versos da canção que ensinam o oposto daquilo que o mundo promove.
   _____
   _____
   _____
   _____
   _____

COMUNS COMO NÓS

José e Maria não contavam com a vantagem que temos: o ultrassom. Quando Denalyn estava grávida de cada uma de nossas três filhas, aproveitamos ao máximo a tecnologia. A imagem em preto e branco na tela mais parecia um radar Doppler do que uma criança, mas conforme o médico passava o instrumento pelo abdômen de Denalyn, ia fazendo um relatório: "Ali estão a cabeça, os pés, o dorso... bem, tudo parece normal".

LIÇÃO 5 ❖ Maria, a mãe de Jesus ❖ Primeiro dia: Um casal comum

O médico de Maria teria feito a mesma descrição. Jesus era um bebê comum, e não há nada na história que dê a entender que ele tenha levitado sobre a manjedoura ou caminhado para fora do estábulo. Foi exatamente o contrário. Ele "viveu entre nós" (João 1:14). A palavra de João para *viver/habitar* entre nós relaciona sua origem a *tabernáculo* ou *tenda*. Jesus não se separou de sua criação; em vez disso, armou sua tenda bem no meio do bairro.

E se José e Maria tivessem aparecido vestindo peles, com um motorista, cheios de colares e pulseiras, afetados e arrogantes? E se Deus tivesse produzido Belém como se fosse Hollywood em noite de Oscar: tapete vermelho, muitos flashes, com os anjos entrevistando o casal real? "Maria, Maria, você está simplesmente divina". Se Jesus tivesse chegado com tamanho agito, teríamos lido a história e pensado: "Nossa, olha só como Cristo entrou no mundo deles". Mas, já que ele não chegou assim, podemos ler a história e sonhar.

Poderia Jesus nascer neste nosso mundo? Em nosso mundo cotidiano? Não é isso que vivemos? Não é um mundo de festa. Ou um mundo especial. Não, vivemos uma vida comum, isto é, temos contas a pagar, camas para arrumar e grama para cortar. Nosso rosto não vai embelezar nenhuma capa de revista, e não estamos esperando uma ligação do presidente; estamos qualificados a vivenciar uma história de Natal dos tempos modernos. Deus entra no mundo por meio de gente como nós e chega num dia como o de hoje.

O esplendor do primeiro Natal foi exatamente a ausência. O que nenhum rabino ousou sonhar, Deus fez. "A Palavra tornou-se carne" (João 1:14). O Artista tornou-se a tinta na própria paleta; o Oleiro se fez barro no próprio torno; o Altíssimo tornou-se um embrião no ventre de uma moça do povoado. Cristo em Maria, e Deus em Cristo. A Palavra de Deus entrou no mundo pelo choro de um bebê. Sua família não tinha dinheiro, nem relações nem cordões para puxar. Jesus, o Criador do universo, aquele que inventou o tempo e criou o sopro da vida, nasceu numa família humilde demais para providenciar a cama de uma futura mamãe.

5. José e Maria eram pessoas comuns, de classe média, trabalhadores, e, mesmo assim, Deus os usou para anunciar a maior história jamais contada. Como o conhecimento dessa verdade estimula sua vida comum, de todos os dias?

_____
_____
_____
_____

6. Leia João 1:14 e considere a verdade desse versículo por uns minutos. No Antigo Testamento, Deus habitou no meio de seu povo no tabernáculo. No Novo Testamento, ele habitou no meio deles na pele de um humano. O que isso diz sobre o Senhor a quem servimos?

_____
_____
_____

Mas será possível que Deus habite na terra com os homens? Os céus, mesmo os mais altos céus, não podem conter-te (2Crônicas 6:18).

A virgem ficará grávida e dará à luz um filho, e o chamará Emanuel (Isaías 7:14).

7. Reescreva os seguintes versículos com suas próprias palavras e, em seguida, registre o tema comum que permeia cada um deles.

2Coríntios 13:5: "Examinem-se para ver se vocês estão na fé; provem-se a si mesmos. Não percebem que Cristo Jesus está em vocês? A não ser que tenham sido reprovados!"

_____
_____
_____
_____

Gálatas 2:20: "Fui crucificado com Cristo. Assim, já não sou eu quem vive, mas Cristo vive em mim. A vida que agora vivo no corpo, vivo-a pela fé no Filho de Deus, que me amou e se entregou por mim."

_____
_____
_____
_____

Colossenses 1:27: "A ele quis Deus dar a conhecer entre os gentios a gloriosa riqueza deste mistério, que é Cristo em vocês, a esperança da glória."

_____
_____
_____
_____

Ora, vocês são o corpo de Cristo, e cada um de vocês, individualmente, é membro desse corpo (1Coríntios 12:27).

8. Quando o Cristo habita em nós, nossa identidade comum de repente se torna extraordinária. Nossa vida natural subitamente se torna supernatural. Leia João 1:12, 1Coríntios 12:27 e 1Pedro 2:9. De que modo esses versículos falam pessoalmente a você sobre sua identidade extraordinária em Cristo?

_____
_____
_____
_____
_____

Esvaziou-se a si mesmo, vindo a ser servo, tornando-se semelhante aos homens (Filipenses 2:7).

Deus não se importou de crescer dentro de uma adolescente normal. Não se importou de inspirar o primeiro fôlego num estábulo. (E que primeiro fôlego fedorento!) Não se importou de tocar no leproso, de falar com o coletor de impostos e de abençoar uma prostituta. Desde o primeiro dia, o Senhor "esvaziou-se a si mesmo" (Filipenses 2:7), revelando ao mundo que o verdadeiro reino não tem a ver com riqueza, mas com os pobres de espírito. Tem a ver com a gente comum que pensa mais elevadamente no Criador do que nela própria. Tem a ver com pessoas simples que colocam o Altíssimo em primeiro lugar e os outros à frente delas mesmas. Portanto, se você pensa que é comum, está em boa companhia. Deus gosta de usar os comuns no seu reino, e, quando o faz, o ordinário vira extraordinário.

LIÇÃO 5 ❖ Maria, a mãe de Jesus ❖ Segundo dia: Uma lição de confiança

❧ Pontos para Lembrar ❧

- ❖ Jesus veio ao mundo — sua criação — por meio de pessoas comuns e tornou-se parte do tecido da vida humana.
- ❖ Quando Cristo habita em nós, nossa identidade ordinária se torna extraordinária.
- ❖ O reino de Deus aparece em gente humilde que coloca o Senhor em primeiro lugar e os outros à frente dela.

Bem-aventurados os pobres em espírito, pois deles é o Reino dos céus (Mateus 5:3).

❧ Oração do Dia ❧

Senhor, obrigado por ser um Deus que deseja habitar entre o teu povo e dentro de cada um. Mesmo nós sendo pecadores e comuns, tu ainda escolhes viver no nosso coração. Hoje, permita que a tua presença em nós assuma tudo o que fizermos e tudo o que somos. Nós te amamos. Amém.

Segundo dia: Uma lição de confiança

UMA RAÇA À PARTE

Tem coisa que só mãe consegue. Só uma mãe põe talco no bumbum do bebê com a mão esquerda e segura o celular com a direita. Só uma mãe identifica qual adolescente está chegando pelo barulho da chave na fechadura. Só uma mãe passa um dia limpando narizes, lavando meias suficientes para um time de futebol, lidando com um talão de cheques até o saldo ficar próximo de zero e ainda ter lucidez para agradecer a Deus por seus filhos. Só mãe.

Algumas coisas, só mãe consegue dar um jeito. Tipo um macarrão à bolonhesa sem carne. Ou a porta do armário da cozinha que o marido não foi capaz de consertar, e o ego avariado dele ao descobrir que ela conseguiu. Laço do sapato arrebentado? Coração em pedaços? Espinha no rosto? Fim do namoro? Mães têm como lidar com isso. Certas coisas só mãe mesmo consegue dar jeito.

Algumas coisas, só mãe sabe. O tempo que leva de carro da aula de piano até o treino de beisebol? Ela sabe. Quantas pizzas pedir para as colegas de escola que vão ficar para dormir? Mãe sabe. Quantos pontos do Vigilantes do Peso ainda sobram até o fim do dia e quantos dias faltam para acabar o semestre? Uma mãe vai lhe dizer. Ela sabe.

Fala com sabedoria e ensina com amor (Provérbios 31:26).

Em geral, nós homens não sabemos. Os filhos, geralmente, não têm a menor noção. Mães são uma raça à parte. O resto, ou seja, nós, só podemos ficar imaginando... só pensando. E se nunca nos ocorreu pensar assim sobre as mães, quanto mais considerarmos tudo isso em relação à mãe mais importante de todas: Maria. Carregar um bebê é uma coisa, mas levar Deus consigo? Como é *isso*?

> *Maria, sua mãe, estava prometida em casamento a José, mas, antes que se unissem, achou-se grávida pelo Espírito Santo* (Mateus 1:18).

1. Leia Mateus 1:18-19. Antes de José e Maria consumarem seu casamento, o anjo lhes diz que eles conceberam pelo Espírito Santo. O que José, a princípio, decide fazer? Que sentimentos acha que atormentaram Maria ao considerar o estresse de José e a reação do vilarejo de Nazaré?

   _____
   _____
   _____
   _____
   _____

> *Respondeu Maria: "Sou serva do Senhor; que aconteça comigo conforme a tua palavra"* (Lucas 1:38).

2. Veja em Lucas 1:26-45. Quais foram as reações de Maria às notícias trazidas pelo anjo? Quais são as suas observações iniciais quanto à personalidade dela?

   _____
   _____
   _____
   _____
   _____

3. Após a visita do anjo, Lucas diz que Maria correu até sua prima. Por que ela correu? O que, em sua opinião, estar com Isabel significou para Maria, tanto emocional quanto espiritualmente?

   _____
   _____
   _____
   _____
   _____

> *Naqueles dias, Maria preparou-se e foi depressa para uma cidade da região montanhosa da Judeia* (versículo 39).

4. "O trajeto de Maria pela região montanhosa da Judeia não foi um passeio tranquilo [...] a região montanhosa era erma... uma área favorável para fugitivos, rebeldes e ermitãos, mas certamente não para uma mulher grávida."[1] O que isso diz sobre a relação de Maria com Isabel? Você tem uma "Isabel" na sua vida? O que ela faz para encorajar você?

   _____
   _____
   _____
   _____
   _____

UMA SERVA DISPOSTA

Assim como Maria, você e eu temos o Cristo *habitando* em nós. Acha difícil de acreditar nisso? Acha que Maria pensava muito diferente? A descrição abaixo da sua foto do anuário do ensino médio não dizia: "Ela ambiciona ser a mãe do filho de Deus". Não. Ninguém estava mais surpreso com o milagre do que ela.

E ninguém foi mais passivo do que ela. O Criador fez tudo, e Maria não se ofereceu para ajudar, pois, afinal, o que ela tinha a oferecer? Um conselho do

LIÇÃO 5 ❖ Maria, a mãe de Jesus ❖ Segundo dia: Uma lição de confiança

tipo: "Na minha opinião, um coro celestial daria um toque especial". Sim, certo. Ela não ofereceu ajuda nem opôs resistência. E poderia. "Quem sou eu para ter o filho de Deus em meu ventre? Não sou boa o suficiente", ela poderia ter dito. Ou: "Tenho outros planos. Não tenho tempo para Deus na minha vida".

Maria não disse tais palavras. Nem recusou o chamado de Deus em sua vida por medo. Em vez disso, acreditou no anjo quando ele falou: "Não tenha medo, Maria; você foi agraciada por Deus!" e ela respondeu: "Sou serva do Senhor; que aconteça comigo conforme a tua palavra" (Lucas 1:30, 38). Se Maria é a nossa medida, o Senhor parece menos interessado em talento e mais atraído por confiança.

Jamais saberemos o que foi para Maria dar à luz o Filho de Deus, mas podemos aprender um bocado com o exemplo dela. Podemos ser capazes de não tentar "auxiliar" Deus quando ele chamar, presumindo que nosso papel é tão importante quanto o dele. Podemos não resistir por achar que somos muito ruins ou que estamos por demais ocupados. Mais ainda, podemos aprender a não esquecer a razão de termos sido colocados na terra — estarmos tão grávidos da criança celestial que ela vive por meio de nós, tão preenchidos dele que poderíamos dizer com Paulo: "Já não sou eu quem vive, mas Cristo vive em mim" (Gálatas 2:20).

> *O anjo, aproximando-se dela, disse: "Alegre-se, agraciada! O Senhor está com você!" Maria ficou perturbada com essas palavras, pensando no que poderia significar esta saudação (Lucas 1:28-29).*

5. Dedique algum tempo para reler a resposta de Maria ao anjo em Lucas 1:38. Do que ela chama a si própria nesse versículo? No que isso afeta o coração dela em relação a Deus?

_____
_____
_____
_____

6. Leia Lucas 1:11-22. Como a reação de Zacarias ao anjo diferiu da de Maria? Quando foi a última vez que Deus lhe apresentou uma tarefa ou situação aparentemente impossível? Sua reação foi mais parecida com a de Maria ou com a de Zacarias? Explique.

_____
_____
_____
_____

> *Zacarias perguntou ao anjo: "Como posso ter certeza disso? Sou velho, e minha mulher é de idade avançada" (versículo 18).*

7. Depois de viver com um marido mudo, Isabel declarou alegremente que Maria era abençoada. Por que Maria era abençoada? Veja em Gálatas 3:9 e João 20:29. Qual a relação desses versículos com as palavras de Isabel em Lucas 1:45?

_____
_____
_____
_____
_____

> *Os que são da fé são abençoados (Gálatas 3:9).*
>
> *Felizes os que não viram e creram (João 20:29).*

8. Maria mereceu o favor de Deus pela confiança demonstrada, e não por causa de seus talentos. Em sua relação com o Senhor, acredita que ele aceita você com base na sua fé, ou você luta para ganhar o amor dele por meio dos seus talentos? Explique seu pensamento.

_____
_____
_____
_____
_____

O senhor respondeu: "Muito bem, servo bom e fiel! Você foi fiel no pouco, eu o porei sobre o muito" (Mateus 25:21).

O anjo iniciou o comunicado celestial dizendo que Maria era "agraciada" por Deus. Será que não queremos ser chamados assim também? Nós não desejamos repousar na segurança de que o Senhor nos vê e nos aprova? A boa nova que o anjo anunciou a Maria sobre a vinda de Deus à terra nos oferece o repouso que nossa alma tanto deseja. Ao confiar nas palavras do anjo — ao crer que o Filho de Deus havia chegado —, também recebemos um favor imerecido. Como Maria, também podemos declarar: "[Ele] atentou para a humildade da sua serva" (Lucas 1:48). Que nossa confiança em Cristo não só nos salve como também defina tudo o que fazemos, dizemos e pensamos.

Pontos para Lembrar

❖ Deus está mais interessado em nossa confiança do que em nosso talento.
❖ Quando estamos preenchidos com Cristo, ele vive por meio de nós.
❖ Nossa confiança em Jesus define tudo o que fazemos, dizemos e pensamos.

Oração do Dia

Deus, obrigado pelo exemplo de confiança dado por Maria. Obrigado pelo favor que nos ofereces, por meio da doação de teu Filho. Hoje, nós te pedimos para aumentar nossa confiança em ti. Dá-nos a humildade para sermos usados por ti e para viver nossa vida como teus servos, exatamente como Maria. Amém.

Terceiro dia: O milagre de estreia

O COMITÊ ANGELICAL

Porque a seus anjos ele dará ordens a seu respeito (Salmos 91:11).

Vamos fingir que você é um anjo (talvez seja um esforço para alguns de vocês, mas vamos tentar), um anjo na era anterior ao Messias. O Senhor ainda não veio à terra, mas logo virá, e é aí que você entra. Recebe um aviso de que lhe foi confiada uma atribuição especial, uma oportunidade que só acontece uma

LIÇÃO 5 ❖ MARIA, A MÃE DE JESUS ❖ Primeiro dia: Um casal comum

vez na eternidade: você foi chamado a atuar num comitê especial. Uma honra e tanto, não acha?

É Miguel quem comanda a força-tarefa celestial.

— Vamos começar escolhendo o primeiro milagre do Messias — diz ele. — Agora, esse primeiro milagre é decisivo, pois é a declaração de abertura, a demonstração de vanguarda, por isso precisa ser cuidadosamente escolhido.

— Tem de ser poderoso — alguém palpita.

— Inesquecível — adere outro.

— Estamos de acordo, então — afirma Miguel. — O primeiro milagre de Deus na terra tem de ter impacto. Alguma ideia?

A criatividade angelical começa a chacoalhar.

— Faça-o trazer alguém de volta à vida.

— Dar de comer a cada pessoa faminta.

— Remover as doenças do planeta.

— Eu sei! —, diz você. — E todos os anjos se viram para olhar para você, que prossegue. — E se ele livrar a terra de todo o mal? Quer dizer, de uma só tacada todo o mal é retirado e só o bem permanece.

— Nada mal — diz Miguel. — Está acertado, então. O primeiro milagre extirpará o mal da terra! — As asas se agitam em aprovação e você sorri, orgulhoso.

Parece difícil de ser alcançado? Talvez, mas a história não deixa de ter alguns traços de verdade. Um deles é que Jesus tinha *mesmo* um plano, isto é, a missão de Cristo foi planejada. Duvido que tenha existido um comitê, mas existiu um plano, entretanto, como aconteceu depois, esse plano viria a mudar por causa de um simples pedido de Maria, sua mãe.

1. Alguma vez você já "organizou um comitê" para oferecer uma sugestão a Deus? Que ideias apresentou recentemente ao Senhor, esperando que ele as acatasse?

   _____
   _____
   _____
   _____
   _____

2. Ao longo das Escrituras, verificamos que o Criador não trabalha da forma como pensamos que deveria. Leia as palavras de Deus ao profeta Isaías em Isaías 55:8-9. De acordo com essa passagem, quão mais elevados, melhores e mais claros são os caminhos do Senhor se comparados aos nossos?

   _____
   _____
   _____
   _____
   _____
   _____

"Pois os meus pensamentos não são os pensamentos de vocês, nem os seus caminhos são os meus caminhos", declara o SENHOR. "Assim como os céus são mais altos do que a terra, também os meus caminhos são mais altos do que os seus caminhos, e os meus pensamentos, mais altos do que os seus pensamentos" (Isaías 55:8-9).

> *Deus escolheu o que para o mundo é loucura para envergonhar os sábios (1Coríntios 1:27).*

3. Leia as palavras de Paulo em 1Coríntios 1:27. O que isso nos diz sobre o modo como Deus age no nosso mundo?

_____
_____
_____
_____
_____

> *Transformem-se pela renovação da sua mente (Romanos 12:2).*

> *Temos a mente de Cristo (1Coríntios 2:16).*

4. Deus, em sua bondade, transforma nossa mente para pensarmos mais como ele, de forma que cresça em nós a confiança de que seus caminhos são superiores. O que o apóstolo Paulo diz sobre essa transformação em Romanos 12:2 e 1Coríntios 2:16?

_____
_____
_____
_____
_____

UM LANCE DISCRETO

> *No terceiro dia houve um casamento em Caná da Galileia. A mãe de Jesus estava ali; Jesus e seus discípulos também haviam sido convidados para o casamento (João 2:1-2).*

O enredo é quase banal. Jesus e seus discípulos estão numa cerimônia de casamento. Era casório comum, ou seja, a noiva não era filha de um imperador, o noivo não era um príncipe, então, se não fosse o convite da família para que Maria e Jesus viessem ao casamento, o evento teria se perdido no tempo. Mas, como Cristo sempre vai aonde é convidado, ele e seus discípulos viajaram até Caná em sua primeira excursão.

Os convidados estavam felizes, comemorando, no entanto, alguém havia subestimado o tamanho da festa, ou o apetite dos convidados, ou a profundidade dos vasilhames de vinho, ou o número de amigos que Jesus traria. Resultado: o noivo e a noiva ficaram sem vinho. Todas as lojas estavam fechadas, então, Jesus, atendendo ao pedido insistente de sua mãe, transformou seis jarras de água em seis jarras de vinho.

E assim foi a estreia dos milagres de Jesus na terra. Bem discreto, não acha? Certamente sem a força de trazer alguém de volta à vida ou o talento para endireitar uma perna aleijada. Ou teve tudo isso? Talvez haja mais coisa aí do que imaginamos.

Uma festa de casamento no tempo de Cristo não era um evento pequeno. Costumava começar com uma cerimônia na sinagoga, ao entardecer, e, em seguida, as pessoas saíam da sinagoga e iniciavam uma longa procissão com velas pela cidade. Depois disso, o casal não saía em lua de mel; em vez disso, os dois iam para a festa, em casa, e por vários dias havia oferta de presentes, discursos, muita comida e… vinho. Comida e vinho eram levados a sério, portanto, a falta de comida e vinho era considerada uma ofensa aos convidados.

> *Tendo acabado o vinho, a mãe de Jesus lhe disse: "Eles não têm mais vinho" (versículo 3).*

Maria foi uma das primeiras pessoas a notar que o vinho tinha acabado; então, ela ter com seu filho e apontou o problema: "Eles não têm mais vinho". A resposta de Jesus? "Que temos nós em comum, mulher? A minha hora ainda não chegou" (João 2:3-4). Jesus sabia do plano, sabia que tinha lugar e hora marcados para seu primeiro milagre, e não era aquele.

LIÇÃO 5 ❖ MARIA, A MÃE DE JESUS ❖ Terceiro dia: O milagre de estreia

A essa altura, o comitê angelical para os milagres do Messias soltou um suspiro coletivo de alívio.

— Aff, por um minuto, pensei que ele ia estragar tudo. Pode imaginar Jesus inaugurando seu ministério com um milagre de transformação da água em vinho?

5. Leia João 2:1-11. Quais as suas observações iniciais sobre Maria nesta história — suas palavras, sua personalidade e suas ações?
___
___
___
___

6. Jesus decidiu que seu primeiro milagre seria numa festa de casamento, entre seus amigos e sua família. O que isso nos diz sobre o tipo de Deus que servimos?
___
___
___
___

O Reino dos céus é como um rei que preparou um banquete de casamento para seu filho. Enviou seus servos aos que tinham sido convidados para o banquete, dizendo-lhes que viessem (Mateus 22:2-3).

7. Na reação inicial de Jesus a Maria, ele disse: "A minha hora ainda não chegou" (João 2:4). O que Cristo quis dizer com essas palavras? Por que você acha que Maria insistiu com o pedido apesar dessa primeira reação?
___
___
___
___

8. Maria não parou depois de Jesus dizer que não chegara a hora de mostrar seu poder, ou talvez a razão possa ser atribuída a algo no tom de voz usado por ele. Talvez Cristo tenha olhado Maria de um jeito que só uma mãe perceberia. Apesar disso, ela acreditava que ele responderia. Você também confia em Jesus e no fato de que ele ouve seus pedidos? Confia que ele vai responder?
___
___
___
___

Sugerir planos para Deus é uma reação humana normal, normal porque nós, naturalmente, queremos estar no controle. Nosso desejo de domínio remonta aos tempos de Adão e Eva, entretanto, o Criador quer quebrar essa nossa natureza adâmica e lembrar-nos de nossa natureza crística. Jesus está em nós. Você se debate para confiar que os caminhos do Altíssimo são mais elevados? Então fale com ele! Podemos pedir ao Senhor que nos ajude a pensar com a mente de Cristo, pois, ao fazermos isso, descobriremos que Deus

Se algum de vocês tem falta de sabedoria, peça-a a Deus, que a todos dá livremente, de boa vontade; e lhe será concedida (Tiago 1:5).

119

reagirá de formas miraculosas, e Jesus começará transformando nosso desejo por controle em confiança, exatamente como transformou água em vinho.

❦ Pontos para Lembrar ❦

- ❖ Deus não age de acordo com os nossos planos... na verdade, a perspectiva dele vai muito além da nossa capacidade para ditar o plano dele.
- ❖ O Criador transforma nossa mente para que desenvolvamos a confiança nele e em seus planos.
- ❖ Quando temos dificuldade para confiar no Altíssimo, podemos pedir a ele para que nos ajude a pensar com a mente de Cristo.

❦ Oração do Dia ❦

Senhor, por favor, perdoa-nos quando não confiamos em ti. Embora nem sempre compreendamos os teus caminhos, ajuda-nos a confiar em ti assim como Maria confiou. E, mais ainda, ajuda-nos a confiar em ti como Jesus confiou. Obrigado por nos ouvir e nos responder. Nós te amamos. Amém.

Quarto dia: Lições de Caná

MUDANÇA DE PLANOS

A princípio, parecia que Jesus ia agir conforme o planejado, mas, ao ouvir Maria e olhar no rosto dos convivas, ele reconsiderou. A relevância do plano foi ligeiramente encoberta pela preocupação dele com as pessoas. O momento certo era importante, mas as pessoas eram ainda mais, mas, como resultado, ele modificou seu plano para atender às necessidades de alguns amigos.

Incrível. A programação celeste foi alterada para que alguns amigos não ficassem constrangidos, e o milagre de estreia não foi motivado por uma tragédia, pela fome ou por falência moral, mas pela preocupação com amigos que estavam numa enrascada.

Disse Jesus aos serviçais: "Encham os potes com água" (João 2:7).

Agora, se você é um daqueles anjos do comitê de milagres messiânicos, não gosta muito disso. Não, senhor. Não gosta nada desse movimento da parte de Jesus. Tudo em relação a isso está errado. Momento errado, lugar errado, milagre errado, mas, se é uma pessoa que alguma vez já se sentiu constrangida, vai gostar muito disso. Por quê? Porque isso lhe diz que o importante para você importa para Deus.

Provavelmente, acha que isso é verdade quando se trata de coisa grande, ou seja, quando se trata de dificuldades de ordem maior como morte, doença, pecado e desastre — você sabe que Deus cuida, mas e quanto a coisas menores?

LIÇÃO 5 ❖ MARIA, A MÃE DE JESUS ❖ Quarto dia: Lições de Caná

E quanto a chefes estressados, pneus furados ou cães perdidos? E quanto a louça quebrada, voos atrasados, dor de dente ou um disco rígido HD corrompido? Será que isso importa para o Altíssimo?

Fico feliz por você ter perguntado. Deixe-me dizer que *você é filho de Deus*. "Vejam como é grande o amor que o Pai nos concedeu: sermos chamados filhos de Deus, o que de fato somos" (1João 3:1). Como resultado, se algo é importante para nós, é importante para o Senhor.

Jesus não transformou a água em vinho para impressionar a multidão, até porque eles nem mesmo souberam que ele tinha feito aquilo, também não o fez para chamar a atenção do encarregado da festa — aquele homem pensou que o noivo estava sendo generoso. Então, por que Jesus *fez* aquilo? O que motivou seu primeiro milagre? Cristo fez o primeiro milagre porque sua mãe lhe pediu, fez porque o que incomodava a ela e a seus amigos também o importunava, e se machuca o filho, machuca o pai.

Aprendemos com isso que podemos dizer a Deus o que nos machuca, podemos falar com o Senhor e ele não nos mandará embora e não vai pensar que o nosso pedido é bobo. Será que o Criador se importa com as pequenas coisas da nossa vida? É melhor acreditar. Se importa para nós, importa para ele.

1. "A proeminência de [Maria] em pedir a Jesus para ajudar quando o vinho acabou poderia indicar que ela, de certa forma, era ligada à família que promovia a cerimônia de casamento."[2] Para completar, nos tempos de Maria, a hospitalidade era um dever sagrado. Assim sendo, que emoções e/ou pensamentos você acha que tomaram a mente de Maria quando acabou o vinho da festa?

_____
_____
_____
_____

2. Jesus conhecia os pensamentos e as emoções de sua mãe. Embora o problema não fosse catastrófico, Cristo sabia que na cabeça dela era terminal. Da mesma forma, Jesus sabe de todos os seus pensamentos e preocupações. O que diz Davi sobre isso em Salmos 139:2-4?

_____
_____
_____

3. Você costuma deixar de partilhar algumas preocupações com Deus por sentir que são muito pequenas para levar ao Senhor? Em caso positivo, que tipos de preocupação costuma reter? Por que sente que não pode levá-las ao Altíssimo? Ou, se as leva até ele, por que sente que tem a liberdade para fazê-lo?

_____
_____
_____
_____

Não se vendem cinco pardais por duas moedinhas? Contudo, nenhum deles é esquecido por Deus. Até os cabelos da cabeça de vocês estão todos contados. Não tenham medo; vocês valem mais do que muitos pardais (Lucas 12:6-7).

Sabes quando me sento e quando me levanto; de longe percebes os meus pensamentos. Sabes muito bem quando trabalho e quando descanso; todos os meus caminhos são bem conhecidos por ti (Salmos 139:2-3).

Em tudo, pela oração e súplicas, e com ação de graças, apresentem seus pedidos a Deus (Filipenses 4:6).

4. Qual o perigo em não compartilhar suas pequenas preocupações com Deus, acreditando que você só deve recorrer ao Senhor com as "grandes questões" da vida?

_____
_____
_____
_____

O CANAL APROPRIADO

Há mais uma coisa que podemos aprender com esse primeiro milagre de Cristo. Veja como Maria reagiu frente ao problema durante o casamento, porque sua solução apresenta um plano prático para desatar os nós da vida. "Tendo acabado o vinho, a mãe de Jesus lhe disse: 'Eles não têm mais vinho'" (João 2:3). É isso. Foi tudo o que ela disse. Ela não ficou desesperada, simplesmente percebeu o problema e comunicou-o ao Senhor.

Na minha opinião, Maria aparece muito raramente nas Escrituras. Afinal, quem conhecia Jesus melhor do que ela? Carregou-o por nove meses. Amamentou-o por mais tempo ainda. Ouviu suas primeiras palavras e testemunhou os primeiros passos. Era a autoridade máxima sobre Jesus. Então, nas raras ocasiões em que ela fala, ficamos mais atentos.

Repare que Maria não agiu de forma autoritária, ou seja, ela não disse: "Jesus, eles não têm mais vinho, então ouça o que eu preciso que você faça. Vá lá fora no pomar, acelere o crescimento daquelas uvas Bordeaux e transforme-as em vinho"; em outras palavras, ela não tentou resolver o problema do jeito dela.

Nem foi crítica. "Se ao menos eles tivessem planejado melhor, Jesus. As pessoas simplesmente não pensam à frente. O que vai ser da sociedade? O mundo está à beira do abismo! Socorro, Jesus, socorro!" Ela não culpou o anfitrião e também não responsabilizou Jesus. "Que tipo de Messias é você? Se estivesse realmente no controle, isso nunca teria acontecido!"

Então lhes disse: "Agora, levem um pouco ao encarregado da festa." Eles assim fizeram, e o encarregado da festa provou a água que fora transformada em vinho, sem saber de onde este viera, embora o soubessem os serviçais que haviam tirado a água. Então chamou o noivo e disse: "Todos servem primeiro o melhor vinho e, depois que os convidados já beberam bastante, o vinho inferior é servido; mas você guardou o melhor até agora" (João 2:8-10).

E também não se censurou. "É tudo culpa minha, Jesus. Pode me castigar. Falhei como amiga, e agora, a cerimônia está acabada. A vida de casados deles vai ser um fracasso e a culpa é minha." Nada disso. Maria não "azedou" com o vinho; ela simplesmente viu o nó, pegou-o e levou-o à pessoa certa. "Tem um aqui que eu não consegui desatar, Jesus." Problema apresentado, pedido atendido e crise evitada, e tudo isso porque Maria confiou que Cristo resolveria aquela situação.

Há outra versão para essa história. Nela, Maria jamais envolveu o Senhor Jesus e repreendeu o encarregado da festa pelo mau planejamento. Ele discordou das acusações dela, e Maria saiu da festa enfurecida. O noivo ouviu de longe a discussão e perdeu a cabeça, e a noiva disse a ele que esquecesse o casamento. Se ele não conseguia controlar sua raiva, com certeza não ia poder administrar uma casa. No final do dia, os convidados saíram tristes, o casamento acabou antes mesmo de começar, e Jesus balançou a cabeça, dizendo: "Se ao menos tivessem me pedido, eu teria ajudado".

Clame a mim e eu responderei e lhe direi coisas grandiosas e insondáveis que você não conhece (Jeremias 33:3).

Essa versão da história não está Bíblia, mas o princípio certamente existe na vida. Só podemos nos perguntar: *Quantos desastres seriam evitados*

LIÇÃO 5 ❖ MARIA, A MÃE DE JESUS ❖ Quarto dia: Lições de Caná

se fôssemos primeiro, com fé, até Jesus? A moral da história é clara: leve seus problemas a Cristo.

5. O que Maria diz aos serviçais para fazerem em João 2:5? Como essas palavras refletem sua fé patente em Jesus?

_____
_____
_____
_____

6. Pedro escreve: "Lancem sobre [Cristo] toda a sua ansiedade, porque ele tem cuidado de vocês" (1Pedro 5:7). Que tipos de ansiedade esse versículo diz que podemos levar a Jesus? De que forma Maria obedece às palavras desse versículo com suas ações?

_____
_____
_____
_____

Portanto eu lhes digo: Não se preocupem com sua própria vida (Mateus 6:25).

7. Observe nessa história que, quando Maria levou seu pedido a Cristo, ela não foi autoritária, não foi crítica nem tentou assumir a culpa pelo problema. Quando você está estressado com um problema, tenta seguir o exemplo dela? Se não, quais dessas outras tendências descrevem melhor sua forma de lidar com situações complicadas?

_____
_____
_____
_____
_____

8. Que problema precisa levar diretamente a Jesus hoje?

_____
_____
_____
_____

Entregue o seu caminho ao Senhor; confie nele, e ele agirá (Salmos 37:5).

Quando Pedro escreveu a respeito de lançar todas as nossas ansiedades sobre Cristo, ele não disse para lançar um pouco de ansiedade, também não disse "lance apenas a ansiedade a qual sentir que vale a pena levar até ele". Temos de lançar toda ela. Por quê? Porque ele cuida de nós. É isso. Ele nos ama e é um bom pai, e bons pais não consideram os pedidos de seus filhos como fardos. Bons pais alegram-se com seus filhos e ficam contentes só por estar se relacionando com seus filhos. Quando nós, como Maria, vamos diretamente a Deus com nossos problemas, o Senhor não só atende às nossas necessidades, como também fortalece nossa relação com ele no processo.

"Se vocês, apesar de serem maus, sabem dar boas coisas aos seus filhos, quanto mais o Pai que está nos céus dará o Espírito Santo a quem o pedir!" (Lucas 11:13).

123

Pontos para Lembrar

❖ Deus se interessa pelas necessidades das pessoas e responde a elas.
❖ Podemos falar com o Senhor sobre qualquer coisa e saber que ele está ouvindo.
❖ Quando surgem problemas, precisamos levá-los imediatamente para Jesus, pois ele se alegra em cuidar de nós.

Oração do Dia

Pai, ajuda-nos sempre a levar nossas preocupações diretamente a ti antes de apelarmos para alguém ou alguma coisa. Obrigado por cuidar de nós, e obrigado também por carregar nossos fardos. Amém.

Quinto dia: A tristeza profunda do adeus

UMA DECLARAÇÃO DESAFIADORA

A palavra está cheia de desafios retóricos que testam nossa fé e vão contra a natureza humana. "Há maior felicidade em dar do que em receber" (Atos 20:35). "Pois quem quiser salvar a sua vida, a perderá; mas quem perder a sua vida por minha causa, este a salvará" (Lucas 9:24). "Só em sua própria terra, entre seus parentes e em sua própria casa, é que um profeta não tem honra" (Marcos 6:4).

Entretanto, nenhuma declaração é tão confusa ou atemorizante quanto a de Mateus 19:29: "E todos os que tiverem deixado casas, irmãos, irmãs, pai, mãe, filhos ou campos, por minha causa, receberão cem vezes mais e herdarão a vida eterna."

A parte referente a deixar terras e campos eu consigo entender. É a outra parte que me faz encolher de medo, a porção sobre deixar pai e mãe, dizer adeus a irmãos e irmãs, dar um beijo de despedida num filho ou numa filha. É fácil fazer um paralelo entre o apostolado e a pobreza ou a miséria pública, mas deixar minha família? Por que preciso estar disposto a deixar aqueles que amo? Será que um sacrifício pode ser pior do que isso?

"Aí está o seu filho."

Maria está mais velha agora, e o cabelo grisalho desponta nas têmporas, as rugas substituíram a pele jovial e ela tem as mãos calejadas. Ela criou muitos filhos, e agora contempla a crucificação do primogênito. É de se imaginar quantas lembranças ela evoca ao testemunhar a tortura: a longa viagem até Belém; uma caminha de bebê feita de feno; fugitivos no Egito; em casa, em Nazaré; pânico em Jerusalém; lições de carpintaria; e risadas à mesa do jantar.

Então, na manhã em que Jesus chegou cedo da oficina, trazia o olhar mais firme e a voz mais incisiva. Soubera das notícias. "João está pregando

---

E todos os que tiverem deixado casas, irmãos, irmãs, pai, mãe, filhos ou campos, por minha causa, receberão cem vezes mais e herdarão a vida eterna. Contudo, muitos primeiros serão últimos, e muitos últimos serão primeiros (Mateus 19:29-30).

Quando Jesus viu sua mãe ali, e, perto dela, o discípulo a quem ele amava, disse à sua mãe: "Aí está o seu filho" (João 19:26).

LIÇÃO 5 ❖ MARIA, A MÃE DE JESUS ❖ Quinto dia: A tristeza profunda do adeus

no deserto". Tirou o cinto porta-ferramentas, limpou a poeira das mãos e, num último olhar, disse adeus à mãe. Ambos sabiam que as coisas nunca mais seriam as mesmas, e, naquele derradeiro olhar, eles partilharam um segredo, com um conteúdo doloroso demais para ser dito em voz alta.

Maria conheceu naquele dia a tristeza profunda de dizer adeus, e dali em diante, ela amaria o filho à distância, na borda da multidão, fora de uma casa lotada, à beira da praia. Talvez até estivesse presente quando da promessa enigmática: "Todos os que tiverem deixado [...] mãe [...] herdarão a vida eterna".

1. Leia Mateus 19:23-30. Nessa passagem, Cristo diz aos discípulos como é difícil para uma pessoa rica entrar no reino de Deus. Por que você pensa que é assim?

Digo-lhes a verdade: Dificilmente um rico entrará no Reino dos céus (Mateus 19:23).

2. Em seguida, Jesus prossegue dizendo as palavras confusas e até assustadoras de Mateus 19:29. De que maneira as palavras de Cristo sobre deixar a família por causa dele se relacionam com sua declaração anterior sobre o homem rico não entrar no reino de Deus?

3. Jesus dizia que, se depositarmos nossa confiança em riquezas ou em pessoas, mesmo em se tratando de nossa própria família, teremos perdido o "fundo da agulha". Perderemos a chave para o reino de Deus, que é confiar nele. Em quem ou no que você se vê tentado a confiar mais do que em Cristo?

É mais fácil passar um camelo pelo fundo de uma agulha do que um rico entrar no Reino de Deus (versículo 24).

4. Depois de passarem trinta anos juntos, Maria teve de dizer adeus ao filho mais velho quando ele começou seu ministério público. Vê-lo se afastar foi uma de suas mais difíceis despedidas. Já teve de dizer adeus a alguém ou a algo em nome do plano maior de Deus? Em caso positivo, quem ou o que foi? Como um bem maior resultou a partir disso?

O FILHO DE QUE UMA MÃE PRECISA

> *Ainda outro disse: "Vou seguir-te, Senhor, mas deixa-me primeiro voltar e despedir-me da minha família." Jesus respondeu: "Ninguém que põe a mão no arado e olha para trás é apto para o Reino de Deus"* (Lucas 9:61-62).

Maria não foi a primeira a ser chamada a se despedir de entes queridos em nome do reino. José foi chamado para ser um órfão no Egito; Ana enviou seu primogênito para servir no templo; Daniel foi mandado de Jerusalém para a Babilônia; Abraão foi enviado para sacrificar o próprio filho. A Bíblia está repleta de caminhos de despedida e manchada por lágrimas de adeus.

Na verdade, parece que "adeus" é algo que prevalece no vocabulário cristão, e os missionários o sabem muito bem, assim como aqueles que os enviam. Foi o que disse o médico que deixou a cidade para trabalhar num hospital no meio da selva. Assim como o tradutor da Bíblia que mora longe de casa. Aqueles que alimentam os famintos, os que ensinam aos perdidos, os que ajudam os pobres, todos conhecem a palavra *adeus*.

Que tipo de Deus colocaria alguém em tamanha agonia? Que tipo de Deus nos daria famílias para depois pedir que as deixássemos? Que espécie de Deus nos ofereceria amigos e depois nos pediria para dizer adeus a eles?

Um Deus que sabe que o amor mais profundo não tem por base paixão ou romantismo, mas sim uma missão comum e sacrifício. Um Deus sabedor de que somos apenas peregrinos e que a eternidade está tão próxima que qualquer "adeus" é, na realidade, um "até amanhã". *Um Deus que, ele próprio, fez isso.*

"Aí está o seu filho." (João 19:26).

João aconchegou Maria mais um pouco em seu braço. Cristo pedia a ele que fosse o filho de que a mãe precisava e que, de certa forma, ele nunca tinha sido. Jesus olhou para Maria. A dor dele vinha de um sofrimento bem maior do que o causado por pregos e espinhos. Naquele olhar silencioso, eles partilharam um segredo, e ele disse adeus.

> *[Jesus disse] ao discípulo: "Aí está a sua mãe". Daquela hora em diante, o discípulo a recebeu em sua família* (João 19:27).

5. Como cristãos, nós, como Jesus, somos chamados ao sacrifício. Às vezes, isso significa sacrificar o tempo com aqueles que amamos ou os confortos deste mundo. O que as seguintes passagens nos dizem sobre o sacrifício resultante de seguirmos Jesus?

Lucas 9:24: "Pois quem quiser salvar a sua vida, a perderá; mas quem perder a sua vida por minha causa, este a salvará".

_____
_____
_____

João 15:12-14: "O meu mandamento é este: Amem-se uns aos outros como eu os amei. Ninguém tem maior amor do que aquele que dá a sua vida pelos seus amigos. Vocês serão meus amigos, se fizerem o que eu lhes ordeno".

_____
_____
_____
_____

LIÇÃO 5 ❖ MARIA, A MÃE DE JESUS ❖ Quinto dia: A tristeza profunda do adeus

Filipenses 3:8: "Mais do que isso, considero tudo como perda, comparado com a suprema grandeza do conhecimento de Cristo Jesus, meu Senhor, por quem perdi todas as coisas. Eu as considero como esterco para poder ganhar Cristo".

_____
_____
_____
_____

Hebreus 13:16: "Não se esqueçam de fazer o bem e de repartir com os outros o que vocês têm, pois de tais sacrifícios Deus se agrada".

_____
_____
_____
_____
_____

6. Qualquer "adeus" é, na realidade, um "até amanhã". Leia as palavras de Paulo em Filipenses 3:20. De acordo com esse versículo, como deveríamos considerar nosso tempo aqui na terra?

_____
_____
_____
_____
_____

A nossa cidadania, porém, está nos céus, de onde esperamos ansiosamente o Salvador, o Senhor Jesus Cristo (Filipenses 3:20).

7. De que maneira nos vermos como "cidadãos dos céus" afeta a forma de nos apegarmos a pessoas e propriedades?

_____
_____
_____
_____
_____

Pela fé peregrinou na terra prometida como se estivesse em terra estranha (Hebreus 11:9).

8. Desde o dia em que o anjo anunciou a concepção sagrada a Maria, ela soube que não poderia reivindicar Jesus para si. Soube que deveria lhe dizer adeus para que uma glória maior pudesse acontecer. Dedique um momento à leitura sobre a glória maior em Romanos 8:11. Que promessa Paulo diz que se instala em nós em razão da morte agonizante de Cristo?

_____
_____
_____
_____

Aquele que ressuscitou a Cristo dentre os mortos também dará vida a seus corpos mortais (Romanos 8:11).

127

A história de Maria na Bíblia revela exatamente quão perto Jesus chegará de nós. A primeira parada em seu itinerário foi um útero. Aonde iria Deus para sensibilizar o mundo? Olhe profundamente dentro de Maria para encontrar uma resposta. Melhor ainda, olhe profundamente dentro de si mesmo. O que ele fez a Maria, oferece a você! O Senhor faz um convite nos moldes do de Maria a todos os seus filhos: "Se me permitires, estarei em ti!"

A preposição *em* prolifera nas Escrituras. Jesus vive *em* seus filhos. Para os apóstolos, o Senhor declarou: "[Eu] em vocês" (João 14:20). A oração de Paulo aos Efésios foi "que Cristo habite no coração de vocês mediante a fé (3:17). João foi claro: "Os que obedecem aos seus mandamentos nele permanecem, e ele neles" (1João 3:24). O convite mais afável vem de Jesus: "Se alguém ouvir a minha voz e abrir a porta, entrarei e cearei com ele, e ele comigo" (Apocalipse 3:20).

Cresçam, porém, na graça e no conhecimento de nosso Senhor e Salvador Jesus Cristo (2Pedro 3:18).

Cristo cresceu em Maria até que teve de sair, e Jesus crescerá em vocês até que o mesmo ocorra; isto é, ele sairá sob a forma de suas palavras, de suas ações, de suas decisões. Todo lugar em que você morar será uma Belém, e todo dia será um Natal. Você, como Maria, trará Jesus ao mundo. O Deus dentro de nós! Será que nos demos conta da profundidade dessa promessa?

Deus estava com Adão e Eva, caminhando junto com eles no frescor do anoitecer.

Estava com Abraão, chegando a chamar o patriarca de amigo.

O Criador estava com Moisés e os filhos de Israel, e os pais podiam mostrar aos filhos o fogo de noite e a nuvem de dia; Deus está conosco, eles podiam afirmar.

Entre os querubins da arca, na glória do templo, o Altíssimo estava com seu povo. Ele estava com os apóstolos: Pedro podia tocar na barba de Deus, João podia vê-lo dormir, e multidões ouviam sua voz. Deus estava com eles!

Acaso não sabem que o corpo de vocês é santuário do Espírito Santo que habita em vocês, que lhes foi dado por Deus, e que vocês não são de si mesmos? Vocês foram comprados por alto preço (1Coríntios 6:19-20).

Mas ele está dentro de nós. Você é uma Maria dos dias de hoje. Mais ainda. Ele era um feto dentro dela, mas é uma *força* dentro de você. Ele fará o que você não consegue. Imagine um milhão de reais depositados na sua conta corrente. Para qualquer observador, você parece a mesma pessoa, exceto pelo sorriso bobo, mas é de fato? De jeito nenhum! Com Deus em você, você recebe um milhão de recursos que não tinha antes!

Não consegue parar de beber? Cristo pode mudar isso, e ele vive dentro de você.

Não consegue parar de se preocupar? Cristo pode mudar isso, e ele vive dentro de você.

Não consegue perdoar o empurrão, esquecer o passado ou largar os maus hábitos? Cristo pode mudar isso! E ele vive dentro de você.

Paulo sabia disso. "Para isso eu me esforço, lutando conforme a sua força, que atua poderosamente em mim" (Colossenses 1:29).

Como Maria, você e eu temos Cristo em nós.

Pontos para Lembrar

- ❖ Confiar em Deus significa colocá-lo acima de tudo o que queremos bem.
- ❖ O sacrifício por Cristo nos leva a uma conexão íntima com ele.
- ❖ O sacrifício em nome de Jesus é um ato de louvor agradável ao Criador.

LIÇÃO 5 ❖ MARIA, A MÃE DE JESUS ❖ Quinto dia: A tristeza profunda do adeus

❧ Oração do Dia ☙

Obrigado, Jesus, pelo sacrifício que fizeste por nós na cruz. Sentimo-nos honrados por tua disposição em colocar nossa salvação antes de tuas necessidades pessoais. Que enfrentemos as dificuldades e o sacrifício por ti na alegria de saber que estamos expressando nosso amor e louvor por ti. Amém.

❧ Versículo para Memorizar na Semana ☙

Aquele que é a Palavra tornou-se carne e viveu entre nós. Vimos a sua glória, glória como do Unigênito vindo do Pai, cheio de graça e de verdade.

João 1:14

Leitura suplementar

Ao longo desta lição, foram citados textos extraídos de *No Wonder They Call Him Savior* [publicado no Brasil como: *Por isso o chamam Salvador*. São Paulo: Mundo Cristão, 2014]; *He Still Moves Stones* [publicado no Brasil como: *Ele ainda remove pedras*. São Paulo: CPAD, 2003]; *A Gentle Thunder* [Um trovão suave]. Nashville: Thomas Nelson, 1995; *Next Door Savior* [publicado no Brasil como: *O Salvador mora ao lado*. São Paulo: CPAD, 2004]; *Max on Life* [Max fala sobre a vida]. Nashville: Thomas Nelson, 2010; *Before Amen* [publicado no Brasil como: *Antes de dizer amém*. São Paulo: Thomas Nelson, 2014] e *More to Your Story* [Mais sobre sua história]. Nashville: Thomas Nelson, 2016.

Notas
1. Earl Radmacher, Ronald B. Allen, H. Wayne House (eds.). *Nelson's New Illustrated Bible Commentary* [Comentário à Bíblia Ilustrada da Nelson]. Nashville: Thomas Nelson, 1999, p. 1250.
2. *Ibid.*, p. 1315.

LIÇÃO 6

A mulher SAMARITANA

DE MARGINALIZADA A EVANGELISTA

EU JÁ HAVIA DIRIGIDO POR AQUELE LUGAR incontáveis vezes. Diariamente, passava pelo pequeno terreno no meu trajeto até o escritório, e, diariamente, dizia comigo mesmo: "Algum dia tenho de parar ali".

Hoje, aquele "algum dia" aconteceu, convenci minha agenda superapertada a me conceder trinta minutos e entrei. O cruzamento não diferia de muitos outros em San Antonio: um Burger King, um Rodeway Inn, um restaurante. Mas, vire na direção nordeste, passe por baixo da placa de ferro batido e você se verá numa ilha de história, que parece relutar contra o fluxo do progresso.

O nome na placa? "Cemitério Locke Hill."

Quando estacionei, o céu escuro prenunciava chuva, mas uma vereda solitária me convidou a andar por entre as mais de duzentas lápides. O arco paternal formado acima da minha cabeça pelos carvalhos senhoriais servia de teto para os túmulos solenes, e a relva alta, ainda molhada pelo orvalho da manhã, roçava meus tornozelos.

As lápides, embora desgastadas e carcomidas, estavam tão vivas como outrora. Frases do tipo "Descanse em paz", escritas em alemão, se destacavam nas plaquetas com nomes como Schmidt, Faustman, Grundmeyer e Eckert.

Ruth Lacey está enterrada ali. Nascida nos tempos de Napoleão e morta há mais de um século. Parei diante do mesmo lugar onde uma mãe chorou, num dia frio, há muitas décadas. A lápide dizia simplesmente: "Bebê Boldt — nascido e falecido no mesmo dia, em 10 de dezembro de 1910". Harry Ferguson, de 18 anos, foi colocado ali para descansar em 1883 com as seguintes palavras: "Durma docemente, jovem e cansado peregrino". Gostaria de saber o que o teria cansado tanto.

Deus dá um lar aos solitários (Salmos 68:6).

Foi então que eu vi. Esculpida numa lápide, no extremo norte do cemitério, a pedra marca o destino do corpo de Grace Llewellen Smith, sem data de nascimento nem de morte. Apenas os nomes de seus dois maridos e o epitáfio: "Dorme, mas não descansa. Amou, mas não foi amada. Tentou agradar, mas não agradou. Morreu conforme viveu — sozinha".

Observei a plaqueta e fiquei conjecturando sobre Grace Llewellen Smith, pensando sobre sua vida. Se havia escrito aquelas palavras... ou se apenas as vivera. Perguntei-me se seria merecedora da dor, se ela era amarga ou se tinha apanhado, se era sincera, se era bonita. Fiquei tentando entender por que algumas vidas são tão frutíferas enquanto outras são tão fúteis.

Também imaginei quantas Grace Llewellen Smiths estariam ali. Quantas pessoas morrem na solidão que vivem? O sem-teto em Atlanta, o cara que vai de bar em bar na *happy hour* em Los Angeles, a mendiga em Miami e o pregador em Nashville. Qualquer pessoa que tem dúvidas sobre se o mundo precisa dela. Qualquer um que esteja convencido de que ninguém realmente se importa. Qualquer pessoa que tenha ganhado um anel, mas nunca um coração; uma crítica, mas nunca uma oportunidade; uma cama, mas nunca o descanso.

O Senhor está perto dos que têm o coração quebrantado e salva os de espírito abatido (Salmos 34:18).

Essas são as vítimas da futilidade, e, a menos que alguém intervenha, a menos que aconteça alguma coisa, o epitáfio de Grace Smith será o delas. Daí porque a história da mulher samaritana contada em João 4 é tão relevante. É a história de outra lápide, dessa vez, porém, a lápide não marca a morte de uma pessoa, e sim seu nascimento.

1. É fácil ler o epitáfio de Grace Llewellen Smith e sentir pena dela, mas a verdade é que muitos de nós, em algum momento da vida, experimentamos pelo menos alguns dos sentimentos contidos naquela lápide: "indigno de amor, solitário, lutando por aceitação, inquieto".

   _____
   _____
   _____
   _____

2. Quem ou o que interveio nos seus sentimentos de solidão, fracasso, rejeição ou falta de paz no passado? Como você interveio em relação a alguém?

   _____
   _____
   _____
   _____

Como os outros, éramos por natureza merecedores da ira. Todavia, Deus, que é rico em misericórdia, pelo grande amor com que nos amou, deu-nos vida com Cristo (Efésios 2;3-5).

Conforme veremos na história da mulher samaritana, nossa luta por significado — e os sentimentos de futilidade que surgem quando recorremos a outros para preencher nosso vazio — são sintomas da necessidade que temos do Salvador. Nossa necessidade humana básica de pertencer... de nos sentirmos amados... nos leva a situações em que acreditamos em pessoas que não

LIÇÃO 6 ❖ A MULHER SAMARITANA ❖ Primeiro dia: Uma mulher à margem

merecem nossa confiança ou nos conduzem a fazer coisas que acabam destruindo nosso valor próprio. Deus criou uma fome de significado dentro de nós e foi sua intenção ter uma relação conosco. Só quando nos voltamos para seu filho, Jesus, e confiamos apenas nele para atender às nossas necessidades, é que encontramos a satisfação ansiada pela nossa alma.

Porque ele sacia o sedento e satisfaz plenamente o faminto (Salmos 107:9).

Oração da Semana

Senhor, percebemos nossa incapacidade de atender às nossas necessidades de significado e propósito. Obrigado por querer ter uma relação conosco. Obrigado por intervir e atender às nossas necessidades mais profundas, por intermédio do Senhor Jesus. Somos gratos por permitires que nos apeguemos a ti e por seres a solução para o vazio que há em nós. Amém.

Primeiro dia: Uma mulher à margem

MUDANÇA DE EXPECTATIVAS

Os olhos semicerrados com o sol do meio-dia, os ombros curvados sob o peso do cântaro, e os pés que se arrastam, espalhando a poeira pelo caminho. Ela mantém a cabeça baixa para se esquivar dos olhares alheios.

Ela é uma samaritana e conhece o espinho do racismo; é uma mulher, e bateu com a cabeça no teto do sexismo. Foi casada com cinco homens. *Cinco*. Cinco casamentos diferentes, cinco camas diferentes, cinco rejeições diferentes. Ela conhece o barulho de portas batendo.

Ela sabe o que significa amar e não receber amor de volta, e seu atual parceiro nem mesmo lhe deu seu nome, apenas ofereceu a ela um lugar para dormir. Se existe uma Grace Llewellen Smith no Novo Testamento, é essa mulher. O epitáfio da insignificância poderia ter sido dela, e teria sido se não fosse pelo encontro que ela teve com um estranho.

Naquele dia, em particular, ela foi até o poço ao meio-dia. Por que não teria ido no começo da manhã como as outras mulheres? Talvez tivesse ido. Talvez apenas precisasse de um pouco mais de água naquele dia quente. Talvez não. Talvez estivesse evitando as outras mulheres. A caminhada sob o sol quente era um preço baixo a pagar para escapar das línguas afiadas.

— Lá vem ela.
— Já soube? Ela está de homem novo!
— Dizem que ela dorme com qualquer um.
— Psiu! Ela chegou.

Então ela foi até o poço ao meio-dia. Queria silêncio. Queria estar só. Em vez disso, encontrou alguém que a conhecia melhor do que ela mesma.

Os fariseus ouviram falar que Jesus estava fazendo e batizando mais discípulos do que João, embora não fosse Jesus quem batizasse, mas os seus discípulos. Quando o Senhor ficou sabendo disso, saiu da Judeia e voltou uma vez mais à Galileia. Era-lhe necessário passar por Samaria. Assim, chegou a uma cidade de Samaria, chamada Sicar, perto das terras que Jacó dera a seu filho José. Havia ali o poço de Jacó (João 4:1-6).

133

1. Leia o começo da história da mulher samaritana em João 4:1-14 e cite algumas de suas características principais, observadas nessa passagem.
___
___
___
___
___

Isto se deu por volta do meio-dia (João 4:6).

2. No versículo 6, lemos que a história aconteceu ao meio-dia. Por hábito, as mulheres iam tirar água quando o sol não estava alto no céu, e, no entanto, vemos a mulher samaritana indo tirá-la no calor maior do dia. Por que ela fez isso? De que forma você se relaciona com o desejo dela de evitar a "hora de tirar a água"?
___
___
___
___
___

A mulher samaritana lhe perguntou: "Como o senhor, sendo judeu, pede a mim, uma samaritana, água para beber?" (Pois os judeus não se dão bem com os samaritanos) (versículo 9).

3. O que João nos diz no versículo 9 sobre a relação entre judeus e samaritanos? O que o fato de, mais tarde, os discípulos de Jesus ficarem "surpresos ao encontrá-lo conversando com uma mulher" revela sobre as relações entre homem e mulher naquela época?
___
___
___
___
___

4. A mulher samaritana tinha vivenciado a dor do racismo, tinha sido forçada a lidar com o sexismo e sabia o que significava amar e não receber amor de volta. Quais dessas coisas têm mais a ver com a sua vida? Por quê?
___
___
___
___
___

ÁGUA VIVA

Jesus, cansado da viagem, sentou-se à beira do poço (versículo 6).

Ele estava sentado no chão: pernas estiradas, os dedos das mãos cruzados, as costas apoiadas no poço. Olhos fechados. Ela parou e olhou para ele. Olhou em volta. Ninguém por perto. Olhou de novo para ele. Obviamente, era judeu. O que será que fazia ali? Os olhos dele se abriram e ela baixou a cabeça, encabulada. Apressou-se em cuidar de sua tarefa.

Talvez as olheiras ou a forma como ela se curvava tenham feito Jesus esquecer o quanto estava cansado. *Como era estranho ela estar ali ao meio-dia.*

LIÇÃO 6 ❖ A MULHER SAMARITANA ❖ Primeiro dia: Uma mulher à margem

Ele percebeu o desconforto dela ao vê-lo ali e pediu água, mas ela era muito experiente para achar que ele só queria beber água. "Desde quando um sujeito distinto como você pede água a uma garota como eu?" Ela queria saber o que de fato ele tinha em mente, e a intuição dela estava parcialmente correta, pois o interesse dele ia além da água: interessava-lhe o coração dela.

Eles conversaram. Quem poderia lembrar a última vez em que um homem tinha falado com ela com respeito?

Cristo contou a ela sobre uma fonte de água que saciaria não a sede da garganta, mas a da alma, de disse-lhe: "A água que eu lhe der se tornará nele uma fonte de água a jorrar para a vida eterna" (João 4:14). Jesus ofereceu àquela mulher não apenas um copo d'água, mas um poço artesiano perene!

Logo depois desse acontecimento, Jesus proclamou ao povo: "Se alguém tem sede, venha a mim e beba" (7:37). Nas páginas da Bíblia, encontramos alguns dos mais incríveis convites. Não se pode ler sobre Deus sem vê-lo fazendo convites. Convidou Eva a se casar com Adão; os animais, a entrarem na arca; Davi a ser rei; Maria a dar à luz a seu filho; os discípulos a serem pescadores de homens; a mulher adúltera a recomeçar e Tomé, a tocar nas suas chagas.

Deus é um Deus que convida, que chama. Deus é um Deus que abre a porta e acena, mostrando aos peregrinos a mesa farta. Deus é um Deus que sacia a sede das pessoas. Seu convite, porém, não é apenas para uma refeição ou um copo d'água, mas sim para a *vida*. Um convite para entrar no seu reino e fixar residência num mundo sem lágrimas, sem túmulos, sem dor.

Quem pode vir? Conforme a história da mulher samaritana no poço revela, qualquer um que o desejar, pois o convite é ao mesmo tempo universal e pessoal.

5. Em João 4:9, aprendemos que a samaritana hesita em falar com Jesus. Descreva um momento em que a sua vergonha pessoal o fez hesitar em falar com Cristo.

_____
_____
_____
_____
_____

6. Por que acha que Jesus pediu água à samaritana? Será que ele estava apenas querendo saciar sua sede ou havia um propósito maior por trás daquele pedido?

_____
_____
_____
_____
_____

Nisso veio uma mulher samaritana tirar água. Disse-lhe Jesus: "Dê-me um pouco de água" (João 4:7).

No último e mais importante dia da festa, Jesus levantou-se e disse em alta voz: "Se alguém tem sede, venha a mim e beba. Quem crer em mim, como diz a Escritura, do seu interior fluirão rios de água viva" (Lucas 7:37-38).

O Filho do homem veio buscar e salvar o que estava perdido (Lucas 19:10).

> *Se você conhecesse o dom de Deus e quem lhe está pedindo água, você lhe teria pedido e ele lhe teria dado água viva (João 4:10).*

7. Depois que Jesus pede água à mulher, ele lhe diz que ela é quem deve pedir água a ele. Como Cristo descreve essa água (ver versículos 10 e 14)?

_____
_____
_____
_____
_____

> *Com alegria vocês tirarão água das fontes da salvação (Isaías 12:3).*

8. Leia João 7:37-39 e Isaías 12:3. Com base nessas passagens das Escrituras, o que a "água viva" representa? Qual era o verdadeiro convite que Jesus oferecia à mulher? De que forma Cristo lhe proporcionou uma vida que é como água viva?

_____
_____
_____
_____
_____
_____

> *Bem-aventurados os que têm fome e sede de justiça, pois serão satisfeitos (Mateus 5:6).*

A sede da mulher samaritana no calor do dia refletia a sede de sua alma no calor de sua vergonha. Ela passara de um homem para outro, e talvez tivesse sido forçada a fazê-lo. Talvez fosse muito necessitada, ou talvez sua alma estivesse sedenta. Talvez ela estivesse desesperada por amor, por estabilidade, por... vida. Cada um de nós tem a ver com o drama dela. Nossa alma está sedenta e, mesmo assim, buscamos comida, bebida e as coisas deste mundo para satisfazer esse desejo — mas essas coisas nunca satisfazem. Em vez disso, precisamos deixar que o convite de Jesus para a mulher seja um convite para nós, uma vez que somente ele pode satisfazer nossa sede mais profunda, pois que nele está a vida, a vida da verdadeira água viva.

Pontos para Lembrar

- ❖ As barreiras que nos impedem de alcançar Deus não o impedem de nos alcançar.
- ❖ Jesus nos trata com respeito e vai até onde estamos — no nosso pecado e no nosso vazio.
- ❖ Cristo nos convida pessoalmente para uma vida abundante em seu reino... mas precisamos aceitar seu convite e abdicar de nossa existência em seu favor.

Oração do Dia

Jesus, obrigado pelo convite à salvação. Obrigado pelo teu Espírito que nos preenche e flui em nós como água viva. Perdoa-nos quando recorremos a outras pessoas ou a outras coisas para nos satisfazer, pois sabemos que só em ti estaremos saciados. Nós te amamos. Amém.

Lição 6 ❖ A MULHER SAMARITANA ❖ Segundo dia: Uma vida revelada

Segundo dia: Uma vida revelada

POR TRÁS DA MÁSCARA

A mulher samaritana certamente ficou intrigada com o oferecimento de Jesus. Disse ela: "Senhor, dê-me dessa água, para que eu não tenha mais sede, nem precise voltar aqui para tirar água."

"Vá, chame o seu marido e volte."

O coração dela deve ter desabado, pois ali estava um judeu que não se importava com o fato de ela ser samaritana, ali um homem que não a desprezava por ser mulher, ali a coisa mais próxima da gentileza que ela jamais vira, e agora ele estava perguntando a ela sobre... *aquilo*.

Qualquer coisa menos aquilo. Talvez ela tenha pensado em mentir. "Ah, meu marido? Ele está ocupado". Talvez tenha desejado mudar de assunto ou ir embora, mas ficou e disse a verdade. "Não tenho marido." (A bondade convida a honestidade.)

Provavelmente você conhece o resto da história, mas gostaria que não connhecesse e que a estivesse escutando pela primeira vez, pois, se assim fosse, ficaria boquiaberto, esperando para ver o que Jesus faria em seguida. Por quê? Porque você desejaria fazer a mesma coisa.

Teria desejado tirar sua máscara, parar de fingir, e imaginaria o que Deus faria se você abrisse a porta enferrujada do seu pecado secreto.

Essa mulher se perguntava o que Jesus faria e deve ter imaginado se a bondade iria cessar quando a verdade fosse revelada. *Ele ficará zangado. Ele irá embora. Achará que não tenho valor.* Se você tem tido a mesma ansiedade, então pode pegar o lápis, pois vai querer sublinhar o que Jesus respondeu.

"Você está correta. Teve cinco maridos e o homem com quem está agora nem mesmo lhe dará um nome."

Nenhuma crítica? Nenhuma raiva? Nenhuma preleção do tipo que-tipo-de-bagunça-você-fez-da-sua-vida? Não. Não era perfeição o que Jesus buscava; era honestidade.

A mulher lhe disse: "Senhor, dê-me dessa água, para que eu não tenha mais sede, nem precise voltar aqui para tirar água". Ele lhe disse: "Vá, chame o seu marido e volte". "Não tenho marido", respondeu ela (João 4:15-17).

Disse-lhe Jesus: [...] O fato é que você já teve cinco; e o homem com quem agora vive não é seu marido (versículos 17-18).

1. Leia João 4:15-18. Por que você acha que Jesus pediu à mulher samaritana para chamar o marido, tendo em mente o fato de que ele conhecia cada detalhe sobre ela?

2. Como Jesus respondeu à mulher quando ela disse que não tinha marido? De que forma as palavras dele transmitiram a ela a verdade e não uma condenação?

> *Portanto, agora já não há condenação para os que estão em Cristo Jesus, porque por meio de Cristo Jesus a lei do Espírito de vida me libertou da lei do pecado e da morte (Romanos 8:1-2).*

3. Em Romanos 8:1, Paulo afirma: "Portanto, agora já não há condenação para os que estão em Cristo Jesus". O que essa verdade lhe diz sobre como Jesus o vê? É fácil ou difícil para você aceitar essa verdade? Explique.

_____
_____
_____
_____
_____

4. Existe algum pecado em sua vida que tenha guardado por medo da reação de Deus? Se existir, o que sente que Jesus está lhe chamando a fazer hoje para trazer à luz esse pecado?

_____
_____
_____
_____
_____
_____

UM VAZIO

> *Disse a mulher: "Senhor, vejo que é profeta. Nossos antepassados adoraram neste monte, mas vocês, judeus, dizem que Jerusalém é o lugar onde se deve adorar" (João 4:19-20).*

> *O ódio provoca dissensão, mas o amor cobre todos os pecados (Provérbios 10:12).*

A mulher ficou maravilhada: "Vejo que é profeta", disse ela. Tradução? "Há algo diferente no senhor. Importa-se se eu perguntar uma coisa?"

Em seguida, ela fez uma pergunta que revelou o vazio em sua alma. "Onde está Deus? Meu povo diz que ele está na montanha, mas o seu povo diz que ele está em Jerusalém, e eu não sei onde ele está."

Eu daria tudo para ver a expressão no rosto de Jesus ao ouvir essas palavras. Será que os olhos marejaram? Será que ele sorriu? Será que olhou para as nuvens e deu uma piscadela para o Pai? Com tanto lugar para encontrar um coração faminto... *Samaria*.

Considere um muro, alto e antigo. Em seu evangelho, João escreveu: "Os judeus não se dão bem com os samaritanos" (João 4:9). Daí porque a mulher tinha dito a Jesus: "Como o senhor, sendo judeu, pede a mim, uma samaritana, água para beber?" (4:9). As duas culturas se odiavam havia mil anos. A rixa envolvia queixas de deserção, casamento consanguíneo e deslealdade ao templo.

Os samaritanos estavam na lista negra dos judeus, e suas camas, seus utensílios — até mesmo sua saliva — eram considerados impuros. Nenhum judeu ortodoxo viajava pela região, e a maioria deles, de bom grado, dobraria a distância de um trajeto para não atravessar Samaria.

LIÇÃO 6 ❖ A MULHER SAMARITANA ❖ Segundo dia: Uma vida revelada

Jesus, porém, jogava segundo um conjunto diferente de regras e passou a melhor parte do dia na região de uma mulher samaritana, bebendo água de sua concha, conversando sobre as questões dela. Ele passou por cima do tabu cultural como se este fosse um cão adormecido na soleira da porta.

Por que agiu assim? Porque ele ama derrubar muros.

5. Leia João 4:19-24. Quando os israelitas estavam no deserto, eles adoravam numa tenda desarmável chamada tabernáculo. Quando Israel se tornou uma nação, Salomão construiu um templo em Jerusalém, que se tornou o lugar onde as pessoas iriam adorar. Leia Números 9:15-17 e 2Crônicas 6:41-7:1. Por que judeus e samaritanos associavam o lugar de louvor com a presença de Deus?

Desceu fogo do céu e consumiu o holocausto e os sacrifícios, e a glória do SENHOR encheu o templo (2Crônicas 7:1).

6. Depois que a Assíria conquistou a nação de Israel, os judeus sobreviventes começaram a se casar com os gentios nas nações circunvizinhas. Esses judeus racialmente mesclados eram os samaritanos, e os judeus "puros" não queriam se misturar com eles e não permitiam que eles adorassem no templo. Então, os samaritanos construíram um templo separado. A que você pode comparar essa cena hoje? Como você viu o ódio dividir a igreja nos tempos atuais?

O rei da Assíria trouxe gente da Babilônia, de Cuta, de Ava, de Hamate e de Sefarvaim e os estabeleceu nas cidades de Samaria para substituir os israelitas (2Reis 17:24).

7. A pergunta da mulher sobre o lugar de adoração revelou sua busca pela presença de Deus, mas mal sabia ela que a presença do Senhor não era contida pelos muros da humanidade. Leia Atos 7:48-50. O que essa passagem diz sobre a presença do Altíssimo?

O céu é o meu trono, e a terra, o estrado dos meus pés (Atos 7:49).

8. Jesus disse: "Está chegando a hora, e de fato já chegou, em que os verdadeiros adoradores adorarão o Pai em espírito e em verdade" (João 4:23). O que Cristo quis dizer? Como a mulher samaritana personificaria o tipo de adorador que Deus buscava?

> *A beleza de vocês não deve estar nos enfeites exteriores, [...] [mas] no ser interior, que não perece, beleza demonstrada num espírito dócil e tranquilo, o que é de grande valor para Deus* (1Pedro 3:3-4).

A mulher samaritana vivia num mundo onde o exterior valia mais do que o interior. Sua aparência física, seus relacionamentos físicos com homens, o lugar físico onde ela adorava... todas essas coisas eram motivo de julgamento por parte dos outros, porque era isso que eles consideravam mais importante. Mas Jesus via as coisas de modo diferente. Viu além da aparência dela e além de seus relacionamentos com homens — e censurava os adoradores preocupados com *onde* deviam adorar e não com a *quem* deviam adorar. Jesus não veio para condenar o exterior das pessoas, mas para transformar seu interior. Ele estava à procura de adoradores com interiores suficientemente maleáveis para essa transformação, e a humilde honestidade da mulher samaritana e sua busca por Deus revelaram que ela estava pronta para essa transformação. Mal sabia ela que seu coração estava preparado para a verdadeira adoração — uma adoração conduzida pelo Espírito de Jesus e ancorada em sua verdade.

Pontos para Lembrar

- Jesus sabe da nossa condição, fala a verdade sobre nossa situação e nos oferece sua bondade sem condenação.
- O Senhor nos convoca a expor nosso pecado à luz para que possamos nele encontrar a cura e a transformação.
- Cristo adora derrubar muros que nos afastam dele e nos separam uns dos outros.

> *Nada, em toda a criação, está oculto aos olhos de Deus* (Hebreus 4:13).

Oração do Dia

Senhor, sabemos que nada é ocultado de ti. Obrigado por trazer nossos pecados à luz e por nos estender tua graça, misericórdia e perdão quando deixamos de atender à tua norma. Nós te louvamos, Senhor, por teu amor e bondade. Nós te louvamos por nos aceitar mesmo sendo pecadores e por vir até nós onde quer que estejamos. Amém.

Terceiro dia: Os muros que separam

MUROS EM NOSSO MUNDO

A história da mulher samaritana nos força a perguntar se há muros dividindo o *nosso* mundo, isto é, se existem lugares em nossa vida em que estamos de um lado, enquanto do outro fica... a pessoa que aprendemos a ignorar, talvez até a desprezar. Ou o adolescente com tatuagens; ou o patrão cheio da grana; ou o imigrante com sotaque difícil de entender; ou aquela pessoa que está do outro lado da sua cerca política; ou talvez até o mendigo que fica sentado do lado de fora na porta da nossa igreja toda semana.

LIÇÃO 6 ❖ A MULHER SAMARITANA ❖ Terceiro dia: Os muros que separam

Durante o ministério de Jesus, vemos que muitas vezes ele procurava derrubar os muros que separavam as pessoas; na verdade, esse foi o tema de uma de suas parábolas mais conhecidas. Eis como a contaríamos nos dias de hoje. Certo dia, um homem branco abastado voltava do escritório para casa, e, por já ser tarde e por ele estar cansado, seguiu pela rota direta, que passava pela parte mais barra-pesada da cidade. Você não imagina: ele ficou sem gasolina, e no caminho até a loja de conveniência, foi assaltado e deixado semimorto à beira da calçada.

Alguns minutos depois, um pastor passou por ali a caminho do culto noturno na igreja, viu o homem caído na calçada e começou a ajudar, mas logo percebeu que poderia ser muito arriscado parar ali. Logo em seguida, um respeitado professor do seminário se aproximou e viu o homem. Ele, porém, também decidiu que era melhor não se envolver. Por fim, um imigrante hispânico dirigindo uma caminhonete bem velha viu o homem, parou, e levou-o para o hospital. Lá, ele pagou a conta e seguiu seu caminho.

Um homem descia de Jerusalém para Jericó, quando caiu nas mãos de assaltantes. Estes lhe tiraram as roupas, espancaram-no e se foram, deixando-o quase morto (Lucas 10:30).

Aconteceu estar descendo pela mesma estrada um sacerdote. Quando viu o homem, passou pelo outro lado. E assim também um levita; quando chegou ao lugar e o viu, passou pelo outro lado (versículos 31-32).

1. Quantas barreiras, tanto culturais quanto espirituais, você vê Jesus derrubar para alcançar a mulher samaritana?

   _____
   _____
   _____
   _____
   _____

2. Leia Lucas 10:30-37. Que barreiras entre as pessoas Cristo desafiou nessa história?

   _____
   _____
   _____
   _____
   _____

Mas um samaritano, estando de viagem, chegou onde se encontrava o homem e, quando o viu, teve piedade dele (versículo 33).

3. Quem eram os homens que passaram perto do homem ferido sem parar? Por que você acha que eles apenas passaram por ele?

   _____
   _____
   _____
   _____
   _____

4. O que o samaritano fez "melhor e além" para mostrar o amor de Deus ao homem ferido, a despeito de suas diferenças culturais?

   _____
   _____
   _____
   _____
   _____

Depois colocou-o sobre o seu próprio animal, levou-o para uma hospedaria e cuidou dele (versículo 34)

NENHUMA DESCULPA PARA O PRECONCEITO

> [Jesus perguntou] *"Qual destes três você acha que foi o próximo do homem que caiu nas mãos dos assaltantes?" "Aquele que teve misericórdia dele", respondeu o perito na lei* (Lucas 10:36-37).

Eu alterei os personagens, mas não a pergunta de Jesus: "Qual... foi o próximo do homem?" (Lucas 10:36). A resposta? O homem que reagiu com bondade. A proximidade, então, não é definida por onde moramos, mas como amamos, e nosso próximo não é apenas a pessoa que reside na casa ao lado, mas quem precisa da nossa ajuda. Nosso próximo pode ser a pessoa que nos ensinaram a não amar, e, para o judeu da época de Jesus, era um samaritano.

Para um israelense de hoje, é um palestino; para um árabe, é um judeu; para um homem negro, que tal um caipira branco agressivo e ignorante dirigindo uma picape? Para o hispânico pobre, que tal um hispânico bem-sucedido?

A história de Jesus sobre o Bom Samaritano e a interação dele com a mulher no poço nos mostram que os cristãos não têm desculpa para o preconceito. O preconceito dos pagãos pode ser explicado, mas, no caso de um cristão, não há explicação possível. Não há justificativa; além disso, jamais iremos transpor uma barreira cultural maior do que aquela que Jesus atravessou. Ele aprendeu nossa língua, viveu no nosso mundo, comeu da nossa comida... mas, acima de tudo, assumiu nossos pecados.

> *Nós amamos porque ele nos amou primeiro* (1João 4:19).

Em vista disso, como nós, que fomos tão amados, não vamos fazer o mesmo pelos outros? Aqueles que acham difícil superar as diferenças raciais deveriam pensar duas vezes, pois, a menos que sejam judeus, um estrangeiro morreu na cruz pelos pecados deles.

5. É trágico constatar na parábola de Jesus que os homens que se recusaram a ajudar eram aqueles vistos na época como os mais religiosos. Qual a diferença entre ser religioso e ser o próximo para os outros? Como as pessoas, na igreja de hoje, caem na mesma armadilha de erguer muros que separam?

_____
_____
_____
_____

> *Nós, que somos muitos, somos um só corpo* (1Coríntios 10:17).

6. Leia 1Coríntios 10:16-17. Às vezes, as paredes mais espessas estão dentro da igreja — as barreiras existentes entre os cristãos. Como tem percebido a divisão dentro da igreja? Como Paulo diz que deveríamos ver os outros no corpo de Cristo?

_____
_____
_____
_____

7. Quem é a pessoa (ou até mesmo um grupo de pessoas) que você sente dificuldade em ver como seu "próximo"? O que torna tão difícil vê-la — ou vê-los — dessa maneira?

LIÇÃO 6 ❖ A MULHER SAMARITANA ❖ Terceiro dia: Os muros que separam

_____
_____
_____
_____

8. Leia João 1:1-14. Que barreiras Jesus derrubou para chegar até você? Como o fato de saber que ele estava disposto a fazer isso ajudá-lo(a) a acolher seus inimigos como próximos?
_____
_____
_____
_____
_____

Aquele que é a Palavra estava no mundo, e o mundo foi feito por intermédio dele, mas o mundo não o reconheceu (João 1:10).

A divisão entre o céu e a terra? Despedaçada. O muro entre Deus e os humanos? Demolido. A parede entre santidade e pecado? Destruída. Jesus estava dedicado a colocar abaixo qualquer coisa que se colocasse no caminho da unidade. Quando construímos muros de preconceito entre nós, não só estamos nos afastando uns dos outros, como também estamos distanciando as pessoas da verdade de Deus. Jesus orou: "Dei-lhes a glória que me deste, para que eles sejam um, assim como nós somos um: eu neles e tu em mim. Que eles sejam levados à plena unidade, para que o mundo saiba que tu me enviaste, e os amaste como igualmente me amaste" (João 17:22-23). Debatendo-se com a unidade? Questionando em ver alguém como seu próximo? Então volte à oração de Jesus. Somos um com Cristo, e ele está em nós, portanto, podemos pedir a ele que pegue a marreta e ponha abaixo qualquer preconceito existente em nosso coração. Hora de demolição!

Procurem aperfeiçoar-se, exortem-se mutuamente, tenham um só pensamento, vivam em paz. (2Coríntios 13:11)

❧ Pontos para Lembrar ❧

❖ Jesus deseja derrubar os muros culturais e espirituais que separam as pessoas.
❖ A proximidade não é definida pela vizinhança física, mas pela forma que amamos.
❖ Aqueles que vivenciaram o amor de Cristo têm de mostrar esse mesmo amor aos outros, e aqueles que creem no Senhor não têm desculpa para o preconceito.

❧ Oração do Dia ❧

Obrigado, Deus, por nos amar tanto a ponto de destruíres o muro para nos encontrar em nosso estado de perdição e nos redimir pelo sacrifício de teu Filho, Jesus. Oramos para que nos ajudes a derrubar quaisquer paredes que tenhamos erguido em nosso coração que nos impeçam de amar aqueles pelos quais morreste para redimir. Ajuda-nos a ser tua luz num mundo sombrio que precisa de ti. Em nome de Jesus, amém.

Assim brilhe a luz de vocês diante dos homens (Mateus 5:16).

Quarto dia: Uma vida transformada para sempre

O MESSIAS REVELADO

— Onde está Deus? — perguntou a mulher samaritana. — Não sei onde ele está.

Jesus disse:

"Vocês, samaritanos adoram o que não conhecem. [...] No entanto, está chegando a hora, e de fato já chegou, em que os verdadeiros adoradores adorarão o Pai em espírito e em verdade" (João 22-23).

— Eu sei que o Messias (chamado Cristo) está para vir. Quando ele vier, explicará tudo para nós — disse a mulher (versículo 25).

A resposta de Jesus?

— Eu sou o Messias! Eu, que estou falando com você (versículo 26).

Apenas pense sobre isso por um momento. De todas as pessoas que Deus podia ter escolhido para receber pessoalmente o segredo das eras, ele decidiu ofertá-lo a uma samaritana cinco vezes divorciada, a rejeitada entre os rejeitados, a pessoa mais "insignificante" da região.

Notável. Jesus não revelou o segredo ao rei Herodes, não requisitou uma assembleia do Sinédrio para lhes relatar a notícia, não foi entre as colunatas de um tribunal romano que ele anunciou sua identidade. Não, foi à sombra de um poço, numa terra rejeitada, para uma mulher hostilizada. Os olhos dele devem ter se iluminado quando ele sussurrou o segredo:

"Eu sou o Messias."

A frase mais importante do capítulo é facilmente subestimada. "Então, deixando o seu cântaro, a mulher voltou à cidade e disse ao povo: 'Venham ver um homem que me disse tudo o que tenho feito. Será que ele não é o Cristo?'" (versículos 28-29).

1. Leia João 4:25-29. O que a mulher samaritana diz que o Messias fará (ver versículo 25)? Como você vê Jesus já realizando isso na vida pessoal dela?

2. Qual a reação da mulher quando Cristo diz a ela que ele é o Messias?

Jesus declarou: "Creia em mim, mulher: está próxima a hora em que vocês não adorarão o Pai nem neste monte, nem em Jerusalém. Vocês, samaritanos, adoram o que não conhecem; nós adoramos o que conhecemos, pois a salvação vem dos judeus. No entanto, está chegando a hora, e de fato já chegou, em que os verdadeiros adoradores adorarão o Pai em espírito e em verdade. São estes os adoradores que o Pai procura. Deus é espírito, e é necessário que os seus adoradores o adorem em espírito e em verdade" (João 4:21-24).

Disse a mulher: "Eu sei que o Messias [...] está para vir. Quando ele vier, explicará tudo para nós." (verso 25)

LIÇÃO 6 ❖ A MULHER SAMARITANA ❖ Quarto dia: Uma vida transformada para sempre

3. Como vê a mulher samaritana se transformar, do começo até o final da história, no versículo 29? O que isso diz sobre a graça de Cristo?

"Farei cicatrizar o seu ferimento e curarei as suas feridas", declara o SENHOR, "porque a você, Sião, chamam de rejeitada" (Jeremias 30:17).

4. Como vivenciou recentemente a transformação do Messias em sua vida?

A INSIGNIFICÂNCIA FICA PARA TRÁS

Não perca a dramaticidade do momento. Veja os olhos dela, arregalados de incredulidade. Ouça-a tendo dificuldade para encontrar palavras. "O-o-o se-se-se-nhor ...e-é-é... o... M-m-m-messias!" Observe-a pondo-se de pé, dirigindo um último olhar ao nazareno sorridente, virando-se e correndo direto para o peito robusto de Pedro? Ela quase cai, recupera o equilíbrio e vai apressada na direção de sua cidade.

"Eu sou o Messias! Eu, que estou falando com você" (João 4:26).

Reparou o que ela esqueceu? Esqueceu-se do cântaro de água. Deixou para trás aquela vasilha grande que marcara seus ombros, abandonou o peso que trazia. De repente, a vergonha dos romances escusos desapareceu e repentinamente a insignificância de sua vida foi tomada pela significância do momento.

— Deus está aqui! Deus veio! Deus se importa... comigo!

Deixando o seu cântaro, a mulher voltou à cidade (versículo 28).

Essa foi a razão para que ela deixasse o cântaro de água, essa foi a razão para que aquela samaritana corresse para a cidade e se agarrasse à primeira pessoa que viu e anunciar sua descoberta:

— Acabo de falar com um homem que me disse tudo o que tenho feito... e ele me ama mesmo assim!

"Venham ver um homem que me disse tudo o que tenho feito. Será que ele não é o Cristo?" (versículo 29).

Os discípulos ofereceram comida a Jesus, mas ele a recusou, pois estava empolgado demais! Acabara de fazer o que fazia de melhor, isto é, havia recolhido uma vida que estava à deriva e lhe dado direção. Ele era exuberante!

"Vejam!", anunciou aos discípulos, apontando a mulher que corria para o vilarejo. "Eu lhes digo: Abram os olhos e vejam os campos! Eles estão maduros para a colheita" (versículo 35).

A minha comida é fazer a vontade daquele que me enviou e concluir a sua obra (versículo 34).

Quem poderia comer numa hora dessas?

5. Leia João 4:30-34. A mulher samaritana tinha deixado para trás o cântaro que "marcara seus ombros" e agora corria com a cabeça erguida. Era uma nova mulher! Que "cântaro de água" Deus está pedindo que você deixe para trás para também aceitar sua nova identidade em Cristo? Como você começará a aceitar essa nova identidade?

> *Tudo o que fizerem, façam de todo o coração, como para o Senhor, e não para os homens, sabendo que receberão do Senhor a recompensa da herança (Colossenses 3:23-24).*

6. A insignificância da vida daquela mulher foi tomada pela significância do momento. Em Colossenses 3:23, Paulo escreve: "Tudo o que fizerem, façam de todo o coração, como para o Senhor, e não para os homens, sabendo que receberão do Senhor a recompensa da herança". De que maneira o ato de seguir a Cristo traz significado para qualquer circunstância?

7. A mulher ficou tão extasiada com Jesus que não conseguiu conter sua empolgação. Ela tinha de contar sobre o Messias ao vilarejo inteiro! Quando foi a última vez que sentiu tal empolgação com uma graça concedida por Jesus que teve de contá-la para alguém? Que coisas tendem a impedir que nos maravilhemos com a graça de Cristo todos os dias?

> *Ele lhes disse: "Tenho algo para comer que vocês não conhecem". Então os seus discípulos disseram uns aos outros: "Será que alguém lhe trouxe comida?" (João 4:32-33).*

8. Qual foi a pergunta dos discípulos quando encontraram Jesus no poço? O que Cristo quis dizer quando afirmou que sua comida era "fazer a vontade daquele que me enviou" (versículo 34)?

Quando o Messias se revela para nós, também mostra quem realmente somos. O Senhor nos diz que, por ele ser amor, nós somos amados; e Jesus nos diz que, por ele ser misericordioso, somos perdoados. A mulher samaritana estivera se escondendo por trás de sua vergonha, mas agora ela corajosamente declarava: "Venham ver um homem que me disse tudo o que tenho feito" (João 4:29). Como podia ela compartilhar sua vergonha com empolgação? Porque sua vergonha não era mais senhora dela. Jesus não a condenou, então, ela não estava se condenando; em vez disso, estava tão concentrada em Cristo que sua reputação não tinha mais poder algum sobre ela. Que belo lembrete para nós, esse que nos diz que também não somos definidos pelo nosso pecado nem possuídos por ele. Quando conhecemos o Messias, conhecemos nossos verdadeiros eus — filhos e filhas de Deus.

> *Vocês foram regenerados, não de uma semente perecível, mas imperecível (1Pedro 1:23).*

LIÇÃO 6 ❖ A MULHER SAMARITANA ❖ Quinto dia: O mensageiro improvável

❧ PONTOS PARA LEMBRAR ☙

- ❖ Quando encontramos Jesus, ele retira o fardo do pecado e da vergonha de nossa vida.
- ❖ Saber quem é Cristo — nosso Messias e Senhor — transforma quem somos.
- ❖ Deus se rejubila ao ver uma vida transformada por sua graça e nos pede que a estendamos aos outros para que eles também vivenciem essa dádiva.

Todo o que nele confia jamais será envergonhado (Romanos 10:11).

❧ ORAÇÃO DO DIA ☙

Nós te louvamos, Senhor, pelo teu poder de transformar nossa vida. Nosso pecado e vergonha são lavados pelo teu amor e pelo teu perdão! Que possamos compartilhar o júbilo pelo que fizeste por nós com outros que precisam conhecer o Messias. Em teu nome, amém.

Quinto dia: O mensageiro improvável

QUANDO DEUS INTERVÉM

Ao pensarmos nos indivíduos usados pelo Criador para trazer sua mensagem ao mundo, raramente pensamos em pessoas como a mulher do poço. Não, pensamos em homens como William Carey, que fundou uma sociedade missionária e trabalhou para levar a palavra de Deus à Índia. Ou pensamos em homens como David Livingstone ou Judson Taylor, que passaram a vida alcançando os perdidos na África e na China. Ou mesmo Madre Teresa, que incansavelmente cuidou dos pobres nas favelas de Calcutá, na Índia.

Pessoas como a mulher do poço não vão para o topo da lista, afinal, ela tinha sérios pontos desfavoráveis. Número um, a discriminação: era samaritana, odiada pelos judeus. Número dois, preconceito de gênero: era mulher, condescendida pelos homens. Terceiro, era divorciada, e não uma ou duas vezes. Vamos ver se conseguimos contar. Quatro? Cinco? Cinco casamentos fracassados, e agora repartia a cama com um sujeito que nem sequer lhe dera uma aliança.

Somando tudo isso, não conseguimos vislumbrar uma evangelista, mas muito mais uma babá de *happy hour* meio brava. Voz rouca, hálito de cigarro e um vestido decotado além da conta e curto demais. Certamente não era a fina flor de Samaria, e com certeza não seria alguém que você indicaria para liderar o Estudo Bíblico para Mulheres.

O fato é que aquilo que Jesus fez foi completamente surpreendente, pois ele não a colocou apenas como responsável pelo estudo, mas a encarregou da evangelização da *cidade inteira*. Antes do final do dia, toda a cidade tinha

Vocês não me escolheram, mas eu os escolhi para irem e darem fruto (João 15:16).

147

ouvido falar do homem que dissera ser Deus. "Ele me disse tudo o que tenho feito" (João 4:39), testemunhou a samaritana.

E ela omite o óbvio: "E ele me amou mesmo assim".

Eu os enviei para colherem o que vocês não cultivaram. Outros realizaram o trabalho árduo, e vocês vieram a usufruir do trabalho deles (João 4:38).

1. Leia João 4:35-42. A história da mulher samaritana nos mostra que, quando o Senhor intervém, ele escolhe aqueles que o mundo consideraria insignificantes e lhes dá tarefas importantes. Veja as palavras de Jesus no versículo 38. Qual é a tarefa significativa que Deus nos convoca a realizar?

_____
_____
_____
_____
_____
_____
_____

Então saíram da cidade e foram para onde ele estava (versículo 30).

2. A mulher samaritana usou apenas umas poucas palavras para atrair o povo da cidade para Jesus: "Venham ver um homem que me disse tudo o que tenho feito. Será que ele não é o Cristo?" (versículo 29). Qual foi a reação do povo a esse simples testemunho?

_____
_____
_____
_____
_____
_____
_____

3. De que maneiras você se vê como um missionário para Cristo? O que a história da mulher samaritana nos diz sobre os tipos de pessoa que Deus usa para disseminar sua palavra?

_____
_____
_____
_____
_____
_____
_____

Venham e ouçam, todos vocês que temem a Deus; vou contar-lhes o que ele fez por mim (Salmos 66:16).

4. A abordagem da mulher samaritana da evangelização era simples. Sem grandes adereços, sem discursos memorizados, sem debates profundos sobre teologia: ela disse apenas o que Jesus havia feito em sua vida. Qual é a sua história de graça divina que você compartilha com os outros? Escreva abaixo seu testemunho simples no estilo da mulher samaritana.

_____
_____
_____
_____
_____
_____
_____

LIÇÃO 6 ❖ A MULHER SAMARITANA ❖ Quinto dia: O mensageiro improvável

NADA DE LISTAS

A chuva miúda revigora o caule de uma flor. Uma pequena parcela de amor transforma uma vida. Quem poderia imaginar a última vez em que aquela mulher tinha sido vista como confiável para alguma coisa, muito menos para receber a maior notícia da história! Isso, porém, é exatamente o que Jesus faz, e, ao lermos João 4:39, chegamos a uma descoberta surpreendente: "Muitos samaritanos daquela cidade creram nele por causa do [...] testemunho dado pela mulher".

As pessoas chegaram a pedir que Jesus ficasse com elas por estarem carentes demais de ouvir a mensagem de amor de Deus, e então Jesus ficou com eles mais dois dias, e muitos samaritanos passaram a crer nele. Mais tarde, eles dariam o seguinte testemunho à mulher do poço: "E disseram à mulher: 'Agora cremos não somente por causa do que você disse, pois nós mesmos o ouvimos e sabemos que este é realmente o Salvador do mundo'" (versículo 42).

Aquela mulher no poço foi a primeira missionária de Jesus! Ela precedeu os nomes mais proeminentes de divulgadores da palavra como Pedro, João, Estêvão, Felipe, Barnabé, Silas e Paulo sobre quem lemos nos evangelhos e no livro de Atos. A linhagem desses primeiros evangelistas — e mesmo de líderes que vieram mais tarde como Patrício e Francisco de Assis — remonta a essa mulher mal vista que se percebeu de tal forma arrebatada pelo Cristo a ponto de ter de falar dele.

A vida da mulher samaritana mudou para sempre depois desse encontro com Jesus. Por quê? Não apenas pelo que o Senhor fez, embora tenha sido gigantesco, mas muito mais porque ela permitiu que ele o fizesse. Ela permitiu que Cristo visse o entulho que era a vida dela e também que Jesus a amasse. Ela, Zaqueu, o apóstolo Paulo, a mulher em Cafarnaum e milhões de outros desde então o convidaram para tomar conta de seu coração.

Todos nós, de alguma forma, temos alguma coisa relacionada à mulher samaritana, talvez porque, da mesma forma que ela, temos uma lista de "prevenções" contra nós e não vemos como Deus poderia nos usar. Mas a boa notícia é que o Senhor não faz uma lista dos nossos malfeitos. O rei Davi sabia o que estava dizendo ao escrever: "Não nos trata conforme os nossos pecados nem nos retribui conforme as nossas iniquidades" (Salmos 103:10). E ele quis dizer isso mesmo quando orou: "Se tu, Soberano Senhor, registrasses os pecados, quem escaparia?" (130:3).

Você não foi salpicado de perdão, não foi respingado de graça. Não recebeu o pó da bondade: foi *imerso* nela. Você está submerso em misericórdia, é um peixinho no oceano da misericórdia divina. Portanto, deixe que ela o transforme! Veja se o amor de Deus não faz por você o mesmo que fez pela mulher de Samaria.

5. Por que você acha que Jesus escolheu a mulher do poço para ser sua primeira missionária? O que a tornava uma candidata muito improvável para esse papel?

___

Muitos samaritanos daquela cidade creram nele por causa do seguinte testemunho dado pela mulher: "Ele me disse tudo o que tenho feito". Assim, quando se aproximaram dele, os samaritanos insistiram em que ficasse com eles, e ele ficou dois dias. E por causa da sua palavra, muitos outros creram (João 4:39-41)

Nos últimos dias, diz Deus, derramarei do meu Espírito sobre todos os povos (Atos 2:17).

> *Porque outrora vocês eram trevas, mas agora são luz no Senhor. Vivam como filhos da luz* (Efésios 5:8).

6. A mulher samaritana permitiu que Jesus visse o entulho que era a vida dela e, então, deixou que ele a amasse e a transformasse. O que o impede de "permitir" que Cristo o transforme?

_____
_____
_____
_____
_____

7. O Altíssimo nunca mantém um registro dos nossos malfeitos, mas tendemos a fazer esse tipo de anotação em relação aos outros. Você luta para manter uma lista de malfeitos? Em caso afirmativo, por que acha que tende a se apegar a esses registros?

_____
_____
_____
_____
_____

> *Sejam bondosos e compassivos uns para com os outros, perdoando-se mutuamente, assim como Deus os perdoou em Cristo* (4:32).

8. Leia Efésios 4:32 e 5:1-2. O que Paulo nos conclama a fazer nesses versículos? Pense em alguém que precisa perdoar assim como Cristo perdoou você (talvez esse alguém seja você mesmo). Que medidas vai tomar hoje para começar a rasgar em pedacinhos qualquer lista de malfeitos que venha mantendo?

_____
_____
_____
_____
_____

Para alguns de nós, a história da samaritana é tocante, porém distante. Somos necessários e sabemos disso. Temos mais amigos do que podemos visitar e mais tarefas do que podemos realizar. A insignificância não será esculpida em nossa lápide como aconteceu com Grace Llewellen Smith. Nosso epitáfio jamais dirá: "Dorme, mas não descansa. Amou, mas não foi amada. Tentou agradar, mas não agradou. Morreu conforme viveu — sozinha."

Seja grato.

Mas outros dentre nós são diferentes. A história da mulher samaritana ecoa em nós porque é igual à nossa, e vemos o rosto dela quando olhamos no espelho. Sabemos por que ela evitava as pessoas... porque fazemos o mesmo. Sabemos bem o que é não ter ninguém sentado ao nosso lado na cafeteria e ficamos imaginando como seria ter um bom amigo. Fomos apaixonados, mas nos perguntamos se vale a pena o sofrimento de tentar de novo.

> *Deus mesmo disse: "Nunca o deixarei, nunca o abandonarei"* (Hebreus 13:5).

E, assim como a mulher samaritana, também nos perguntamos onde, neste mundo, está Deus?

LIÇÃO 6 ❖ A MULHER SAMARITANA ❖ Quinto dia: O mensageiro improvável

Eu tinha uma amiga chamada Joy que ensinava crianças carentes numa igreja do subúrbio. Ela dava aula para um animado grupo de crianças de nove anos que amavam a vida e temiam a Deus, no entanto, havia uma exceção: uma menina tímida chamada Barbara.

A difícil vida no lar a deixara amedrontada e insegura, e durante as semanas em que minha amiga ensinou no grupo, Barbara nunca falou. Nunca. Enquanto as outras crianças falavam, ela ficava quieta; enquanto cantavam, ela silenciava; enquanto gargalhavam, ela se calava. Sempre presente, sempre ouvindo, mas sempre muda.

Até o dia em que Joy deu uma aula sobre o céu e falou sobre ver Deus. Falou sobre olhos sem lágrimas e vidas sem mortes, e Barbara ficou fascinada. Ela não desgrudava os olhos de Joy. Escutava ansiosa, e foi então que ergueu a mão.

— Sra. Joy?

Joy ficou estupefata, pois Barbara jamais havia feito uma pergunta.

— Sim, Barbara?

— O céu é para meninas como eu?

De novo, eu daria tudo para ver a expressão de Jesus quando essa pequena oração alcançou seu trono. Porque sem dúvida é o que aquilo era — uma oração! Uma prece sincera para que o bom Deus do céu se lembrasse de uma alma esquecida na terra. Uma oração para que a graça do Senhor penetrasse pelas brechas e cobrisse alguém que a igreja havia deixado passar. Uma oração para assumir uma vida que ninguém mais podia usar e usá-la como ninguém poderia fazê-lo.

A história da mulher samaritana nos revela como Deus responde a essas orações e mostra-nos a distância que o Senhor percorrerá para nos alcançar onde estivermos e remover o entulho da nossa vida e também que o Criador pode nos usar apesar do nosso passado. Se o Altíssimo pode transformar uma mulher rejeitada numa missionária, pode fazer o mesmo conosco.

Então ele disse: "Jesus, lembra-te de mim quando entrares no teu Reino. Jesus lhe respondeu: "Eu lhe garanto: Hoje você estará comigo no paraíso" (Lucas 23:42-43).

Pontos para Lembrar

❖ Deus toma aqueles que o mundo considera insignificantes e lhes oferece tarefas significativas.
❖ Quando estamos imersos no amor do Senhor, somos transformados e recebemos uma nova identidade que será percebida pelos outros.
❖ Nossa missão é simples: dizer aos outros o que Jesus fez em nossa vida.

Oração do Dia

Jesus, obrigado pela história da mulher samaritana. Assim como ofereceste a ela significância na vida, tu nos ofereces significância. Que dádiva. Ajuda-nos a repartir a tua verdade com os outros para que eles também possam encontrar um propósito por teu intermédio. Amém.

Versículo para Memorizar na Semana

Quem beber da água que eu lhe der nunca mais terá sede. Ao contrário, a água que eu lhe der se tornará nele uma fonte de água a jorrar para a vida eterna.

João 4:14

Leitura suplementar

Ao longo desta lição, foram citados textos extraídos de *No Wonder They Call Him Savior* [publicado no Brasil como: *Por isso o chamam Salvador*. São Paulo: Mundo Cristão, 2014]; *And the Angels Were Silent* [publicado no Brasil como: *E os anjos silenciaram*. São Paulo: United Press, 1999]; *He Chose the Nails* [publicado no Brasil como: *Ele escolheu os cravos*. São Paulo: CPAD, 2002); *A Love Worth Giving* [publicado no Brasil como: *Um amor que vale a pena*. São Paulo: CPAD, 2003]; *Six Hours One Friday* [publicado no Brasil como: *Seis horas de uma sexta-feira*. São Paulo: Vida, 1989]; *Max on Life* [Max fala sobre a vida]. Nashville: Thomas Nelson, 2010, e *Outlive Your Life* [Viva uma vida mais plena]. Nashville: Thomas Nelson, 2010.

LIÇÃO 7

A mulher CANANEIA

QUANDO UMA GRANDE FÉ ENCONTRA UMA GRANDE AÇÃO

BEM EM FRENTE À MINHA ESCRIVANINHA, pendurado na parede, tenho um esboço de Jesus rindo.

É um desenho e tanto. A cabeça, jogada para trás, a boca aberta e os olhos faiscando. Ele não está forçando uma risada, e não é apenas uma gargalhada, ele está estourando de rir. Não tinha visto nem ouvido algo assim havia um bom tempo. Ele tem dificuldade em recuperar o fôlego.

Foi um presente de um pastor episcopal que carrega charutos no bolso e coleciona retratos de Jesus sorrindo.

— Eu os ofereço a qualquer um que se incline a levar Deus muito a sério — explicou ele, ao me dar o presente.

Ele acertou direitinho no meu caso.

Não sou do tipo que visualiza um Deus sorridente com facilidade. Um Deus choroso, sim. Um Deus zangado, tudo bem. Um Deus poderoso, pode apostar. Mas um Deus que gargalha? Parece muito... muito... muito improvável que ele faça isso ou seja assim. O que serve apenas para mostrar o quanto conheço — ou desconheço — sobre o Senhor.

O que devo pensar que o Criador estava fazendo ao espichar o pescoço da girafa? Um exercício de engenharia? O que devo achar que Deus tinha em mente quando disse ao avestruz onde deveria enfiar a cabeça? O que devo pensar que o Senhor estava fazendo ao criar o grito de acasalamento de um macaco? Ou os oito tentáculos do polvo? E o que vejo no rosto do Altíssimo ao perceber a primeira a olhada que Adão dirigiu a Eva? Um bocejo?

Dificilmente.

Assim como o noivo se regozija por sua noiva, assim o seu Deus se regozija por você (Isaías 62:5).

O SENHOR Deus fez uma mulher e a levou até ele (Gênesis 2:22).

"Que impressionante!", pensou. "Por que a sarça não se queima? Vou ver isso de perto" (Êxodo 3:3).

"Por que você repara no cisco que está no olho do seu irmão, e não se dá conta da viga que está em seu próprio olho?" (Mateus 7:3).

À medida que minha vista se aprimora e sou capaz de ler sem meus óculos manchados, percebo que o senso de humor talvez seja a única forma que Deus tem usado para nos suportar por tanto tempo.

Não é o Criador que sorri vendo Moisés conferir, impressionado, a sarça ardente que fala?

Não é o Senhor sorrindo novamente quando Jonas aterrissa na praia, respingando suco gástrico e com bafo de baleia?

Não é Deus que dá uma piscadela de olho enquanto observa os discípulos alimentarem milhares com o almoço de um menino?

Você acha que o Altíssimo fica impassível ao falar do homem com a viga no olho, apontando o cisco no olho do amigo?

Honestamente, você consegue imaginar Jesus colocando crianças no colo com um rosto sério?

Não, eu acho que ele sorria. Acho que ele riu um pouco *das* pessoas e muito *com* as pessoas.

Deixe-me explicar com um exemplo.

1. Você costuma levar Deus "muito" a sério? De que forma?

_____
_____
_____
_____
_____

2. Como *tende* a imaginar Deus? De que forma imaginá-lo rindo e sorrindo lhe traz um reconforto ao pensar no seu dia?

_____
_____
_____
_____
_____

Três vezes por ano vocês me celebrarão festa (Êxodo 23:14).

Deleite-se no Senhor, e ele atenderá aos desejos do seu coração (Salmos 37:4).

Deus não é apenas a essência do amor, do poder e da misericórdia... ele é também a essência da alegria. Temos um Criador que disse ao seu povo que se divertisse e separou semanas para que eles parassem os arados e festejassem com comida e bebida. O Senhor compareceu a casamentos e comparou a relação dele conosco com a de um noivo e sua noiva... e um dos dias mais alegres na vida de uma mulher é quando ela conhece seu noivo! Sabendo disso, como não acreditar num Deus que se deleita sorrindo e ao ver seus filhos sorrirem? Então, hoje, reserve um momento apenas para se deleitar no Criador e em suas obras. Sorria para ele e ele sorrirá para você. E, da próxima vez que perceber sua fé se tornando muito rígida, lembre-se das palavras do homem sobre o coração do próprio Deus: "Tu me farás conhecer a vereda da vida, a alegria plena da tua presença, eterno prazer à tua direita" (Salmos 16:11).

LIÇÃO 7 ❖ A MULHER CANANEIA ❖ Primeiro dia: Fé corajosa

ORAÇÃO DA SEMANA

Jesus, às vezes a vida nos priva da alegria em ti. Às vezes, nossa fé e a imagem que temos de ti se tornam sérias. Hoje, nós te pedimos para restaurar em nós a alegria da nossa salvação. Obrigado por deleitar-te em nós. Amém.

Primeiro dia: Fé corajosa

DOIS GOLPES

Nada sabemos sobre ela. Não sabemos seu nome, sua formação, sua aparência, sua cidade de origem. Ela veio do nada e voltou para lá, desapareceu da mesma forma que surgiu, como um sopro de fumaça.

Mas que sopro encantador foi aquele.

Durante dois anos de treinamento, os discípulos não tinham feito o que ela fez em alguns minutos de conversa: ela impressionou o Senhor com sua fé. O coração dos discípulos podia ter sido bom e os desejos deles, sinceros, mas a fé deles não tinha chamado a atenção de Deus.

A dela chamou. Em meio a tudo que não sabemos sobre ela, o que de fato conhecemos é uma verdade notável: ela impressionou Deus com sua fé. Depois disso, qualquer coisa que tivesse feito se tornou insignificante.

"Mulher, grande é a sua fé!", afirmou Jesus (Mateus 15:28).

Uma senhora declaração, especialmente se você considerar que foi feita pelo Senhor. O Deus capaz de colocar um punhado de galáxias na palma da mão, aquele que cria Everests como hobby e que pinta um arco-íris sem uma tela, aquele que é capaz de medir a espessura da asa de um mosquito com uma das mãos e remover uma montanha com a outra.

Poderíamos pensar que o Criador não seria facilmente impressionável, no entanto, algo naquela mulher iluminou os olhos dele com uma centelha de luz, e, mais provavelmente, o rosto com um sorriso.

Mateus a chamou de "mulher cananeia", e, ao fazê-lo, desferiu um golpe e, depois, um segundo. O primeiro golpe? Uma cananeia — uma forasteira, uma estrangeira, a maçã no laranjal. O segundo? Uma mulher. Poderia também ter sido chamada de cão vira-lata, pois ela era de uma cultura que pouco respeitava as mulheres fora do quarto e da cozinha.

Mas, ela conheceu o Mestre, que teve todo o respeito por ela.

Ah, mas não é o que parece; na verdade, o diálogo entre os dois soa duro. Não é uma passagem fácil de compreender, a menos que se disponha a admitir que Jesus sabia sorrir. Se você não fica à vontade com o esboço de Jesus rindo na parede do meu escritório, não vai ficar à vontade com essa história, mas se, pelo contrário, pensar em Deus sorrindo lhe traz uma ponta de alívio, então vai gostar do que vem a seguir.

Saindo daquele lugar, Jesus retirou-se para a região de Tiro e de Sidom. Uma mulher cananeia, natural dali, veio a ele (Mateus 15:21).

Nas suas mãos estão as profundezas da terra, os cumes dos montes lhe pertencem. Dele também é o mar, pois ele o fez; as suas mãos formaram a terra seca (Salmos 95:4-5).

Uma mulher cananeia, natural dali, veio a ele, gritando: "Senhor, Filho de Davi, tem misericórdia de mim! Minha filha está endemoninhada e está sofrendo muito" (Mateus 15:22).

1. Leia Mateus 15:21-22. Quais são suas primeiras impressões em relação à mulher cananeia? O que ela pedia?
   _____
   _____
   _____
   _____

2. Como o fato de ela ser mulher e cananeia representa dois golpes sobre ela na cultura do tempo de Jesus?
   _____
   _____
   _____
   _____

Não se casem com pessoas de lá. Não deem suas filhas aos filhos delas, nem tomem as filhas delas para os seus filhos (Deuteronômio 7:3).

3. Abra em Deuteronômio 7:3-4 e Levítico 19:33-34. Como Deus diz a seu povo para tratar as nações dos gentios? De que maneira as pessoas deviam ser cautelosas, ainda que compadecidas, em relação a elas?
   _____
   _____
   _____
   _____

Amem-no como a si mesmos, pois vocês foram estrangeiros (Levítico 19:33).

Ai de vocês, mestres da lei e fariseus, hipócritas! Vocês fecham o Reino dos céus diante dos homens! (Mateus 23:13).

4. Leia Mateus 23:13-15. No tempo de Jesus, muitos dos líderes judeus tinham endurecido o coração e se escudavam na lei de Deus. Em vez de serem cautelosos, mas acolhedores em relação aos gentios, eles rejeitavam de forma arrogante qualquer interação com eles. O que disse Jesus sobre a condição do coração dos líderes religiosos? Por que Cristo chamou os líderes religiosos de hipócritas?
   _____
   _____
   _____
   _____

UMA INTERPRETAÇÃO

Eis minha interpretação da interação de Jesus com a mulher cananeia. Ela se mostra visivelmente desesperada, pois a filha está possuída pelo demônio. A mulher sabe que não tem direito de pedir nada a Jesus: não é judia, não é uma discípula, não oferece dinheiro para o ministério e não promete se devotar ao trabalho missionário. Você fica com a impressão de que aquela mulher sabe melhor do que ninguém que Jesus não lhe deve nada, e ela está lhe pedindo tudo.

Saí nu do ventre da minha mãe, e nu partirei. O Senhor o deu, o Senhor o levou; louvado seja o nome do Senhor (Jó 1:21).

LIÇÃO 7 ❖ A MULHER CANANEIA ❖ Primeiro dia: Fé corajosa

Mas isso não a detém, e ela persiste na súplica. "Senhor, Filho de Davi, tem misericórdia de mim!" (Mateus 15:22).

Mateus registra que Jesus, a princípio, não diz nada. *Nada*. Não abre a boca. Por quê? Para testá-la? É o que a maior parte dos comentaristas sugere. Talvez, dizem eles, Jesus estivesse esperando para ver se aquela mulher estava realmente levando a sério aquela súplica. Meu pai costumava me fazer esperar uma semana a partir do dia em que pedia alguma coisa até o dia da resposta, e na maioria das vezes, até esquecia que tinha feito um pedido. O tempo tem um jeito de separar desejos de necessidades. Jesus estaria fazendo isso?

Minha opinião é outra. Acho que ele a estava admirando. Acho que fez bem ao coração dele ver um pouco de fé corajosa para variar. Penso que foi revigorante para o Senhor ver alguém lhe pedindo algo que era exatamente o que viera fazer: dar presentes especiais para filhos desamparados.

Como é estranho não permitirmos que Jesus faça isso mais vezes por nós. Talvez a resposta mais incrível a um presente de Deus seja nossa relutância em aceitá-lo. Nós o queremos, mas nos nossos termos, e por alguma razão estranha, sentimo-nos melhor se lutarmos por isso. Então, criamos argolas religiosas e saltamos por entre elas — fazendo de Deus um instrutor, de nós os seus bichinhos de estimação, e da religião, um circo.

A mulher cananeia sabia muito bem disso, pois não tinha currículo, não era de família importante e não tinha nenhuma formação. Sabia apenas de duas coisas: sua filha estava fraca e Jesus era forte.

Mas Jesus não lhe respondeu palavra (Mateus 15:23).

5. Leia Mateus 15:1-9. Nesses versículos que levam a essa cena com a mulher cananeia, qual era o problema dos fariseus com Jesus?

_____
_____
_____
_____
_____
_____
_____
_____
_____

Então alguns fariseus e mestres da lei, vindos de Jerusalém, foram a Jesus e perguntaram: "Por que os seus discípulos transgridem a tradição dos líderes religiosos?" (versículos 1-2).

6. Como Jesus descreveu os fariseus? O que o Senhor quis dizer quando afirmou que eles invalidavam a palavra de Deus em nome de sua tradição?

_____
_____
_____
_____
_____
_____
_____
_____
_____

Hipócritas! Bem profetizou Isaías acerca de vocês, dizendo: "Este povo me honra com os lábios, mas o seu coração está longe de mim. Em vão me adoram; seus ensinamentos não passam de regras ensinadas por homens" (versículos 7-9).

> [Jesus] respondeu: [...] *Deixem-nos; eles são guias cegos. Se um cego conduzir outro cego, ambos cairão num buraco"* (versículos 13-14).

7. Os fariseus eram os líderes religiosos do povo, e, ainda assim, Jesus disse que eles atuavam como "guias cegos" (versículo 14). Tendo em mente essa recente interação, por que você acha que Cristo ficou impressionado com a fé simples da mulher cananeia nele?

_____

_____

_____

_____

8. Os fariseus estavam criando argolas religiosas para saltarem por entre elas — "fazendo de Deus um instrutor, de nós os seus bichinhos de estimação, e da religião, um circo". Na sua relação com o Criador, como você tenta criar argolas religiosas para "lutar" pela graça divina?

_____

_____

_____

_____

> *Se você confessar com a sua boca que Jesus é Senhor e crer em seu coração que Deus o ressuscitou dentre os mortos, será salvo* (Romanos 10:9).

O Senhor sempre foi, e sempre será, o Deus da graça. Desde o princípio, só pediu que seu povo tivesse fé nele. Até mesmo as leis que criou para seus filhos eram tais que eles encontrariam a graça. Infelizmente, as pessoas sempre procuram um jeito de destruir essa graça — bem parecido com o que os fariseus fizeram ao aderir à lei de Deus e distorcer o propósito dele, mas Jesus deixou claro que tudo o que precisamos fazer para receber a graça do Senhor é *crer*. Foi o que a mulher cananeia fez, pois sabia que nada tinha a oferecer. Ela não se apoiava nas suas origens, na sua raça, no seu poder, no seu conhecimento da Torá: só em Cristo. Se ao menos conseguíssemos fazer o mesmo! Se ao menos pudéssemos sacrificar nosso saber, nossas boas obras, nossas "argolas" religiosas. Cristo foi suficiente, e, assim, a fé que depositamos nele é suficiente.

Pontos para Lembrar

❖ Jesus se deleita quando pedimos a ele para fazer exatamente o que ele veio fazer: oferecer presentes especiais a nós, seus filhos desamparados.
❖ Quando sabemos que somos fracos e Cristo é forte, podemos enxergar nossas necessidades e, com fé, pedir a Deus para atendê-las.
❖ A fé pura e simples é o objeto da graça divina.

Oração do Dia

Senhor, dá-nos fé como a da mulher cananeia. Ajuda-nos a compreender que, por não termos nada a te oferecer — nenhum direito a reivindicar —, devemos confiar inteiramente em ti e não em nós. Ajuda-nos simplesmente a receber hoje o dom gratuito da graça e a crer que tu proverás. Nós te amamos, Senhor. Amém.

> *O dom gratuito de Deus é a vida eterna em Cristo Jesus, nosso Senhor* (6:23).

LIÇÃO 7 ❖ A MULHER CANANEIA ❖ Segundo dia: Uma buscadora sincera

Segundo dia: Uma buscadora sincera

UM DIÁLOGO INTRIGANTE

Fica claro pelo texto que os discípulos estão aborrecidos. Quando Jesus se senta, em silêncio, a contrariedade deles aumenta.

"Manda-a embora" (Mateus 15:23), pediram.

O refletor é dirigido para o Cristo, que olha para os discípulos e, em seguida, olha para a mulher. O que se segue é um dos diálogos mais intrigantes do Novo Testamento.

— Eu fui enviado apenas às ovelhas perdidas de Israel — ele respondeu.

— Senhor, ajuda-me! — redarguiu a mulher.

— Não é certo tirar o pão dos filhos e lançá-lo aos cachorrinhos (versículos 24-26) — respondeu ele.

— Sim, Senhor mas até os cachorrinhos comem das migalhas que caem da mesa dos seus donos (versículo 27).

Jesus estava sendo rude? Estaria exausto? Frustrado? Ele está comparando essa mulher a um cachorro? Como explicamos esse diálogo? Os comentários bíblicos nos oferecem três opções.

Alguns dizem que Jesus estaria preso numa armadilha, pois podia ajudar a mulher porque tinha sido enviado primeiramente para as ovelhas perdidas de Israel. Teoria clara, porém cheia de problemas. Um é a mulher samaritana. Outro, o centurião. Cristo já ajudara os gentios e permanecera fiel ao foco de sua missão. Então, por que não podia fazer isso agora?

Outros acham que Jesus foi rude, mas quem pode acusá-lo? Ele estava cansado, pois tinha sido uma viagem longa. Os discípulos vinham acompanhando bem devagar, e aquele pedido era a gota d'água no copo. Gosta dessa explicação? Nem eu. Aquele que tinha demonstrado compaixão para com 5 mil homens, que tinha chorado sobre a cidade de Jerusalém, que viera buscar e salvar pessoas como aquela, não retrucaria assim tão abruptamente diante de uma mulher necessitada.

A teoria mais popular é que ele a estava testando... de novo. Queria se certificar de que o pedido daquela mulher era sério e ter certeza de que sua fé era verdadeira.

Mas insinuando que ela era um cachorro? Não acho que Jesus faria isso também. Deixe-me sugerir uma alternativa.

1. Veja em Mateus 15:23-28. Por que Jesus ficou em silêncio depois que a mulher lhe pediu ajuda? Como os discípulos interpretaram o fato de ele não responder?

_____
_____
_____
_____

Então seus discípulos se aproximaram dele e pediram: "Manda-a embora, pois vem gritando atrás de nós" (Mateus 15:23).

O pobre e o necessitado buscam água, e não a encontram! Suas línguas estão ressequidas de sede. Mas eu, o Senhor, lhes responderei; eu, o Deus de Israel, não os abandonarei (Isaías 41:17).

Meu povo tem sido ovelhas perdidas; seus pastores as desencaminharam (Jeremias 50:6).

Todos nós, tal qual ovelhas, nos desviamos (Isaías 53:6).

2. Quem são as "ovelhas perdidas" e os "filhos" nessa passagem?

3. Anteriormente, Jesus instruíra seus discípulos: "Não se dirijam aos gentios, nem entrem em cidade alguma dos samaritanos. Antes, dirijam-se às ovelhas perdidas de Israel" (Mateus 10:5-6). De que modo essa passagem lançou aqui uma luz sobre as palavras de Cristo?

4. À primeira vista, a reação de Jesus à mulher dá a entender que ele estava sendo rude com ela, ou menosprezando-a, ou que não estava disposto a ajudá-la. Mas o que as seguintes passagens das Escrituras dizem sobre o coração de Deus?

Êxodo 34:6-7: "Senhor, Senhor, Deus compassivo e misericordioso, paciente, cheio de amor e de fidelidade, que mantém o seu amor a milhares e perdoa a maldade, a rebelião e o pecado. Contudo, não deixa de punir o culpado; castiga os filhos e os netos pelo pecado de seus pais, até a terceira e a quarta gerações".

Lucas 6:35-36: "Amem, porém, os seus inimigos, façam-lhes o bem e emprestem a eles, sem esperar receber nada de volta. Então, a recompensa que terão será grande e vocês serão filhos do Altíssimo, porque ele é bondoso para com os ingratos e maus. Sejam misericordiosos, assim como o Pai de vocês é misericordioso".

2Pedro 3:9: "O Senhor não demora em cumprir a sua promessa, como julgam alguns. Ao contrário, ele é paciente com vocês, não querendo que ninguém pereça, mas que todos cheguem ao arrependimento".

LIÇÃO 7 ❖ A MULHER CANANEIA ❖ Segundo dia: Uma buscadora sincera

1João 4:16: "Assim conhecemos o amor que Deus tem por nós e confiamos nesse amor. Deus é amor. Todo aquele que permanece no amor permanece em Deus, e Deus nele".

_____
_____
_____

UM DEUS QUE SE REGOZIJA

Será que Jesus estaria de brincadeira? Ele e a mulher teriam embarcado num tipo de piada? Trata-se de um diálogo irônico em que a graça ilimitada de Deus está sendo realçada? Poderia Jesus estar tão alegre por ter encontrado alguém que não estava tentando barganhar com um sistema religioso nem se sentia orgulhoso de sua origem a ponto de ele não resistir a fazer um pouco de pilhéria?

Ele sabe que pode curar a filha dela. Sabe que não está preso a um plano. Sabe que ela tem um bom coração. Então, resolve embarcar num momento bem-humorado com a mulher sincera. Em essência, segue o que eles falaram.

— Agora, você sabe que Deus só se importa com os judeus — diz Jesus, sorrindo.

Quando ela entende, devolve, dizendo:

— Mas o seu pão é tão precioso que eu me contento em comer as migalhas.

Com um espírito de exuberância, ele brada:

— Nunca vi uma fé como essa! Sua filha está curada.

Essa história não retrata um Deus altivo e orgulhoso, mas sim um Deus receptivo que se encanta com uma buscadora sincera.

Você não se alegra por ele ser assim?

Ele respondeu: "Eu fui enviado apenas às ovelhas perdidas de Israel. [...] Não é certo tirar o pão dos filhos e lançá-lo aos cachorrinhos" (Mateus 15:24, 26).

5. O que você acha da interpretação de que Jesus e a mulher embarcaram num tipo de piada? No texto, que indícios sustentariam essa ideia?

_____
_____
_____
_____

"Sim, Senhor, mas até os cachorrinhos comem das migalhas que caem da mesa dos seus donos" (versículo 27).

6. A história da mulher cananeia não retrata um Deus altivo e orgulhoso, mas um Deus receptivo que se encanta com uma buscadora sincera. O que as seguintes passagens das Escrituras dizem sobre a forma como Deus se encanta conosco?

Salmos 147:11: "O Senhor se agrada dos que o temem, dos que colocam sua esperança no seu amor leal".

_____
_____
_____
_____

Salmos 149:4: "O Senhor agrada-se do seu povo; ele coroa de vitória os oprimidos".

_____
_____
_____
_____

Sofonias 3:17: "O Senhor, o seu Deus, está em seu meio, poderoso para salvar. Ele se regozijará em você; com o seu amor a renovará, ele se regozijará em você com brados de alegria".

_____
_____
_____
_____

Efésios 2:4-5: "Deus, que é rico em misericórdia, pelo grande amor com que nos amou, deu-nos vida com Cristo, quando ainda estávamos mortos em transgressões — pela graça vocês são salvos".

_____
_____
_____
_____

7. Por que você acha que muitas vezes temos dificuldade de acreditar que o Senhor pode se alegrar conosco?

_____
_____
_____
_____

> _Por que os seus discípulos transgridem a tradição dos líderes religiosos?_ (Mateus 15:2).

> _Senhor, Filho de Davi, tem misericórdia de mim!_ (versículo 22).

> _[Jesus] respondeu: "Toda planta que meu Pai celestial não plantou será arrancada pelas raízes"_ (versículo 13).

8. Leia novamente Mateus 15:2 e Mateus 15:22. Tanto a mulher cananeia quanto os fariseus fizeram um pedido a Jesus, mas as abordagens foram bem diversas. Que diferenças verifica entre elas? Com qual delas você mais se identifica?

_____
_____
_____
_____

Sem considerar exatamente por que Cristo escolheu as palavras que usou, é óbvio que ele decidiu fazer da mulher cananeia um exemplo. Jesus tinha acabado de estar com os fariseus, que teriam se dirigido a ela como alguém se refere a um cachorro... e queriam dizer isso mesmo. Ele acabara de estar entre os criadores de normas religiosas, que jamais teriam repartido seu pão — muito menos o mesmo ambiente com uma mulher gentia. Tinha estado pouco

> LIÇÃO 7 ❖ A MULHER CANANEIA ❖ Terceiro dia: Um estudo sobre fé

tempos antes com os mandachuvas judeus que questionaram suas afirmações e duvidaram da autoridade dele. Então, consegue imaginar como a primeira palavra da mulher soou doce aos ouvidos dele: "Senhor!" Ela o elegera seu senhor antes mesmo de conhecê-lo! Não é de admirar que Jesus se encantasse com ela, e também não é de provocar assombro que, com uma alegria genuína — e, provavelmente, um sorriso largo —, Jesus tenha declarado: "Mulher, grande é a sua fé!" (Mateus 15:28). Hoje, não tenha dúvida de que Jesus sorri para você da mesma forma, pois você fez dele o seu Senhor e um papai orgulhoso.

Jesus respondeu: "Mulher, grande é a sua fé! Seja conforme você deseja". E naquele mesmo instante a sua filha foi curada (Mateus 15:28).

PONTOS PARA LEMBRAR

- ❖ O Senhor Jesus pacientemente testará a sinceridade da nossa fé.
- ❖ Deus se regozija em construir relações com buscadores genuínos.
- ❖ Cristo gosta de usar nossa expressão de fé autêntica como exemplo para levar outras pessoas a crer nele.

ORAÇÃO DO DIA

Senhor, tu és amor. Tu és lento para se zangar. És compassivo. Hoje, pedimos que removas toda a mentira dentro de nós que afirme estares desapontado, zangado, ou a nos condenar. Sabemos que estamos imersos na justiça de Cristo e somos vistos como teus. Que dádiva! Obrigado. Amém.

𝒯erceiro dia: Um estudo sobre a fé

O CANIÇO RACHADO

No relato de Marcos sobre a história, lemos que quando a mulher "foi para casa encontrou sua filha deitada na cama, e o demônio já a deixara" (Marcos 7:30). A fé da mulher cananeia em Cristo e o que ela fez para chegar até ele tinha resultado na cura. É um padrão que vemos repetido com frequência ao longo dos evangelhos.

Por exemplo, quando os amigos de um paralítico fazem um buraco no teto de modo que possam descê-lo até Jesus, Cristo vê "a fé que eles tinham", e atende à necessidade deles (Marcos 2:5). Quando um cego de nome Bartimeu vai até Cristo em busca de cura, Jesus vê sua fé e diz: "Vá, a sua fé o curou"(10:52). E quando outra mulher simplesmente o alcança pela sua fé e lhe toca o manto, ela também é curada.

Assim como a mulher cananeia, não sabemos seu nome ou muito de sua história pregressa, mas conhecemos sua situação — o mundo dela era uma total escuridão, um breu. Leia estes três versículos e veja o que quero dizer: "Uma grande multidão o seguia e o comprimia. E estava ali certa mulher que

Então ele lhe disse: "Por causa desta resposta, você pode ir; o demônio já saiu da sua filha" (Marcos 7:29).

A oração feita com fé curará o doente (Tiago 5:15).

163

> *E estava ali certa mulher que havia doze anos vinha sofrendo de hemorragia* (Marcos 5:25).

havia doze anos vinha sofrendo de hemorragia. Ela padecera muito sob o cuidado de vários médicos e gastara tudo o que tinha, mas, em vez de melhorar, piorava" (Marcos 5:24-26).

Ela era um caniço rachado: "havia doze anos vinha sofrendo de hemorragia", "padecera muito", e "piorava". Um transtorno menstrual crônico, um fluxo permanente de sangue, uma enfermidade que seria difícil para qualquer mulher em qualquer época. Para uma judia, porém, nada poderia ser pior. Nenhuma parte de sua vida era poupada.

Sexualmente... ela não podia tocar no marido.

Maternalmente... ela não podia ter filhos.

Domesticamente... tudo o que ela tocava era considerado impuro, sujo. Não podia lavar a louça ou varrer o chão.

Espiritualmente... ela não tinha permissão para entrar no templo.

Ela estava fisicamente exaurida e socialmente marginalizada.

Buscara ajuda "sob o cuidado de vários médicos" (versículo 26). O Talmude provê não menos do que onze curas para tal tipo de doença, e sem dúvida ela tinha experimentado todas elas. Algumas curas eram verdadeiros tratamentos, e outras, tais como carregar cinzas de um ovo de ema num pano de linho, eram meras superstições.

Ela "gastara tudo o que tinha" (versículo 26), e somar estresse financeiro a um desgaste físico aumenta muito o sofrimento. Um amigo que estava lutando contra um câncer me contou que a perseguição dos credores exigindo pagamentos pelo tratamento médico em curso era algo tão devastador quanto a dor em si.

A despeito de todos os esforços da mulher, em vez de melhorar, ela havia piorado (leia o versículo 26), e diariamente, ela acordava num corpo que qualquer um rejeitaria. Estava se encaminhando para sua última oração, e, no dia em que a encontramos, ela está a ponto de fazê-la.

> *Então chegou ali um dos dirigentes da sinagoga, chamado Jairo. Vendo Jesus, prostrou-se aos seus pés. [...] Jesus foi com ele* (versículos 22, 24).

No momento em que ela alcança Jesus, uma multidão o cerca, e ele está indo ajudar a filha de Jairo, o homem mais importante da comunidade. Quais são as probabilidades de que Cristo interrompa uma missão urgente com uma grande autoridade para atendê-la? Muito poucas. Mas quais seriam as possibilidades de que ela sobrevivesse se não arriscasse? Menos ainda.

Então, ela arrisca.

1. Leia Marcos 5:24-28. De que modo essa mulher lembra a cananeia? Em que ela difere?

_____
_____
_____
_____

> *Quando uma mulher tiver um fluxo de sangue por muitos dias [...] ela ficará impura* (Levítico 15:25).

2. Abra em Levítico 15:25-27. Quais eram algumas das regulamentações da lei judaica que essa mulher tinha de enfrentar todo dia?

_____
_____
_____

LIÇÃO 7 ❖ A MULHER CANANEIA ❖ Terceiro dia: Um estudo sobre fé

3. A mulher era considerada impura em termos cerimoniais e, assim, tinha responsabilidade legal de evitar o toque humano. Como isso devia afetá-la emocional e espiritualmente?

Qualquer cama em que ela se deitar. [...] Quem tocar em alguma dessas coisas ficará impuro (versículos 26-27).

4. Qual foi a ocasião de sua vida em que sentiu como se tivesse "gasto tudo o que tinha", como a mulher com hemorragia contínua? Como descreveria sua fé nessa época?

DEFINIÇÃO DE FÉ

"Se eu tão somente tocar em seu manto, ficarei curada", pensava ela (Marcos 5:28).

Decisão arriscada. Para tocar em Jesus, teria de tocar nas pessoas. Se apenas uma delas a reconhecesse... alô censura, adeus cura. Mas, novamente, que escolha ela tem? Não tem dinheiro, poder, amigos, e não tem soluções. Tudo o que tem é uma louca intuição de que Cristo pode ajudá-la e uma enorme esperança de que ele o faça.

Talvez seja tudo o que você tem: uma louca intuição e uma enorme esperança. Não tem nada para dar, mas você sofre, e tudo o que tem a oferecer a ele é o seu sofrimento. Provavelmente isso tenha impedido você de se aproximar de Deus. Ah, você deu um ou dois passos na direção dele, mas, viu as outras pessoas à sua volta. Elas pareciam tão puras, tão limpas, tão "em forma" em sua fé, e, quando você as viu, elas bloquearam sua visão dele, e então, você recuou.

Se isso descreve você, perceba atentamente que, naquele dia, apenas uma pessoa foi reconhecida como tendo fé. Não foi o doador abastado, nem o fiel seguidor, nem um professor renomado, e sim uma mulher rejeitada e envergonhada que, de maneira muito semelhante à mulher cananeia, apegou-se à sua intuição de que Jesus poderia ajudá-la e à esperança de que ele o faria.

O que, por sinal, não é uma definição ruim de fé: uma convicção de que Jesus *pode* e uma esperança de que ele, de fato, *o fará*. Soa parecido com a definição de fé dada pelo autor de Hebreus: "Sem fé é impossível agradar a Deus, pois quem dele se aproxima precisa crer que ele existe e que recompensa aqueles que o buscam" (11:6).

Chegou por trás dele, no meio da multidão, e tocou em seu manto, porque pensava: "Se eu tão somente tocar em seu manto, ficarei curada" (Marcos 5:27-28).

A fé é a certeza daquilo que esperamos (Hebreus 11:1).

165

> *Nessa esperança fomos salvos. Mas, esperança que se vê não é esperança. Quem espera por aquilo que está vendo?* (Romanos 8:24).

Não é tão complicado, é? A fé é a crença de que o Senhor é real e que Deus é bom. A fé não é uma experiência mística, nem uma visão dentro da noite, nem uma voz que vem da floresta... é escolher acreditar que aquele que tudo criou não abandonou tudo, e que ainda envia a luz por entre as trevas e atende a gestos de fé.

Não havia garantia nenhuma, claro. A mulher com o problema de hemorragia esperava que Jesus a atendesse... ela ansiava por aquilo... mas não sabia se ele o faria. Sabia apenas que Cristo estava ali e que era bom. Isso é fé. Fé não é a crença de que Deus fará o que você quer, mas sim acreditar que o Criador fará o que é certo.

5. Se a mulher que se esvaía em sangue se concentrasse apenas no que tinha a oferecer, ela jamais teria tocado em Jesus. Costuma se concentrar mais no que tem a oferecer a Deus do que naquilo que o Senhor tem a oferecer a você? Se for o caso, como essa atitude mental o mantém longe de Jesus?

_____
_____
_____
_____

> *Então os discípulos aproximaram-se de Jesus [...] e perguntaram: "Por que não conseguimos expulsá-lo [o demônio]?" Ele respondeu: "Porque a fé que vocês têm é pequena"* (Mateus 17:19-20).

6. Em Mateus 17:20, Jesus disse: "Se vocês tiverem fé do tamanho de um grão de mostarda, poderão dizer a este monte: 'Vá daqui para lá', e ele irá. Nada lhes será impossível". O que esse versículo diz sobre o poder de Deus? O que ele diz sobre tirar de nós o foco e a confiança?

_____
_____
_____
_____

7. Às vezes, ao nos compararmos aos outros, nós os vemos como "puros, limpos, em forma" em sua fé, enquanto nós... estamos bem abaixo disso. No entanto, como a comparação da nossa fé com a dos outros dessa forma pode "bloquear nossa visão" da verdade?

_____
_____
_____
_____

8. Uma boa definição de fé é "a crença de que Deus é bom e que fará o que é certo". Fé é fazer a escolha de acreditar que aquele que tudo fez não abandonou tudo e que ele ainda age no meio de nós hoje. De que forma a ideia de um Criador que faz "o que é certo" difere daquilo que você deseja? Dê exemplos.

LIÇÃO 7 ❖ A MULHER CANANEIA ❖ Quarto dia: A resposta de Deus à fé

_____
_____
_____
_____
_____

Como é libertador saber que Deus age com base na abundância de seu poder e não na grande quantidade da nossa fé! Ele pede apenas uma fé do tamanho de uma semente de mostarda. E como alcançamos essa fé? Com o próprio Deus! Aquele que escreveu o livro Hebreus nos conta que Jesus é o "autor e consumador da nossa fé" (12:2). Ele faz todo o trabalho! Quando fabricamos a resposta de Deus sobre a nossa fé, nossa retidão, nosso nível de maturidade espiritual, perdemos de vista o evangelho. Desviamos o olhar de Cristo e o direcionamos para nós, e promovemos cura por meio de nossas boas ações. Mas a verdade é que se trata apenas da graça abundante de Deus, e nossa única tarefa é acreditar que ele é bom e que está certo.

> *Corramos com perseverança a corrida que nos é proposta, tendo os olhos fitos em Jesus, autor e consumador da nossa fé. Ele, pela alegria que lhe fora proposta, suportou a cruz, desprezando a vergonha (Hebreus 12: 1-2).*

Pontos para Lembrar

❖ Nada temos a oferecer a Jesus, a não ser as nossas necessidades e a fé que nele depositamos.
❖ Fé não é a crença de que Deus fará o que desejamos, mas que ele fará o certo.
❖ O Senhor age por meio da abundância de seu poder, e não da abundância de nossa fé.

Oração do Dia

Senhor, por mais que estejamos em frangalhos, por mais machucados que nos sintamos ou por menor que seja a nossa fé, ajuda-nos a nunca termos medo de nos aproximarmos do teu trono. Tua graça é maior que a nossa fraqueza, e tua cura advém da tua bondade e não da nossa. Que hoje cresça a nossa confiança em ti. Amém.

Quarto dia: A resposta de Deus à fé

NUNCA REJEITADOS

"Bem-aventurados os miseráveis, os incapazes, os sem-saída, os necessitados, os doentes", disse Jesus no Sermão da Montanha, "pois deles é o reino dos céus" (Mateus 5:3-6, versão parafraseada de Lucado). Cristo revelou que a visão de economia de Deus é às avessas — ou correta, e a nossa é que está às avessas. O Senhor diz que, quanto mais desesperadoras as nossas circunstâncias,

> *Bem-aventurados os pobres em espírito, pois deles é o Reino dos céus. Bem-aventurados os que choram, pois serão consolados. Bem-aventurados os humildes, pois eles receberão a terra por herança. Bem-aventurados os que têm fome e sede de justiça, pois serão satisfeitos (Mateus 5:3-6).*

167

mais provável será nossa salvação, e quanto maiores as nossas preocupações, mais sinceras serão nossas orações.

A mulher cananeia sabia da natureza desesperadora de sua situação, pois a filha sofria, e eram poucas as esperanças de recuperação. Foi o que a levou a procurar Jesus a despeito de ser uma marginalizada na cultura dele, e também o que a forçou a chamá-lo em voz alta. E quando o dilema dela encontrou a dedicação do Senhor, ocorreu um milagre.

Repare que o papel da mulher cananeia na cura foi, na verdade, bem pequeno: ela apenas foi atrás de Cristo e clamou por misericórdia. "Se ao menos eu puder falar com ele". Mas o que importa não é a forma do esforço, mas o empenho em si. O fato é: ela *fez* alguma coisa, isto é, se recusou a se conformar com a doença da filha por mais um dia e decidiu dar um passo.

A cura começa quando *fazemos alguma coisa*, quando a buscamos, quando damos um passo, e a ajuda de Deus está sempre próxima e disponível, mas só é oferecida àqueles que a procuram. A apatia não leva a nada, e o grande feito nessa história é a enorme cura ocorrida. Mas a grande verdade é que a cura teve início com a fé daquela mulher — e com a sua ação — e, com esse gesto simples, porém corajoso, ela vivenciou o suave poder de Jesus.

Cristo jamais se recusou a atender a um pedido de intercessão. Jamais! Pedro lhe trouxe a preocupação com a sogra enferma, o centurião veio com o pedido pelo serviçal doente, Jairo tinha uma filha acamada e a filha da mulher de Caná estava possuída pelo demônio. Do sol nascente ao pôr do sol, Jesus ouvia um apelo atrás do outro. "Meu tio não pode andar." "Meu filho não enxerga." "Minha mulher está sofrendo." Eram tantos os pedidos que, às vezes, os discípulos tentavam mandar as pessoas embora.

Mas Jesus não o permitia. "Uma grande multidão dirigiu-se a ele, levando-lhe os aleijados, os cegos, os mancos, os mudos e muitos outros, e os colocaram aos seus pés; *e ele os curou*" (Mateus 15:30, grifos nossos). Em cada caso, Cristo atendeu, e sua bondade permanente lança uma declaração de acolhimento: *Deus está atento aos clamores dos necessitados.*

Comparado ao papel de Deus no processo, o nosso é minúsculo... porém, necessário. Não temos muito a fazer, mas devemos fazer *algo*.

Escrever uma carta.
Pedir perdão.
Buscar um orientador.
Confessar.
Ligar para a mamãe.
Ir ao médico.
Ser batizado.
Alimentar uma pessoa faminta.
Orar.
Ensinar.
Ir.

Temos de fazer algo que demonstre fé, pois a fé sem esforço não é absolutamente fé, e Deus responderá. Ele jamais rejeitou um gesto de fé genuína. Jamais.

Entre vocês há alguém que está doente? Que ele mande chamar os presbíteros da igreja, para que estes orem sobre ele e o unjam com óleo, em nome do Senhor (Tiago 5:14).

Os discípulos aproximaram-se dele e disseram: [...] Manda embora a multidão (Mateus 14:15).

A fé, por si só, se não for acompanhada de obras, está morta (Tiago 2:17).

LIÇÃO 7 ❖ A MULHER CANANEIA ❖ Quarto dia: A resposta de Deus à fé

1. Leia Tiago 2:18. Como você reage à afirmativa "temos de fazer algo que demonstre fé, pois a fé sem esforço não é fé"? Como esse versículo em Tiago descreve a fé genuína?

Mas alguém dirá: "Você tem fé; eu tenho obras". Mostre-me a sua fé sem obras, e eu lhe mostrarei a minha fé pelas obras (versículo 18).

2. Muitos interpretam erroneamente Tiago 2:18 e colocam muita ênfase na obra das pessoas e não na de Deus. No entanto, as Escrituras são claras: sem obras, a fé está morta. Como, no trabalho da obra de Deus, você mantém o equilíbrio entre professar uma fé genuína e deixar de lado a religiosidade?

3. O que faz com que haja apatia no seu caminho de fé? A apatia está se intrometendo numa área de sua vida para a qual Deus deseja levar a cura? Se for o caso, que área é?

4. Quando se trata de cura, não temos muito a fazer... mas devemos fazer algo. Pense em alguém que conheça a qual precise de cura, e, em seguida, pergunte a Deus se ele está lhe pedindo para fazer alguma coisa para essa pessoa. No espaço a seguir, escreva quaisquer ideias que o Senhor colocar em seu coração e, em seguida, dedique algum tempo para falar com o Altíssimo sobre os passos que ele quer que você dê para colocá-las em prática.

Uma pessoa é justificada por obras, e não apenas pela fé (versículo 24).

UMA PALAVRA DE AFETO

Deus admira a fé radical, aquela que arrisca. Quando se constroem arcas, vidas são salvas; quando os soldados marcham, as Jericós tombam; quando se erguem cajados, o mar se abre; quando uma refeição é compartilhada, milhares são alimentados; e quando um homem ou uma mulher clama por misericórdia, Jesus para e atende.

A disposição da mulher cananeia de assumir um risco promoveu a cura imediata da filha. Sem luz de neon nem gritaria, e também sem agitação, soar de trombetas, sensacionalismo ou exibição. Apenas ajuda. O mesmo vale para a mulher do fluxo de sangue. Quando ela tocou em Cristo, a força saiu dele automática e instantaneamente. É como se o Pai fechasse um curto-circuito no sistema e a divindade de Jesus desse um passo à frente da humanidade do Cristo.

Observe como Jesus reage a essas mulheres. À mulher cananeia, ele diz: "Mulher, grande é *a sua fé*!" (Mateus 15:28, grifos nossos). À mulher na Galileia, ele diz: "Filha, *a sua fé* a curou!" (Marcos 5:34, grifos nossos). Em cada caso, Cristo fala sobre a fé das mulheres, e em cada caso a ação tomada por elas resulta em cura.

Repare também que, na segunda história, Jesus chama a mulher de *filha* — essa é a única vez registrada na Bíblia que Cristo chama uma mulher de *filha*. Imagine só como isso a fez se sentir! Quem lembraria da última vez em que ela havia recebido um gesto de afeto? Quem saberia dizer a última vez em que um olhar tão doce cruzara com o dela?

Leon Tolstói, o grande escritor russo, contou sobre uma ocasião em que vinha descendo uma rua e passou por um mendigo. Tolstói procurou no bolso algum dinheiro para dar a ele, mas o bolso estava vazio. Ele virou-se para o homem e disse: "Desculpe-me, irmão, mas não tenho nada para lhe dar".

O mendigo animou-se e disse: "Você me deu mais do que eu pedi: chamou-me de irmão". Para os que são amados, uma palavra de afeto é só um docinho, mas, para o carente, uma palavra de afeto é uma festa inteira. E Jesus ofereceu um banquete a essas duas mulheres.

5. Leia Marcos 5:29-34. Que emoções acha que a mulher com hemorragia sentiu ao perceber Jesus buscando saber quem o havia *tocado*? (Lembre-se que ela era considerada "impura" de acordo com a lei judaica.) Que emoções ela deve ter sentido quando o ouviu chamá-la de "filha"?

6. Abra em 1João 3:1. Quando buscamos Jesus com fé, como a mulher com hemorragia, de que forma Deus reage?

Todo aquele que o Pai me der virá a mim, e quem vier a mim eu jamais rejeitarei (João 6:37).

Imediatamente cessou sua hemorragia e ela sentiu em seu corpo que estava livre do seu sofrimento (Marcos 5:29).

Filha, a sua fé a curou! Vá em paz e fique livre do seu sofrimento (versículo 34).

Ele virou-se para a multidão e perguntou: "Quem tocou em meu manto?" (versículo 30).

Vejam como é grande o amor que o Pai nos concedeu: sermos chamados filhos de Deus (1João 3:1).

LIÇÃO 7 ❖ A MULHER CANANEIA ❖ Quarto dia: A resposta de Deus à fé

7. Leia Mateus 5:3. O que significa ser "pobre em espírito"? Como a mulher cananeia e a mulher com hemorragia eram pobres em espírito? De que maneira elas receberam a promessa do reino dos céus?

_____
_____
_____
_____
_____
_____

8. O que Jesus disse à mulher para curá-la? Descreva uma ocasião em sua vida em que Deus respondeu aos *seus* atos de fé genuína.

_____
_____
_____
_____
_____
_____

Deus admira a fé radical, que arrisca. Ela pode ser um simples grito por misericórdia, como o da mulher cananeia, ou um simples passo para alcançar Jesus e confiar em seu poder, como fez a mulher com o fluxo de sangue. Quando damos um passo desses, o Senhor responde: ele cura o corpo, sussurra afeto num espírito oprimido, arruma um emprego, cria perseverança. Quando nos acercamos dele com humildade — desprovidos de tudo, completamente confiantes em seu favor —, ele nos oferece o reino dos céus. É claro que isso pode nem sempre parecer com a resposta que queremos, afinal, a economia do reino dos céus parece bem diferente da economia deste mundo. Mas podemos confiar na resposta dele. Por quê? Porque ele é um bom pai que afirma que somos seus filhos. E o Senhor não apenas nos ama, ele nos ama *generosamente*.

Esta é a confiança que temos ao nos aproximarmos de Deus: se pedirmos alguma coisa de acordo com a vontade de Deus, ele nos ouvirá (5:14).

Pontos para Lembrar

❖ Quanto mais desesperadoras as circunstâncias, mais provável a nossa salvação.
❖ A cura começa quando buscamos Jesus com fé e confiamos no seu poder.
❖ Uma palavra de afeto para a pessoa carente de amor preencherá seu coração.

 ## Oração do Dia

Senhor, obrigado por nos chamar de seus filhos e por reivindicar-nos como teus. Hoje oramos para que tu retires qualquer apatia do nosso coração e nos dês a fé genuína — uma fé que nos estimula a amá-lo não só com palavras ou falas, como também com ações. Em nome de Jesus, amém.

Quinto dia: Uma nova atitude mental

NOSSO GOSTO PELAS HIERARQUIAS

A mulher era grega, siro-fenícia de origem (Marcos 7:26).

Não há judeu nem grego [...] pois todos são um em Cristo Jesus (Gálatas 3:28).

Enquanto Pedro estava refletindo no significado da visão, os homens enviados por Cornélio descobriram onde era a casa de Simão e chegaram à porta. Chamando, perguntaram se ali estava hospedado Simão, conhecido como Pedro. Enquanto Pedro ainda estava pensando na visão, o Espírito lhe disse: "Simão, três homens estão procurando por você. Portanto, levante-se e desça. Não hesite em ir com eles, pois eu os enviei" (Atos 10:17-20).

Ao considerarmos a história da mulher cananeia, não podemos fugir do fato de que as pessoas — na época de Jesus e nos nossos dias — tendem a usar uma hierarquia de preferências. Adoramos classificar as pessoas em categorias: o rico acima do necessitado, o bem formado acima do que abandonou os estudos, o veterano acima do recém-chegado, o judeu acima do gentio.

Marcos relata que a mulher era grega, nascida na Fenícia, que então fazia parte da Síria. Jesus a conheceu quando se deslocava para a região de Tiro e Sidom, duas das principais cidades fenícias, localizadas na costa ao norte do Monte Carmelo. No tempo de Cristo, as pessoas dessa região costumavam ser de múltiplas nacionalidades, e havia o que parecia ser um abismo intransponível entre os não judeus (ou gentios) e os judeus.

A leitura de algumas regulamentações da época de Jesus indica quão grande esse hiato tinha se tornado: um judeu não podia tomar leite tirado pelos gentios ou comer da comida deles; os judeus não podiam ajudar uma mãe gentia num momento de extrema necessidade; e médicos judeus não podiam atender pacientes não judeus. Nenhum judeu tinha algo a ver com um gentio, pois eles eram impuros.

Exceto, claro, se esse judeu fosse Cristo. A curiosa conversa de Jesus com a mulher cananeia lançou uma suspeita entre os discípulos quanto a uma nova ordem à vista. Ao curar a filha da mulher, ele deixou sua posição bem clara: estava mais preocupado em trazer todos para *dentro* do que em deixar certas pessoas *de fora*.

Essa tensão entre judeus e gentios continuaria depois da morte de Jesus, da ressurreição e da ascensão aos céus. Pedro sentiu isso ao receber de Deus uma visão que o levou a repartir uma refeição — e a mensagem de Cristo — com um gentio de nome Cornélio (veja Atos 10:9-33). A cultura dele dizia: "Mantenha distância dos gentios". Cristo dizia: "Construa pontes até os gentios." Pedro precisou fazer uma escolha, e teve de defender tal opção quando outros judeus seguidores de Jesus o criticaram, dizendo: "Você entrou na casa de homens incircuncisos e comeu com eles" (Atos 11:3).

Mas Pedro não podia negar que Deus o havia enviado para compartilhar a palavra de Cristo com aqueles gentios, e também não tinha como negar os resultados que testemunhara quando o Espírito Santo veio sobre eles assim como sobre os crentes judeus reunidos no cenáculo no Pentecostes. Na verdade, tudo o que pôde fazer foi sacudir a cabeça, já que todas as suas crenças acerca dos gentios tinham virado pó. "Agora entendo de verdade que para Deus cada pessoa é igual à outra", disse ele. "De todas as nações [Deus] aceita todo aquele que o teme e faz o que é justo" (Atos 10:34-35).

LIÇÃO 7 ❖ A MULHER CANANEIA ❖ Quinto dia: Uma nova atitude mental

1. A cura da mulher cananeia é apenas uma das muitas vezes em que Jesus derrubou barreiras sociais. Com base no que vemos sobre as reações dos discípulos a esses episódios, levou um tempo para que eles compreendessem a aceitação de Cristo dessa gente excluída de sua identidade cultural. Leia o relato de Pedro sobre sua dificuldade com isso em Atos 10:1-34. Que barreiras sociais existem nessa história?

___

[...] e lhes disse: "Vocês sabem muito bem que é contra a nossa lei um judeu associar-se a um gentio ou mesmo visitá-lo (versículo 28).

2. O que simboliza a visão que Pedro teve de Deus? O que o Altíssimo estava dizendo a ele com as palavras: "Levante-se, Pedro; mate e coma" (versículo 13)?

___

A voz lhe falou [pela] segunda vez: "Não chame impuro ao que Deus purificou" (versículo 15).

3. Como Pedro resume o episódio nos versículos 34-35? O que indica que ele finalmente está começando a ver os outros do modo como Jesus via a mulher cananeia?

___

4. De que formas você se orgulha de seu status ou identidade? O que a história de Pedro e da mulher cananeia lhe diz sobre o valor que atribuímos a realizações e/ou status?

___

UMA MENSAGEM CLARA

A história da mulher cananeia nos leva a ponderar a mesma verdade que Pedro levou em consideração quando Deus o conduziu à casa de Cornélio: "Deus me mostrou que eu não deveria chamar impuro ou imundo a homem nenhum" (Atos 10:28). A vida seria tão mais fácil para nós sem essa ordem. Enquanto pudermos tachar as pessoas de *comuns* ou *inadequadas*, nós as colocaremos em algum lugar bem distante e tocaremos nossa vida separadamente. Os rótulos nos eximem de responsabilidade, então, ao categorizar, podemos lavar as mãos e ir embora.

— Ah, conheço o João. Ele é alcoólatra. (Tradução: "Por que ele não se controla?")

Deus me mostrou que eu não deveria chamar impuro ou imundo a homem nenhum. Por isso, quando fui procurado, vim sem qualquer objeção (Atos 10:28-29).

— O novo chefe é um democrata liberal. (Tradução: "Será que ele não percebe como está equivocado?")

— Ah, sei quem é. Ela é divorciada. (Tradução: "Ela tem uma senhora bagagem".)

A categorização dos outros cria uma distância e nos proporciona uma estratégia de fuga conveniente para evitar envolvimento. Jesus, porém, lançou mão de uma abordagem completamente diferente: ele só cuidava de incluir as pessoas, nunca de excluí-las. "Aquele que é a Palavra tornou-se carne e viveu entre nós" (João 1:14). Cristo tocou nos leprosos e amou os forasteiros e passava tanto tempo com gente festeira que as pessoas o chamavam de "beberrão, amigo de publicanos e pecadores" (Mateus 11:19).

O racismo não impediu Jesus de ajudar a mulher cananeia e os demônios não o impediram de libertar a filha dela. A página dele no Facebook incluía curtidas de Zaqueu, o mestre das "armações", de Mateus, o fiscal da Receita Federal, e umas "à-toas" que ele conhecera na casa de Simão. Cristo passou 33 anos andando no meio desse mundo revirado, e, conforme Paulo viria a observar mais tarde, "embora sendo Deus, não considerou que o ser igual a Deus era algo a que devia apegar-se; mas esvaziou-se a si mesmo, vindo a ser servo, tornando-se semelhante aos *homens!*" (Filipenses 2:6-7).

Quando eu estava na escola primária, todos os meninos da minha turma de primeiro ano se uniram para expressar nossa superioridade masculina. Nós nos reuníamos todos os dias na hora do recreio e, de braços dados, marchávamos em volta do playground, gritando: "Meninos são melhores do que meninas!" Honestamente, eu não concordava, mas curtia a fraternidade. Em reação, as meninas formaram o próprio clube. Desfilavam em frente à escola, proclamando seu desprezo pelos meninos.

O exemplo de Jesus envia uma mensagem clara: *nenhuma demonstração de superioridade no* playground. "Não chame ninguém de comum ou inadequado."

> *Estou convencido de que nem morte nem vida [...] nem qualquer outra coisa na criação será capaz de nos separar do amor de Deus que está em Cristo Jesus, nosso Senhor* (Romanos 8:38-39).

5. Onde você identifica "demonstrações de superioridade no *playground*" no mundo de hoje?

_____
_____
_____
_____

6. Todos nós queremos acreditar que a categorização de pessoas acaba com os estereótipos do ensino médio, mas a verdade é que ela ainda continua na fase adulta — até mesmo no corpo de Cristo. Que categorias de pessoas você, consciente ou inconscientemente, criou em sua mente?

_____
_____
_____
_____

> *Completem a minha alegria, tendo o mesmo modo de pensar, o mesmo amor, um só espírito e uma só atitude* (Filipenses 2:2).

LIÇÃO 7 ❖ A MULHER CANANEIA ❖ Quinto dia: Uma nova atitude mental

7. De que maneira a afirmativa "rótulos nos eximem de responsabilidade" se manifesta na sua vida? Como colocar uma etiqueta nas pessoas as desumaniza?

_____
_____
_____
_____
_____

8. Medite sobre Filipenses 2:5-8. Nessa passagem, que palavra ou expressão fala ao seu coração hoje de forma especial?

_____
_____
_____
_____

Esvaziou-se a si mesmo, vindo a ser servo, tornando-se semelhante aos homens (versículo 7).

A história de Pedro nos ensina a ver os outros assim como Jesus os vê. A mulher com hemorragia nos mostra que basta a mão estendida com um punhado de fé. E, por intermédio da mulher cananeia, aprendemos que a fé que faz Deus sorrir é aquela da total dependência do seu poder. Ela não tinha influência, nenhuma origem especial nem conhecimento a oferecer. Simplesmente confiou na obra do Salvador e, então, recebeu a dádiva da cura com humilde gratidão. Não pediu para retribuir seu favor nem perguntou o que deveria fazer para conquistar seu ato de bondade. Não. Apenas recebeu o que Cristo tinha para dar. Quando Deus sorrir com a nossa fé, quando ele nos oferecer a dádiva de corações curados — uma nova identidade e um lar celestial —, que possamos fazer o mesmo: apenas receber.

Vocês receberam de graça (Mateus 10:8).

É como a história sobre o soldado raso do exército de Napoleão que foi atrás do cavalo do imperador quando ele fugiu. Quando finalmente resgatou o animal e o devolveu a Napoleão, o governante segurou as rédeas e disse sorrindo para o soldado empenhado: "Obrigado, capitão". O soldado arregalou os olhos ao ouvir aquilo, e, em seguida, perfilou-se, bateu continência e exclamou incisivamente: "Obrigado, senhor!".

Imediatamente, o soldado foi até o alojamento, pegou seus pertences e dirigiu-se aos aposentos dos oficiais; então, pegou a antiga farda, levou-a ao intendente e trocou-a pela de capitão. Segundo a palavra do imperador, ele passara de soldado raso a capitão, e ele não discutiu, não deu de ombros e também duvidou, pois sabia que quem tinha o poder para promovê-lo havia tomado aquela decisão e tratou de aceitar.

Jesus aproximou-se deles e disse: "Foi-me dada toda a autoridade nos céus e na terra (Mateus 28:18).

Entretanto, raramente aceitamos. Preferimos obter a salvação do modo antigo: *lutar por ela*. Achamos que aceitar a graça é admitir o fracasso... um passo que hesitamos em dar. Então, em vez disso, optamos por impressionar Deus mostrando como somos bons em vez de admitir quão grande ele é. Nós nos inebriamos com a doutrina, nos sobrecarregando de regras, e pensamos que o Criador vai sorrir com os nossos esforços.

Ele não sorri.

175

O sorriso de Deus não é para o andarilho saudável que se gaba de ter feito o percurso sozinho. Ele sorri, sim, para o leproso aleijado que implora ao Altíssimo por uma montaria. Assim foram as palavras da mulher cananeia, a qual sabia que seu pedido era ridículo, mas também sabia que Jesus era o Senhor. As palavras do profeta Daniel poderiam ter sido dela: "Não te fazemos pedidos por sermos justos, mas por causa da tua grande misericórdia" (Daniel 9:18).

A mulher veio e jogou-se aos pés de Cristo por alimentar a esperança de que ele responderia à sua prece com base na bondade dele, e não no valor dela, e ele atendeu vom um sorriso. E, quando penso sobre as orações que Deus ouviu de mim, a despeito da vida que tive, acho que ainda deve estar sorrindo, portanto, acho que vou deixar aquela imagem dele na parede.

Pontos para Lembrar

- Deus está mais preocupado em incluir todos do que em excluir certas pessoas.
- Cristo é o nosso exemplo de como amar os outros sem rotulá-los.
- Jesus se alegra em atender às nossas orações com base em sua bondade, e não na percepção que temos do nosso valor.

Oração do Dia

Senhor, obrigado por nos dar um novo nome, um novo status e uma nova posição junto a ti. Ajuda-nos não só a receber a tua graça todos os dias, como também a estendê-la aos outros sem preconceito nem julgamento. Em nome de Jesus oramos, amém.

Versículo para Memorizar na Semana

Aproximem-se de Deus, e ele se aproximará de vocês!
Tiago 4:8

Leitura suplementar

Ao longo desta lição, foram citados textos extraídos de *He Still Moves Stones* [publicado no Brasil como: *Ele ainda remove pedras*. São Paulo: CPAD, 2003]; *In the Eye of the Storm* [*No centro da tormenta*]. Nashville: Thomas Nelson, 1991); *Fearless* [*Sem medo*]. Nashville: Thomas Nelson, 2009; *Outlive Your Life* [*Viva uma vida mais plena*]. Nashville: Thomas Nelson, 2010, e *Before Amen* [publicado no Brasil como: *Antes de dizer amém*. São Paulo: Thomas Nelson, 2014].

LIÇÃO 8

Maria de Betânia

ATOS OUSADOS DE AMOR

NADA FALTAVA A EDWARD O'HARE. Mais conhecido como "Easy Eddie", era o mais esperto dos advogados espertos. Foi um dos Loucos Anos Vinte. Companheiro de Al Capone, administrava as pistas de corrida de cães do gângster e dominava a técnica simples de manipular uma corrida superalimentando sete cães e apostando no oitavo.

Riqueza. Status. Estilo. Nada faltava a "Easy Eddie".

Então, por que ele se entregou? Por que se ofereceu para dedurar Al Capone? Qual teria sido o motivo? Será que Eddie não sabia quais seriam as inevitáveis consequências de denunciar a máfia?

Ele sabia, mas tomou a decisão.

O que tinha a ganhar? O que a sociedade poderia lhe dar que não possuísse? Tinha dinheiro, poder, prestígio. Qual era a questão?

Eddie revelou a questão: seu filho. Eddie vivera perto do que havia de mais desprezível e havia sentido o odor fétido do submundo por tempo suficiente, mas, para seu filho, ele desejava mais. Queria lhe dar um nome, e, para dar um nome a ele, precisava limpar o seu. Eddie estava disposto a correr o risco para que o filho pudesse ter uma ficha limpa.

Easy Eddie nunca viu seu sonho se realizar, pois, após delatar Al Capone, a máfia não se esqueceu dele, e dois estampidos de escopeta o silenciaram para sempre. Valeu a pena? Para o filho dele, sim, uma vez que o menino fez jus ao sacrifício de "Easy Eddie". Seu nome é um dos mais conhecidos do mundo.

Porém, antes de falarmos sobre o filho, reflitamos sobre o princípio do *amor que arrisca*, que ousa e que corre o risco, um amor que se declara e que

A boa reputação vale mais que grandes riquezas; desfrutar de boa estima vale mais que prata e ouro (Provérbios 22:1).

Eu o amei com amor eterno (Jeremias 31:3)

177

> *Jesus chegou a Betânia, onde vivia Lázaro, a quem ressuscitara dos mortos. Ali prepararam um jantar para Jesus. Marta servia, enquanto Lázaro estava à mesa com ele* (João 12:1-2).

deixa um legado. Um amor inesperado, surpreendente e impactante. Atos de amor que arrebatam o coração e deixam impressões na alma e que jamais são esquecidos.

Semelhante ato de amor foi visto nos últimos dias da vida de Jesus. Aconteceu na cidade de Betânia, durante um jantar que Jesus partilhava com o amigo Lázaro e suas duas irmãs, Marta e Maria. Em uma semana, Cristo sentiria o ardor do açoite romano, as picadas da coroa de espinhos e o ferro dos cravos de seu executor. Todavia, naquela noite, ele sentia apenas o amor daqueles amigos, e foi durante esse jantar que Maria demonstrou uma devoção que o mundo nunca esqueceria — um ato de ternura extravagante do qual Jesus não foi o doador, mas o receptor.

1. O "amor que arrisca" aproveita uma oportunidade, sai do padrão, faz uma declaração e deixa um legado. Como você já demonstrou esse tipo de amor a alguém?

_____
_____
_____
_____

2. Leia Mateus 27:27-56. Nessa passagem, qual é o versículo que melhor aborda a ideia de "amor que arrisca"? Por que escolheu esse versículo?

_____
_____
_____
_____

> *Tiraram-lhe as vestes e puseram nele um manto vermelho; fizeram uma coroa de espinhos e a colocaram em sua cabeça. Puseram uma vara em sua mão direita e, ajoelhando-se diante dele, zombavam* (Mateus 27: 28-29).

Jesus não só deixou de lado sua reputação, seu nome e sua dignidade para morrer na cruz, como também deixou de lado seu poder como Deus. Só podemos imaginar as emoções que ele sentiu ao ouvir as pessoas zombarem dele. "Salvou os outros, mas não é capaz de salvar a si mesmo" (Mateus 27:42). *Salve a você mesmo.* Não é isso o que o amor egoísta faz? Ele salva nosso nome, nossa reputação, nosso corpo físico, e essa foi a mesma tentação contra a qual Cristo orou no Jardim de Getsêmani, quando disse a seus discípulos: "Vigiem e orem para que não caiam em tentação. O espírito está pronto, mas a carne é fraca" (26:41). Ele estava concentrado na "alegria que lhe fora proposta" (Hebreus 12:2), concentrado no Pai, concentrado na maior glória... concentrado em *nós*. Ele sabia que sua morte nos levaria até ele. O ato de amor mais ousado foi feito por você e por mim.

 ORAÇÃO DA SEMANA

Senhor, nós não poderíamos agradecer o suficiente por teres arriscado tudo na cruz para que pudéssemos estar contigo para sempre. Hoje, pedimos que plantes a verdade de teu amor mais profundo em nosso coração para que isso seja a raiz de tudo que somos. Nós te amamos, Senhor. Amém.

LIÇÃO 8 ❖ MARIA DE BETÂNIA ❖ Primeiro dia: A história das duas irmãs

Primeiro dia: A história das duas irmãs

PONTO DE EBULIÇÃO

O jantar aconteceu na residência de um homem chamado Simão, uma semana antes da crucificação de Jesus. Essa não é a única menção a Maria de Betânia que encontramos na Bíblia. Na verdade, numa passagem anterior, relatada por Lucas 10:38-42, vimos um retrato interessante da dinâmica familiar entre ela e sua irmã, Marta. A história tem lugar quando Jesus faz uma breve pausa em suas peregrinações para descansar na casa de seus amigos.

Marta é nitidamente uma boa alma, dedicada à hospitalidade e à organização. Mais frugal do que frívola, mais prática do que pensativa, sua casa é como um navio impecável do qual ela é a exigente capitã. Peça-lhe que escolha entre um livro e uma vassoura, e ela pegará a vassoura; já sua irmã, Maria, por sua vez, escolherá o livro. Ela tem ideias na cabeça e os pratos podem esperar. Marta iria ao mercado; Maria, à livraria.

Duas irmãs, duas personalidades. Não obstante, uma compreendia a outra; como a mão e a luva. Entretanto, quando uma se ressentia da outra, pareciam cão e gato. Vamos entrar, silenciosamente, pela porta da cozinha de Marta para lhe mostrar o que quero dizer.

Psiu. Lá está ela, junto à mesa. A de avental. Caramba, olha como ela trabalha! Já falei como essa senhora sabe comandar uma cozinha. E como faz isso? Quebra os ovos com uma das mãos e mexe a panela com a outra, sem derramar nada. Ela sabe o que está fazendo. Deve ser um jantar para muitas pessoas. Dá para ouvir que estão rindo na sala ao lado. Parece que estão se divertindo.

Mas Marta não. Uma olhada para o rosto carrancudo, coberto de farinha, diz tudo:

— Que irmã tola!

O quê? Você a ouviu resmungando alguma coisa?

— Essa Maria! Eu aqui sozinha e ela lá fora.

Humm... Parece que não é só o forno que está quente na cozinha.

— Não teria convidado Jesus se soubesse que ele traria uma tropa completa, pois esses sujeitos comem como cavalos e Pedro costuma arrotar.

Ah, é isto, ela está contrariada. Vejam como olha fixamente por cima do ombro na direção da porta de entrada. É Maria que ela observa. Aquela ali sentada no chão, ouvindo Jesus.

"Doce irmãzinha... sempre pronta para escutar e nunca para trabalhar. Não me importaria de ficar sentada, mas tudo que faço é cozinhar e costurar, cozinhar e costurar. Chega!"

Cuidado! Lá vai ela. Alguém vai ouvir umas boas.

Caminhando Jesus e os seus discípulos, chegaram a um povoado, onde certa mulher chamada Marta o recebeu em sua casa (Lucas 10:38).

Maria, sua irmã, ficou sentada aos pés do Senhor, ouvindo a sua palavra. Marta, porém, estava ocupada com muito serviço. E, aproximando-se dele, perguntou: "Senhor, não te importas que minha irmã tenha me deixado sozinha com o serviço? Dize-lhe que me ajude! (versículos 39-40)

Evite a ira e rejeite a fúria; não se irrite: isso só leva ao mal (Salmos 37:8).

1. Leia Lucas (10:38-42). Quais são algumas de suas observações iniciais sobre cada uma das irmãs? Quais são as ações, as palavras, as características de personalidade de cada uma?

179

2. Com qual das duas irmãs você se identifica mais? Por quê?

3. É fácil descrever Marta como vilã nessa narrativa, mas que versículos dessa história nos dão uma noção da bondade de seu coração? Que dons lhe foram ofertados por Deus?

"Não julguem, para que vocês não sejam julgados" (Mateus 7:1).

4. Quando não usamos nossos dons para honrar o Criador, podemos nos descobrir usando-os como meios para julgar os outros ou nos compararmos a eles — a ponto de nos magoarmos com eles, tal como Marta se ressentiu com Maria. Como você reconhece esse perigo em sua vida? O que faz para garantir que está usando seus dons para honrar a Deus?

LEITE ESTRAGADO

Tenho uma confissão a fazer: sou viciado em leite. Um dos dias mais tristes de minha vida foi quando soube que o leite integral não era saudável. Com grande relutância, desde então me adaptei à versão mais aguada do leite, entretanto, de vez em quando ainda me permito o êxtase sagrado de tomar um copo de leite integral gelado com um cookie quente com gotas de chocolate, que derrete na boca.

Nos meus anos de apreciador dessa nobre bebida extraída da vaca, aprendi que pagamos um preço muito alto por deixar o leite fora da geladeira. (Uma vez, vomitei a coisa estragada toda na pia da cozinha.) O leite fresco azeda se deixado num ambiente quente demais por muito tempo. Nossa boa disposição também azeda pela mesma razão. Deixemos que uma irritação esquente sem um tempo para esfriar e o resultado será uma atitude ruim, amarga, azeda.

O falar amável é árvore de vida, mas o falar enganoso esmaga o espírito (Provérbios 15:4).

Vemos esse processo de deterioração no trabalho na vida de Marta. Enquanto ela olha Maria sentada aos pés de Jesus, tal qual um de seus discípulos, sem fazer *nada,* enquanto ela dá duro na cozinha, um ressentimento

LIÇÃO 8 ❖ MARIA DE BETÂNIA ❖ Primeiro dia: A história das duas irmãs

cresce e chega ao ponto de ebulição. Finalmente, quando ela não consegue mais suportar, sua amargura explode como um vulcão.

"Senhor, não te importas que minha irmã tenha me deixado sozinha com o serviço? Dize-lhe que me ajude" (Lucas 10:40).

Ora, ora! Que irritação, hein? De uma hora para outra, Marta deixa de servir Jesus e passa a se queixar com ele. A sala fica em silêncio... um silêncio mortal, exceto pelo toque-toque dos pés de Marta, caminhando sobre o piso de pedra. Ela avança por entre os outros, com farinha no rosto e os olhos vermelhos de raiva. É de dar risada a expressão na face dos discípulos, que assistem a tudo de olhos arregalados diante daquela mulher possessa. E a pobre Maria, corada de vergonha, suspira e se encolhe.

Somente Jesus fala, porque somente ele entende a questão. O problema não é a grande multidão, não é a escolha de Maria de ouvi-lo, não é a escolha de Marta de receber os convidados. O problema é o coração de Marta, um coração azedado pela ansiedade. Bendita seja, Marta, por querer fazer o certo, de coração. Mas seu coração estava errado. O coração dela, disse Jesus, estava aflito, por isso se transformou de feliz serva num burro de carga. Estava aflita para cozinhar, para ser amável, aflita demais por muita coisa.

E, aproximando-se dele perguntou: "Senhor, não te importas que minha irmã tenha me deixado sozinha com o serviço? (Lucas 10:40)

Entregue suas preocupações ao SENHOR e ele o susterá; jamais permitirá que o justo venha a cair (Salmos 55:22).

5. Marta deixa claro que está zangada com Maria, mas o problema dela é mais profundo do que apenas o fato de Maria não ajudá-la. O que você acha de Marta descontar suas frustrações em Maria? O que a levou a se preocupar com o que Maria *não* estava fazendo?

_____
_____
_____
_____

6. Quando uma preocupação se instala por muito tempo em nosso coração, ela cresce cada vez mais. Pode até mesmo se transformar em pecados como a amargura e o ressentimento. Quando foi que, em algum momento de sua vida, permitiu que uma preocupação consumisse você por muito tempo? Qual foi o resultado?

Apazíguem a sua ira antes que o sol se ponha e não deem lugar ao Diabo (Efésios 4:26-27).

_____
_____
_____
_____

7. O que as seguintes passagens das Escrituras aconselham você a fazer da próxima vez que uma preocupação ou tensão afligirem o seu coração?

Isaías 26:3: "Tu, Senhor, guardarás em perfeita paz aquele cujo propósito está firme, pois em ti confia".

_____
_____
_____

Mateus 11:28-29: "Venham a mim, todos os que estão cansados e sobrecarregados, e eu lhes darei descanso. Tomem sobre vocês o meu jugo e aprendam de mim, pois sou manso e humilde de coração, e vocês encontrarão descanso para as suas almas".

_____
_____
_____
_____

Lucas 12:29-31: "Não busquem ansiosamente o que comer ou beber; não se preocupem com isso. Pois o mundo pagão é que corre atrás dessas coisas; mas o Pai sabe que vocês precisam delas. Busquem, pois, o Reino de Deus, e essas coisas lhes serão acrescentadas".

_____
_____
_____
_____

Filipenses 4:6-7: "Não andem ansiosos por coisa alguma, mas em tudo, pela oração e súplicas, e com ação de graças, apresentem seus pedidos a Deus. E a paz de Deus, que excede todo o entendimento, guardará o coração e a mente de vocês em Cristo Jesus".

_____
_____
_____
_____

A sua esperança não falhará (Provérbios 23:18).

8. Embora às vezes Marta pudesse parecer dura, ela não tinha medo de ser honesta com Jesus. Que "preocupações de Marta" você tem hoje? Escreva-as no espaço a seguir e, logo depois, dedique algum tempo para, em oração, levá-las até Cristo.

_____
_____
_____
_____

Livrem-se de toda amargura, indignação e ira, gritaria e calúnia, bem como de toda forma de maldade (Efésios 4:31).

A preocupação pode se transformar em ressentimento, a mágoa pode virar amargura, e a amargura pode se transformar em palavras duras. É um círculo vicioso, e quanto mais a preocupação se instala em nossa vida, mais ela azeda, como o leite deixado na bancada da cozinha por muito tempo. A Bíblia é clara ao dizer que, quando as preocupações chegam, não deveríamos deixá-las se instalar em nosso coração, mas entregá-las a Cristo. Precisamos seguir o exemplo de autenticidade de Marta e falar para Jesus sobre nossos medos, ansiedades, tensões e frustrações. Então, uma vez que as entregamos ao Senhor, não mais as tomamos de volta, mas as deixamos com ele.

LIÇÃO 8 ❖ Maria de Betânia ❖ Segundo dia: Servir a Deus em vez de a si mesmo

Pontos para Lembrar

- Usar nossos dons para honrar a Deus, e não a nós mesmos, ajuda-nos a colocar nosso foco nele e não em julgarmos os outros ou em ficarmos ressentidos com eles.
- Quando uma preocupação envenena nossos corações, ela pode se transformar em pecados como a amargura e o ressentimento.
- Podemos levar nossas preocupações a Jesus por meio da oração, entregando-as a ele com o coração agradecido.

Oração do Dia

Senhor, não queremos que as preocupações deste mundo nos distraiam dos propósitos e dos planos que tens para nós. Hoje, pedimos que nos ensines a confiar-te todas as nossas preocupações. Que nos ajudes a levar todas as nossas inquietações a ti, que concentremos nossas mentes em ti e confiemos a ti os resultados. Obrigado, Senhor, por sempre cuidares de nós. Amém.

"Tratem a todos com respeito: amem os irmãos, temam a Deus e honrem o rei" (1Pedro 2:17).

Segundo dia: Servir a Deus em vez de a si mesmo

MUITA ANSIEDADE E POUCA MEMÓRIA

O que torna a história dessas duas irmãs tão interessante é que Marta estava preocupada *por uma boa causa*: ela estava literalmente servindo a Deus e seu objetivo era agradar a Jesus, mas cometeu um erro comum: começou a trabalhar por ele, porém seu trabalho passou a ser mais importante do que seu Senhor. O que começou como uma forma de servir a Cristo tornou-se uma forma de servir a si mesma.

Talvez o processo tenha sido o seguinte: ela começou a preparar a refeição, prevendo que seria elogiada pelo jantar, e, ao sentar-se à mesa, imaginou que receberia os cumprimentos, mas as coisas não correram conforme planejara. Não recebeu aplausos, nem cumprimentos, nenhuma adulação. Ninguém notou, e isso a irritou. Marta estava com muita ansiedade e pouca memória, e se esqueceu de que o convite fora ideia dela. Ela se esqueceu de que Maria tinha todo o direito de estar com Jesus. Acima de tudo, ela se esqueceu de que a refeição era em honra de Cristo, não dela.

Sei exatamente como Marta se sente, sei o que é tentar servir a Deus e acabar por servir a si mesmo. Já trabalhei muito em cima de sermões meus, e depois fiquei com meus sentimentos feridos por eles não terem recebido elogios. Já me esforcei muito num texto só para me pegar sonhando acordado com os elogios que iria receber após a publicação, e também já dei palestras

Quando você der esmola, não anuncie isso com trombetas, como fazem os hipócritas nas sinagogas e nas ruas, a fim de serem honrados pelos outros. Eu lhes garanto que eles já receberam sua plena recompensa (Mateus 6:2).

sobre os sofrimentos de Cristo e, em seguida, eu me senti frustrado porque o quarto do hotel não estava arrumado.

É fácil esquecer quem é o servo e quem deve ser servido.

Só podemos imaginar o quanto Marta lamentou aquela sua explosão. Aposto que, quando esfriou a cabeça, ela se arrependeu do que havia dito. Há um princípio aqui: para evitar que uma atitude azede, trate-a como se fosse uma xícara de leite. Esfrie-a.

1. Marta passou rapidamente de uma atitude de *boas-vindas* a Jesus à sua casa para uma *preocupação* por recebê-lo em sua casa. O que acha que mudou no coração de Marta que a fez trocar o que era bom por algo estragado? Por que Cristo disse que Maria tinha feito a melhor escolha?

_____
_____
_____
_____
_____
_____

Amem, porém, os seus inimigos, façam-lhes o bem e emprestem a eles, sem esperar receber nada de volta (Lucas, 6:35).

2. Lembre-se de um momento de sua vida em que você, como Marta, teve a intenção de servir a Deus, mas acabou servindo a si mesmo. Naquela situação, qual foi a causa da mudança do foco?

_____
_____
_____
_____
_____

3. O que as seguintes passagens das Escrituras dizem sobre servir? Como você pode aplicar essas palavras em suas atitudes quando for ajudar os outros?

1Samuel 12:24 "Somente temam o Senhor e sirvam-no fielmente de todo o coração; e considerem as grandes coisas que ele tem feito por vocês".

_____
_____
_____
_____

Mateus 20:27-28 "Quem quiser ser o primeiro deverá ser escravo; como o Filho do homem, que não veio para ser servido, mas para servir e dar a sua vida em resgate por muitos".

_____
_____
_____
_____
_____

LIÇÃO 8 ❖ Maria de Betânia ❖ Segundo dia: Servir a Deus em vez de a si mesmo

Romanos 7:6: "Mas agora, morrendo para aquilo que antes nos prendia, fomos libertados da Lei, para que sirvamos conforme o novo modo do Espírito, e não segundo a velha forma da Lei escrita".

_____
_____
_____
_____
_____

1Pedro 4:10: "Cada um exerça o dom que recebeu para servir os outros, administrando fielmente a graça de Deus em suas múltiplas formas".

_____
_____
_____
_____
_____

4. Leia Mateus 6:1-4. O que Jesus diz sobre a atitude e os motivos que você deve ter quando se tratar de servir a Deus com os dons que ele lhe ofertou? Como passar de coração amargurado a um coração sincero, a serviço dos outros?

_____
_____
_____
_____
_____
_____
_____

Mas quando você der esmola, que a sua mão esquerda não saiba o que está fazendo a direita, de forma que você preste a sua ajuda em segredo. E seu Pai, que vê o que é feito em segredo, o recompensará.
(Mateus 6:3-4)

O CORAÇÃO POR TRÁS DO SERVIÇO

A vida de Marta era muito atribulada. Ela precisava descansar. "Respondeu o Senhor: Marta! Marta! Você está preocupada e inquieta com muitas coisas; todavia apenas uma é necessária. Maria escolheu a boa parte, e esta não lhe será tirada" (Lucas 10-41-42). Que "boa parte" Maria escolheu? Ela escolheu sentar-se aos pés de Cristo. Deus se alegra mais com a atenção silenciosa de uma serva sincera do que com o serviço alardeado de alguém amargurado.

Pessoas como Maria têm um pé no céu e o outro nas nuvens, e não é fácil para elas colocarem os pés no chão e, algumas vezes, precisam ser lembradas de que há contas a pagar e lições a serem aprendidas. Precisam ser lembradas que o serviço *também* é adoração, mas não as lembre de maneira muito severa, porque elas são almas preciosas, com pureza no coração. Se elas encontraram um lugar aos pés de Jesus, não lhes peçam para sair dali. Bem melhor é pedir a elas que orem por você.

A propósito, essa história poderia facilmente ser invertida. Maria poderia ser a pessoa a ficar zangada. A irmã no chão poderia ter se ressentido com a

Respondeu o Senhor: "Marta! Marta! Você está preocupada e inquieta com muitas coisas; todavia apenas uma é necessária. Maria escolheu a boa parte, e esta não lhe será tirada" (Lucas 10:41-42).

185

outra ao lado da pia. Maria poderia ter pego Jesus pelo braço e o arrastado até a cozinha, dizendo: "Diga a Marta para deixar de ser tão produtiva e pensar mais. Por que só eu tenho de pensar e orar por aqui?" Mais importante do que o tipo de serviço é o coração que está por trás do serviço. Uma atitude ruim estraga a oferta que deixamos para Deus no culto.

Talvez você tenha ouvido falar da história do sujeito que orou com uma atitude ruim.

— Deus — perguntou ele —, por que meu irmão foi abençoado com a riqueza e eu nada tenho? A vida inteira, sem faltar um dia sequer, fiz minhas orações de manhã e à noite. Nunca deixei de ir à igreja e sempre amei meu próximo e doei meu dinheiro, no entanto, agora, já perto do fim da vida, mal tenho para pagar o aluguel. Por outro lado, meu irmão, que bebe e joga o tempo, todo tem tanto que nem consegue contar! Não estou pedindo que o castigue. Mas, diga-me, por que a ele foi dado tanto e a mim, nada?

— Porque — Deus explicou —, você é um moralista chato que vive reclamando.

Vigie sua atitude. O Criador lhe deu talentos. Deus fez o mesmo pelo seu próximo. Se você se preocupar com os talentos do seu próximo, negligenciará os seus, mas, se você se concentrar nos seus, será uma inspiração para ambos.

Façam tudo sem queixas nem discussões (Filipenses 2:14).

5. "Respondeu o Senhor: 'Marta! Marta! Você está preocupada e inquieta com muitas coisas'" (Lucas 10:41). Jesus poderia responder duramente ao desabafo de Marta, mas não o fez. Na verdade, ao dizer duas vezes o nome dela, ele demonstra ternura. O que isso lhe diz sobre o coração de Cristo com relação a nós, quando cometemos o mesmo erro de Marta?

___
___
___
___
___

Estou dizendo isso [...] para que vocês possam viver de maneira correta, em plena consagração ao Senhor (1 Coríntios 7:35).

6. Jesus disse que Maria escolhera "a boa parte", que era sentar aos seus pés e ouvir o que ele dizia. Na sua vida cotidiana, como reserva um tempo para fazer essa "boa parte"? Que tipo de distração tende a interferir nesse momento? Como fazer para evitar tais distrações?

___
___
___
___
___

Pois desejo misericórdia, e não sacrifícios; conhecimento de Deus em vez de holocaustos (Oseias 6:6).

7. Maria nos apresenta um quadro do que parece ser um verdadeiro discipulado nessa história. Leia Oseias 6:6. De acordo com esse versículo, o que Deus deseja de nós? Como isso soa em termos práticos conforme trabalhamos e interagimos com os outros?

LIÇÃO 8 ❖ Maria de Betânia ❖ Segundo dia: Servir a Deus em vez de a si mesmo

_____
_____
_____
_____

8. Reserve um "momento Maria" hoje e fique imóvel diante do Senhor, a seus pés. No espaço a seguir, escreva o que sente que Deus está lhe dizendo nesse tempo em que estão juntos.
_____
_____
_____
_____
_____

Venham! Adoremos prostrados e ajoelhe-mos diante do Senhor, o nosso Criador (Salmos 95-6).

Muitas vezes, nós nos colocamos a serviço do Criador com a melhor das intenções, mas logo percebemos que nosso "bom" préstimo se transformou em algo "ruim". A necessidade de sermos reconhecidos começa a se manifestar e logo estamos usando nossas boas ações para compará-las às dos outros ou até mesmo para "obter" o favor de Deus. A história de Maria e de Marta serve para nos lembrar de que, quando a "boa parte" é esquecida — quando Cristo não é o centro do que fazemos —, nossas tentativas de servir ao Senhor vão fracassar. Mas como colocá-lo em primeiro plano? Agindo da mesma forma que Maria. Nós nos colocamos na posição de discípulos, sentamos a seus pés, o ouvimos e aprendemos com ele. Deixamos, em essência, que Cristo assuma o controle da nossa vida, e, ao fazê-lo, ele trabalha por nós e por nosso intermédio para realizar o bem que o nosso coração pecador não consegue, "pois é Deus quem efetua em vocês tanto o querer quanto o realizar, de acordo com a boa vontade dele" (Filipenses 2:13).

Se alguém quiser acompanhar-me, negue-se a si mesmo, tome a sua cruz e siga-me (Marcos 8:34).

❧ Pontos para Lembrar ❧

❖ Por vezes constatamos que a boa obra que, de início, seria para servir a Jesus, torna-se uma maneira de servir a nós mesmos.
❖ Deus se alegra mais com a atenção silenciosa de uma serva sincera do que com o serviço alardeado de alguém amargurado.
❖ É o coração por trás do serviço que interessa ao Senhor.

❧ Oração do Dia ❧

Jesus, deixamos hoje tudo o que somos diante de ti — nossas tentativas de fazer o bem, nossos dons espirituais, nossas atitudes amarguradas. Nós nos colocamos inteiramente diante de ti e pedimos que estejas no controle. Não somos nada sem ti. Perdoa-nos quando pensamos o contrário. Amém.

Terceiro dia: O funeral

CONFUSA EM MEIO AOS ENLUTADOS

Havia um homem chamado Lázaro. Ele era de Betânia, do povoado de Maria e de sua irmã Marta. E aconteceu que Lázaro ficou doente (João 11:1)

Então as irmãs de Lázaro mandaram dizer a Jesus: "Senhor, aquele a quem amas está doente (versículo 3).

Quando novamente encontramos Maria nos Evangelhos, a cena em Betânia é outra completamente diferente. Em vez de um jantar de comemoração, podemos vê-la com a irmã Marta lamentando a morte de um ente querido: o irmão delas, Lázaro.

Imagine por um momento que a cena está transcorrendo nos tempos atuais. Na capela, um profundo silêncio. As pessoas cumprimentam-se com sorrisos e acenos discretos, e, como a igreja está cheia, você fica no fundo, atrás de todos. O sol da tarde, ao atravessar os vitrais, forma prismas cujos raios púrpura e dourados iluminam o rosto das pessoas, você então reconhece duas mulheres no primeiro banco. São Maria e Marta, as irmãs de Lázaro. Em silêncio, a pensativa Maria; agitada, a atarefada Marta. Até mesmo nessa hora ela não consegue ficar sentada imóvel. Ela olha ao redor, procurando por alguém. Você se pergunta: *Quem será?*

Em poucos tempo surge a resposta. Assim que um homem entra, Marta corre em sua direção para recebê-lo. Caso você não soubesse o seu nome, os muitos sussurros já o teriam informado: "É Jesus". Todos voltam a cabeça. Ele usa uma gravata, e você tem a impressão de que não é hábito dele usar aquilo, pois o colarinho parece apertado e o paletó, fora de moda. Cerca de uma dúzia de homens o seguem, alguns ficam no corredor e outros, na entrada. Estão com os olhos cansados, como se tivessem viajado a noite toda.

Jesus abraça Marta e ela chora. Vendo-a assim, você se pergunta: *o que Jesus vai fazer? O que ele vai dizer? Ele falou com os ventos e os demônios. Notável. Mas e a morte? Será que ele teria algo a dizer sobre a morte?* Seus pensamentos são interrompidos pela acusação de Marta: "Senhor, se estivesses aqui meu irmão não teria morrido" (João 11:21).

Você não pode culpá-la pela frustração, pois quando Lázaro adoeceu, ela e Maria enviaram uma mensagem urgente para Jesus; e, se o Nazareno tinha de curar alguém, esse seria ele. Você esperava que na parte seguinte da história fosse ler: "Jesus amava Maria, e sua irmã, e Lázaro... e então Cristo se dirigiu rapidamente até a casa deles para curar Lázaro," mas aconteceu exatamente o contrário.

Quando ouviu falar que Lázaro estava doente, ficou mais dois dias onde estava (versículo 6).

Embora amasse os três, Cristo demorou a chegar, e Lázaro acabou morrendo. E, então, quando finalmente chegou, Marta estava tão abalada que não sabia direito o que dizer. Sentia-se como muitos que encontramos num funeral — os que se mostram confusos em meio aos enlutados. "Ajuda-me a entender isso, Jesus".

"Eu sou a ressurreição e a vida", você ouve Jesus dizer a ela. "Aquele que crê em mim, ainda que morra, viverá; e quem vive e crê em mim não morrerá eternamente. Você crê nisso?". E então você vê Marta concordar lentamente com a cabeça. "Sim, Senhor, eu tenho crido que tu és o Cristo, o filho de Deus que devia vir ao mundo" (João 11:25-27).

LIÇÃO 8 ❖ MARIA DE BETÂNIA ❖ Terceiro dia: O funeral

1. Leia João 11:1-27. Observe no versículo 6 que, quando Jesus "ouviu falar que Lázaro estava doente, ficou mais dois dias onde estava". Por que você acha que Cristo permaneceu onde estava em vez de se apressar e se colocar junto ao leito de Lázaro?

_____
_____
_____
_____

Prosseguiu dizendo-lhes: "Nosso amigo Lázaro adormeceu, mas vou até lá para acordá-lo." Seus discípulos responderam: "Senhor, se ele dorme, vai melhorar." [...] Então lhes disse claramente: "Lázaro morreu, e para o bem de vocês estou contente por não ter estado lá, para que vocês creiam. Mas, vamos até ele" (João 11:11-12, 14-15).

2. Marta ficou confusa pela demora de Jesus, e, sem dúvida, Maria também. Quando, em sua vida, ficou perturbado com uma resposta de Deus aparentemente atrasada? Durante esse tempo, que oração você dirigiu a ele?

_____
_____
_____
_____
_____
_____

3. Leia os versículos 20-21. Quais as diferenças no modo de agir de Maria e Marta quando Jesus finalmente chega? O que isso nos diz em relação ao modo como as irmãs lidam com a confusão que tomava conta delas em decorrência da demora do Senhor?

_____
_____
_____
_____
_____
_____

Quando Marta ouviu que Jesus estava chegando, foi encontrá-lo, mas Maria ficou em casa (versículo 6).

4. Apesar da morte de Lázaro, Marta diz a Jesus que acredita que ele ainda fará um milagre. O que podemos extrair desse exemplo de fé? Como podemos seguir esse modelo quando não entendermos os planos de Deus?

_____
_____
_____
_____

Mas sei que, mesmo agora, Deus te dará tudo o que pedires (versículo 22).

SENHOR DOS VIVOS E DOS MORTOS

Você assiste recostado em sua cadeira o que Jesus fará na sequência; mas o que realmente ele *pode* fazer? Afinal de contas, Lázaro está no sepulcro há quatro dias, e agora o corpo dele começa a se decompor. Qualquer esperança para Lázaro, por menor que fosse, já se fora há um bom tempo.

O que você vê em seguida o surpreende. Jesus senta-se próximo a Maria, coloca um dos braços em torno dela e de sua irmã... e *soluça*. Entre os três, uma enxurrada de lágrimas é derramada. São lágrimas que reduzem a frangalhos sua concepção artística de um Cristo indiferente. O Senhor chora.

Ao ver chorando Maria e os judeus que a acompanhavam, Jesus agitou-se no espírito e perturbou-se. Onde o colocaram?", perguntou ele (versículos 33-34).

> *"Tirem a pedra", disse ele* (João 11:39).

Após algum tempo, Jesus abraça Maria, levanta-se e olha em direção ao cadáver. A tampa do caixão está fechada, e ele diz a Marta que é preciso erguê-la. Ela nega com a cabeça, e faz menção de recusar, mas então para, e, voltando-se para o agente funerário, ela diz: "Abra".

Quando a tampa é retirada, vê-se o rosto de Lázaro. Está pálido como cera. Você pensa que Jesus vai chorar de novo, pois esperaria ouvi-lo falar com o amigo, mas é o que faz. A alguns passos do caixão, Jesus exclama: "Lázaro, venha para fora" (João 11:43). Os pastores sempre se dirigem aos vivos. Mas a um morto? Uma coisa é certa: é melhor ouvirmos um barulho no caixão ou o pastor terá de fazer terapia. Você e os demais ouvem um barulho.

Há um movimento no caixão. Lázaro se levanta de pronto, pisca e olha em volta, na sala, como se alguém o tivesse levado para lá durante um cochilo. Uma mulher solta um berro, outra desmaia, e todos gritam. E você? Olha admirado. *Gente morta não sai do túmulo... sai?* Homens mortos não acordam. Corações de mortos não batem. Sangue seco não corre nas veias. Pulmões inertes não se enchem de ar. Não, os mortos não voltam — a menos que ouçam a voz do Senhor da vida.

> *O morto saiu, com as mãos e os pés envolvidos em faixas de linho e o rosto envolto num pano. Disse-lhes Jesus: "Tirem as faixas dele e deixem-no ir"* (versículo 44)

Cristo é, afinal, "Senhor de vivos e de mortos" (Romanos 14:9). Quando ele fala ao morto, o defunto escuta. De fato, se Jesus não tivesse se dirigido a Lázaro pelo nome, os ocupantes de todas as tumbas da terra teriam se levantado.

Você nunca sabe o que dizer nos funerais, porém, nesse dia, aprende algo: *há momentos em que não se deve dizer nada*. Suas palavras não podem dispersar um nevoeiro, mas sua presença pode amenizá-lo. Suas palavras não podem trazer Lázaro de volta às irmãs, mas as de Deus podem, e é apenas uma questão de tempo antes que ele diga que "O próprio Senhor descerá dos céus, e os mortos em Cristo ressuscitarão primeiro" (1 Tessalonicenses 4:16).

Até então, tal como Maria, você se afligirá, mas não como aqueles que não têm esperança, e ficará atento à voz do Mestre, porque agora sabe que é ele quem tem a palavra final sobre a morte.

> *Senhor, se estivesses aqui meu irmão não teria morrido* (versículo 32).

5. Leia o restante da história em João 11:28-41. Marta e Maria reagiram de modos diferentes quando Cristo chegou em Betânia. Mas o que há de semelhante nas primeiras palavras que elas disseram a Jesus (veja os versículos 21, 32)? Que emoções você sentiu por trás dessas palavras?

_____
_____
_____
_____

> *Jesus chorou* (versículo 35).

6. Perceba no versículo 35 que, embora Jesus soubesse que estava prestes a ressuscitar Lázaro dos mortos, mesmo assim ele ainda chorou com Maria. Por que acha que Cristo fez isso? O que o levou às lágrimas naquele momento específico?

_____
_____
_____
_____

LIÇÃO 8 ❖ MARIA DE BETÂNIA ❖ Terceiro dia: O funeral

7. O que o choro de Jesus com Maria nos diz sobre o tipo de Deus a que servimos? Que conforto sente ao saber que Cristo pranteou com os que choraram? Por que acha que Paulo ensina que devemos chorar "com os que choram" (Romanos 12:15)?

___

Alegrem-se com os que se alegram; chorem com os que choram (Romanos 12:15).

8. Após ter compartilhado do sentimento de Maria, Jesus demonstrou sua supremacia sobre a morte e mandou que Lázaro levantasse. O que os versículos a seguir dizem sobre as ressurreições que todos os cristãos em Cristo um dia experimentarão?

Salmo 17:15: "Quanto a mim, feita a justiça, verei a tua face; quando despertar, ficarei satisfeito ao ver a tua semelhança".

___

Romanos 8:11: "E, se o Espírito daquele que ressuscitou Jesus dentre os mortos habita em vocês, aquele que ressuscitou a Cristo dentre os mortos também dará vida a seus corpos mortais, por meio do seu Espírito, que habita em vocês".

___

1Coríntios 15:51-52: "Nem todos dormiremos, *mas* todos seremos transformados, num momento, num abrir e fechar de olhos, ao som da última trombeta. Pois a trombeta soará, os mortos ressuscitarão incorruptíveis e nós seremos transformados".

___

Apocalipse 22:3-5: "Já não haverá maldição nenhuma. O trono de Deus e do Cordeiro estará na cidade, e os seus servos o servirão. Eles verão a sua face, e o seu nome estará em suas testas. Não haverá mais noite. Eles não precisarão de luz de candeia, nem da luz do sol, pois o Senhor Deus os iluminará; e eles reinarão para todo o sempre".

_____

_____

_____

_____

Portanto, visto que temos um grande sumo sacerdote que adentrou os céus, Jesus, o Filho de Deus, apeguemo-nos com toda a firmeza à fé que professamos, pois não temos um sumo sacerdote que não possa compadecer-se das nossas fraquezas, mas sim alguém que, como nós, passou por todo tipo de tentação, porém, sem pecado (Hebreus 4:14-15).

A história de Maria, Marta e Lázaro nos mostra que, quando vivemos um momento de dor, não só temos um Deus que caminha conosco, como temos também um Senhor que nos abraça e chora conosco. Como o autor de Hebreus afirma: "Não temos um sumo sacerdote que não possa compadecer-se" (4:15). Nas Escrituras, vemos que uma das mais belas características do Criador é sua habilidade de se identificar de maneira tão próxima com seus filhos, mas, ainda assim, permanecer tão soberanamente no controle. Por um lado, ele está intimamente próximo de nós, enquanto, por outro, está supremamente no controle. Ele é aquele que pode nos encontrar onde estivermos e, ainda assim, nos assegurar um final esperançoso por vir. E não é de um consolador assim que nossas almas necessitam?

Pontos para Lembrar

❖ Jesus é a ressureição e a vida, e ele venceu a morte.
❖ Cristo compartilha de nossa dor, mas ele nos traz a esperança, pela supremacia que tem sobre a morte.
❖ Se o Espírito Santo habita em nós, vivenciaremos a vida eterna.

Consolem, consolem o meu povo, diz o Deus de vocês (Isaías 40:1).

Oração do Dia

Senhor, obrigado por ser um Deus que se compadece com os nossos sofrimentos. Porque chegaste neste mundo em forma de homem e viveste entre nós, sabemos que servimos ao Salvador que se identifica com todas as nossas emoções, necessidades e desejos. Quando caminharmos em meio ao sofrimento, que possamos segurar a tua mão enquanto nos mantemos firmes na esperança da eternidade que tu nos ofereces. Amém.

Quarto dia: O jantar festivo

UM ATO DE AMOR LEMBRADO

Quando Marta ouviu que Jesus estava chegando, foi encontrá-lo, mas Maria ficou em casa (João 11:20).

A Maria de Betânia que vimos atuou mais como um personagem de fundo. Ela escutava aos pés de Jesus e despertou a ira de sua irmã muito prepotente, mas não soubemos qual foi sua resposta. Quando o irmão morreu e ela soube que o Senhor finalmente havia chegado, ficou em casa, enquanto Marta saiu para encontrar Cristo. Só quando Marta lhe disse que Jesus perguntara por

LIÇÃO 8 ❖ Maria de Betânia ❖ Quarto dia: O jantar festivo

ela, é que Maria foi ao encontro dele. Ao vê-lo, suas palavras expressaram o mesmo desapontamento da irmã: "*Senhor, se estivesses aqui meu irmão não teria morrido*" (João 11:32).

Entretanto, na vez seguinte que encontramos Maria, logo após a ressurreição de Lázaro, ela ocupa o centro do palco ao praticar um ato ousado de amor que o mundo lembraria para sempre. A cena ocorre seis dias antes da Páscoa, novamente na cidade de Betânia, quando Jesus está ali para um jantar. Na ocasião, o lugar da confraternização é na casa de um homem chamado Simão, descrito como "o leproso" (Mateus 26:6).

Antes, ele fora conhecido como Simão, o leproso. Agora, não mais. Era apenas Simão. Não sabemos ao certo quando Jesus o curou, mas sabemos como era o seu estado antes da cura. Ombros caídos, sem dedos nas mãos, bolhas infeccionadas no braço e nas costas, coberto de trapos, em suma, um vulto esfarrapado que escondia todo o rosto, à exceção dos dois olhos brancos saltados.

Mas isso foi antes do toque de Jesus, mas agora ele está recebendo o Senhor e seus discípulos para um jantar. Um ato simples, mas significativo, afinal, os fariseus já estão preparando uma cela para Cristo, e não tardará até que apontem Lázaro como cúmplice — e todos eles podem figurar nos cartazes de "procurado" até o final de semana. É preciso coragem para receber um homem perseguido em casa.

Entretanto, é preciso mais coragem ainda para colocar a mão nas feridas de um leproso, e Simão não se esqueceu do que Jesus fizera e nem poderia. Onde houvera um toco, agora havia um dedo para sua filha segurar; onde houvera feridas ulcerosas, havia agora pele para sua esposa acariciar. E tendo vivido longas horas solitárias de quarentena, agora passava horas felizes como aquela — uma casa cheia de amigos, uma mesa farta de comida.

Estando Jesus em Betânia, na casa de Simão, o leproso (Mateus 26:6).

Mas alguns deles foram contar aos fariseus o que Jesus tinha feito (João 11:46).

1. Leia Mateus 26:1-5. O que aconteceu pouco antes de Jesus ir ao jantar na casa de Simão? Qual era a trama contra Cristo?

_____
_____
_____
_____
_____

Os chefes dos sacerdotes e os líderes religiosos do povo se reuniram no palácio do sumo sacerdote [...] e planejaram prender Jesus à traição (Mateus 26:3-4).

2. Os líderes judeus tramavam a morte de Jesus, e seus seguidores estavam em perigo (leia João 12:9-10). Por esse motivo, era bastante arriscado para Cristo e os discípulos irem ao jantar de Simão. Descreva uma situação em sua vida em que encontrou pessoas hostis ao Senhor e foi tão corajoso quanto Simão ou mais tímido para expressar a sua fé? Explique.

_____
_____
_____
_____
_____

Enquanto isso, uma grande multidão de judeus, ao descobrir que Jesus estava ali, veio, não apenas por causa de Jesus, mas também para ver Lázaro, a quem ele ressuscitara dos mortos (João 12:9).

3. O que se pode depreender, a respeito de Simão, do fato de ele estar disposto a realizar aquele jantar, apesar de os sacerdotes e anciãos estarem conspirando para matar Jesus?

_____
_____
_____
_____
_____

4. Embora não possamos convidar o Senhor para uma refeição física em nossa casa, podemos, assim como Simão, dispor de um tempo para agradecer a ele. Do que Jesus curou você? O que tem a lhe agradecer? Escreva a seguir as palavras de uma oração que expressem sua gratidão a Deus.

_____
_____
_____
_____
_____
_____

> *Dando graças constantemente a Deus Pai por todas as coisas, em nome de nosso Senhor Jesus Cristo (Efésios 5:20).*

NENHUMA DÚVIDA

Ao analisar os eventos da crucificação que se seguem, é inevitável cogitar "E se?". E se Pilatos tivesse vindo em defesa do inocente? E se Herodes tivesse pedido ajuda a Cristo em vez de pedir que ele o entretivesse? E se o sumo sacerdote estivesse tão preocupado com a verdade quanto com a posição que ocupava? E se algum deles tivesse dado as costas à multidão, voltado a face para Jesus e tomado posição a favor dele?

Mas ninguém fez nada disso, pois a montanha do prestígio era alta demais e a queda seria muito grande. Mas Simão arriscou e proporcionou a Jesus uma boa refeição. Não foi muito, mas mais do que a maioria, e, quando os sacerdotes o acusaram e os soldados bateram nele, talvez Cristo tenha se lembrado do que Simão havia feito e se sentido fortalecido. E ao recordar o jantar de Simão, talvez tenha se lembrado do gesto de Maria, que também ocorreu ali.

Nesse jantar oferecido em homenagem a Jesus, lemos que Marta servia, enquanto Lázaro estava à mesa com ele, mas para Maria, apenas oferecer o jantar não era suficiente. "Então Maria pegou um frasco de nardo puro, que era um perfume caro, derramou-o sobre os pés de Jesus e os enxugou com os seus cabelos. E a casa encheu-se com a fragrância do perfume" (João 12:3).

Dessa vez, não está escrito que Marta fez objeções, pois ela evidentemente tinha aprendido que há um lugar para o louvor e a adoração, e que era isso o que sua irmã, Maria, estava fazendo. Maria praticou um ato de adoração, pois era o que ela amava fazer. O cheiro do perfume inundou a casa, tal como o som do louvor pode preencher uma igreja, e Jesus recebeu o gesto como uma demonstração extravagante de amor — o de uma amiga que lhe entregava seu presente mais valioso.

> *Estando [Jesus] em Betânia, reclinado à mesa na casa de um homem conhecido como Simão (Marcos 14:3).*

> *Marta servia, enquanto Lázaro estava à mesa com ele (João 12:2)*

> *Para Deus somos o aroma de Cristo entre os que estão sendo salvos e os que estão perecendo (2Coríntios 2:15)*

LIÇÃO 8 ❖ Maria de Betânia ❖ Quarto dia: O jantar festivo

Enquanto Jesus estava pregado na cruz, nos perguntamos se ele estaria sentindo a fragrância na pele, o que não seria de todo improvável, afinal, o perfume pesava 120 gramas, e era importado, concentrado, doce e forte o bastante para perfumar a roupa de um homem por vários dias.

Entre as chibatadas, temos de nos perguntar se ele reviveu aquele momento. Ao abraçar o pilar romano, preparando-se para o próximo açoite nas costas, será que teria se lembrado do óleo que acalmara sua pele? Teria ele visto, entre as mulheres que o fitavam, o rosto pequeno e suave de Maria, a que cuidara dele?

Ela foi a única a acreditar nele. Sempre que Jesus falou sobre sua morte, os outros não se importaram, os outros duvidaram, mas Maria acreditou. Creu porque Cristo falou com uma firmeza que ela ouvira antes: "Lázaro, venha para fora!" Jesus exigiu e seu irmão saiu, depois de quatro dias no sepulcro lacrado com pedras, ele saiu caminhando. Após beijar as mãos, mornas agora, do irmão recentemente falecido, ela olhou para o Senhor. Seus filetes de lágrimas estavam secos agora e seus dentes brilhavam. Ele sorria.

Naquele instante, ela soube, em seu coração, que nunca mais duvidaria das palavras dele.

5. Leia João 12:1-3. Quando ocorreu esse jantar? Como Maria ungiu Jesus?
_____
_____
_____
_____

6. João fala que o perfume usado por Maria era caro. Judas disse que custava 300 denários e acredita-se que um denário equivaleria ao salário de um dia de um trabalhador braçal. Ou seja, o preço da essência seria aproximadamente o valor de um ano de trabalho.[1] Assim, o que isso revela sobre o gesto de Maria?
_____
_____
_____
_____

7. Por que derramar o perfume caro em Jesus seria um ato de adoração por parte de Maria?
_____
_____
_____
_____

8. O que poderia derramar diante de Jesus, neste exato momento, como um ato de adoração?
_____
_____

Vamos para a habitação do Senhor! Vamos adorá-lo diante do estrado de seus pés! (Salmos 132:7).

_____
_____
_____

Não por meio de sangue de bodes e novilhos, mas pelo seu próprio sangue, ele entrou no Lugar Santíssimo, de uma vez por todas, e obteve eterna redenção (Hebreus 9:12).

No Antigo Testamento, a lei de Deus ordenava que as pessoas fizessem ofertas ao Senhor no templo. Um carneiro no dia do perdão, a primeira colheita de um fazendeiro, o pombo de um camponês... Tudo isso era sacrificado no altar do templo. Os sacrifícios eram um modo de as pessoas expressarem o louvor ao Criador e a gratidão pelo perdão de seus pecados, mas acima de tudo, os sacrifícios serviam como um prenúncio do maior sacrifício que estava por vir: a morte de Cristo. Portanto, a amorosa adoração de Maria em relação a Jesus, envolvia despejar uma oferenda sobre a maior de todas as oferendas jamais concedida. Ela ofertou ao Senhor Jesus o que tinha de mais caro no mundo, para ungi-lo durante a morte e o sepultamento que ele viria a suportar como o preço a ser pago por nossos pecados. Que possamos todos adorá-lo como Maria! Que possamos amá-lo muito a ponto de colocar tudo o que possuímos, todas as pessoas que amamos, tudo o que somos, a seus pés!

Pontos para Lembrar

❖ Jesus merece nossa homenagem e a adoração pela obra de cura que fez em nossas vidas.
❖ A adoração nos permite que coloquemos nossa vida aos pés de Cristo.
❖ Nossos sacrifícios de adoração são uma oferenda de doce perfume que aponta para o Senhor Jesus, o maior sacrifício jamais feito.

Oração do Dia

Jesus, agradecemos hoje pelo sacrifício que fizeste por nós na cruz. Nós te agradecemos por teres derramado teu corpo diante do Pai de modo que pudéssemos estar diante de ti na eternidade. És merecedor de toda a nossa glória e adoração. Nós te amamos. Amém.

Quando ainda éramos fracos, Cristo morreu pelos ímpios (Romanos 5:6).

Quinto dia: Um amor que aproveita a oportunidade

A FRAGRÂNCIA DA FÉ

Assim foi que, quando Cristo falou sobre sua morte, Maria acreditou, e, ao ver Simão, Jesus e Lázaro juntos, não conseguiu resistir. Simão, o leproso, jogava a cabeça para trás, numa risada; Lázaro, o cadáver ressuscitado, se inclinava para ver o que o Senhor dizia; e Jesus, a fonte de vida para ambos, começava a contar sua piada uma segunda vez.

LIÇÃO 8 ❖ MARIA DE BETÂNIA ❖ Quinto dia: Um amor que aproveita oportunidade

O momento certo é agora, ela dissera a si mesma. Não foi um gesto impulsivo; pois ela havia carregado o grande frasco de perfume da sua casa até a casa de Simão. Não foi um gesto espontâneo, mas foi extravagante, uma vez que o perfume equivalia ao salário de um ano de trabalho. Talvez fosse a única coisa de valor que ela possuía, e não era uma atitude lógica, mas desde quando o amor é conduzido pela lógica?

A lógica não havia tocado Simão, o bom senso não tinha chorado diante da tumba de Lázaro e o ponto de vista prático não tinha alimentado multidões nem amado as crianças. O amor tinha feito isso, o amor extravagante, ousado, que sabe aproveitar a oportunidade. E, agora, alguém precisava demonstrar o mesmo para o doador de tal amor.

Foi o que Maria fez: aproximou-se de Jesus por trás e ficou de pé ali com um frasco que tinha nas mãos. Em poucos instantes, todos se calaram e arregalaram os olhos ao observar os dedos nervosos da mulher remover a tampa ornamentada. Apenas Cristo não havia percebido a presença dela, e, no momento em que ele notou que todos olhavam para trás, ela começou a derramar... sobre a cabeça, sobre os ombros, por suas costas, e teria se derramado sobre ele, se pudesse.

A fragrância inundou completamente a sala, e o cheiro do cordeiro assado e das especiarias se perdeu no doce aroma do unguento. "Onde quer que vás", disse o gesto de Maria, "sinta esse aroma e lembre-se de alguém que se importa contigo." Na pele dele, a fragrância da fé, e, em suas roupas, o bálsamo da crença. Até mesmo quando os soldados mais tarde rasgaram suas vestes, o gesto dela levou o perfume ao sepulcro.

Ela quebrou o frasco e derramou o perfume sobre a cabeça de Jesus (Marcos 14:3).

1. Leia 12:4-11. Por que Judas se opôs a esse ato de louvor da parte de Maria? O que João revela que era o verdadeiro motivo por trás da reclamação dele?
   _____
   _____
   _____
   _____

Ele não falou isso por se interessar pelos pobres, mas porque era ladrão (João 12:6).

2. Como Jesus respondeu à objeção de Judas? O que ele quis dizer com "Deixe-a em paz; que o guarde para o dia do meu sepultamento" (versículo 7)?
   _____
   _____
   _____
   _____

Respondeu Jesus: "Deixe-a em paz; que o guarde para o dia do meu sepultamento" (versículo 7).

3. Leia Mateus 26:7 e João 12:3. Era um costume da época ungir a cabeça dos convidados, mas Maria foi além ao ungir os pés de Jesus. O que o fato de Maria se dispor a sentar-se aos pés do Senhor diz a respeito dela? O que diz sobre o relacionamento dela com Cristo?
   _____
   _____
   _____
   _____

Derramou-o sobre os pés de Jesus (João 12:3).

Se alguém permanecer em mim e eu nele, esse dará muito fruto (15:5).

4. O amor de Maria por Jesus era profundo. Talvez seja fácil para você amar Cristo tanto quanto Maria, mas talvez você relute. Independentemente de onde hoje está seu amor, de que forma poderia amar mais Jesus (ver João 15:5 e João 4:19)?

_____
_____
_____
_____
_____

UM ATO LEMBRADO

Os discípulos, ao verem isso, ficaram indignados (Mateus 26:8).

Os outros discípulos zombaram da extravagância dela e pensaram que aquilo era uma bobagem. Que ironia! Jesus os havia salvado de um barco que afundava no mar tempestuoso, tinha dado a eles condições de curar e orar e havia trazido foco para suas vidas sem rumo, mas naquele momento, esses discípulos — receptores do amor exorbitante de Cristo — criticavam a generosidade dela.

"Por que este desperdício? Este perfume poderia ser vendido por alto preço, e o dinheiro, dado aos pobres", os discípulos reclamavam, então, não perca a defesa imediata que Jesus fez de Maria. "Por que vocês estão perturbando essa mulher? Ela praticou uma boa ação para comigo" (Mateus 26:10). A mensagem de Cristo é tão poderosa hoje quanto foi naquela hora. Não perca isso. Há um momento para o amor que arrisca, há uma ocasião para gestos extravagantes e há um instante para derramar seu afeto sobre quem você ama; e, quando esse momento chegar, aproveite-o, não o perca.

Pois os pobres vocês sempre terão com vocês, e poderão ajudá-los sempre que o desejarem. Mas a mim vocês nem sempre terão (Marcos 14:7).

O jovem marido está empacotando os pertences de sua mulher. É um ato solene. O coração está pesado, pois nem em sonhos poderia imaginar que ela morreria tão jovem, mas o câncer veio tão implacável, tão rápido. No fundo da gaveta, ele encontra uma caixa com uma camisola sem uso, ainda embrulhada. "Ela esperava por uma ocasião especial", diz para si mesmo, "sempre esperando..."

Quando o menino na bicicleta assiste às provocações dos estudantes, ele se revolta, pois é do seu irmãozinho que estão rindo e ele sabe que deveria parar e defender o irmão, mas... os provocadores são seus amigos. O que vão pensar? E como o que pensam tem importância, ele se vira e vai embora, pedalando.

Quando o marido olha na vitrine da joalheria, ele racionaliza: "É claro que ela iria querer o relógio, mas é tão caro. Ela é uma mulher prática. Vou dar uma pulseira. Um dia... eu compro o relógio".

Um dia. O inimigo do amor que arrisca é como uma cobra cuja língua dominou a fala da enganação.

"Um dia" — ele sussurra.

"Um dia, eu a levarei num cruzeiro."

"Um dia, vou ter tempo para telefonar e conversar."

"Um dia, as crianças entenderão por que eu sempre estava ocupado."

Vocês nem sabem o que lhes acontecerá amanhã! [...] Vocês são como a neblina que aparece por um pouco de tempo e depois se dissipa (Tiago 4:14).

Mas você sabe a verdade, não é? Sabe mesmo antes de eu escrever aqui. Você poderia dizer melhor do que eu. *Há dias que nunca chegam.* O preço do ser prático é muitas vezes mais alto do que o da extravagância, mas a recompensa do amor que arrisca será sempre maior do que o seu custo. Faça um

LIÇÃO 8 ❖ Maria de Betânia ❖ Quinto dia: Um amor que aproveita oportunidade

esforço, dedique tempo, escreva a carta, peça desculpas, compre um presente. Faça isso. Aproveitar uma oportunidade gera alegria, mas desprezar uma oportunidade gera arrependimento.

5. Todos nós, tal como os discípulos, julgamos o ato extravagante de adoração feito por outra pessoa por ciúme, má interpretação ou hipocrisia. Mas o que essa história nos revela sobre o tipo de adoração que Deus deseja de nós?

___
___
___
___

6. De que modo tem adorado a Deus com o amor que arrisca? Quais foram os resultados desse modo de adoração tanto para você quanto para os outros?

___
___
___
___

7. Como o próprio termo define, amor que arrisca envolve *risco*. Pela leitura feita, o que aconteceu no final da história (veja João 12:9-11)? Quais foram as consequências para Maria e sua família pelo seu gesto ousado de amor? Acha que o preço valeu a pena para ela?

___
___
___
___

Uma grande multidão de judeus, ao descobrir que Jesus estava ali, veio, não apenas por causa de Jesus, mas também para ver Lázaro, a quem ele ressuscitara dos mortos. Assim, os chefes dos sacerdotes fizeram planos para matar também Lázaro (João 12:9-10).

8. Nossos atos ousados de amor para Cristo deveriam ser estendidos a outros. Cite ao menos um modo pelo qual você pode mostrar a alguém um generoso ato de amor como Maria mostrou a Jesus. Como colocar em prática esse ato de amor que arrisca para que não confie em só fazê-lo "um dia"?

___
___
___
___

No final da história, Jesus disse: "[Maria] praticou uma boa ação para comigo. [...] derramou este perfume sobre o meu corpo, a fim de me preparar para o sepultamento. Eu lhes asseguro que em qualquer lugar do mundo inteiro onde este evangelho for anunciado, também o que ela fez será contado, em sua memória" (Mateus 26:10, 12-13). O gesto de adoração de Maria ao seu Senhor jamais seria esquecido. Seu ato arriscado de amor, ungindo Cristo para o seu sepultamento, foi um presente ousado, oferecido no momento certo.

Eu lhes asseguro que onde quer que o evangelho for anunciado, em todo o mundo, também o que ela fez será contado em sua memória" (Marcos 14:9).

199

Isso nos leva de volta à história de "Easy Eddie", o gângster de Chicago, no início da lição. Como você se recorda, Eddie delatou Al Capone para que o filho tivesse uma oportunidade justa — e pagou um preço alto por isso quando a Máfia o calou para sempre. Valeu a pena? Creio que Eddie teria dito que sim, se tivesse vivido para ver seu filho, Butch, crescer.

Acho que teria ficado orgulhoso ao saber da indicação de Butch para a Academia Naval em Annapolis. Penso que se orgulharia por ele ter sido convocado como piloto naval na Segunda Guerra Mundial. Acho que teria ficado orgulhoso ao ler que seu filho abatera cinco aviões bombardeiros à noite, no Pacífico, salvando a vida de centenas de tripulantes do porta-aviões *Lexington*. Teria ficado orgulhoso de o jovem ter limpado o nome da família. A Medalha de Honra do Congresso recebida por Butch é prova disso.

Quando as pessoas se referem ao sobrenome O'Hare em Chicago, não pensam mais em gângsteres — agora pensam em *heroísmo na aviação*. Hoje, quando você disser o nome dele, terá algo mais a pensar: os dividendos eternos do amor que arrisca. Pense nisso na próxima vez em que ouvir esse nome, quando desembarcar no aeroporto que recebeu o nome do filho de um gângster que se tornou bom.

O filho de Eddie O'Hare.

Hoje, você pode seguir o exemplo do amor ousado de Maria, que serviu de modelo para Cristo. Há um idoso na sua comunidade que perdeu a esposa há pouco, e uma hora de seu tempo significaria o mundo para ele. Algumas crianças de sua cidade não têm pai que as leve para assistir a um filme ou a um jogo de futebol, mas talvez você possa fazê-lo, e elas não terão como recompensá-lo, e provavelmente não terão dinheiro nem mesmo para a pipoca ou o refrigerante. Mas essas crianças lhe retribuirão com um sorriso de uma orelha à outra por sua bondade.

Ou quem sabe este outro exemplo? No corredor, um pouco distante do seu quarto, há alguém que compartilha o mesmo sobrenome que o seu. Surpreenda esse alguém com uma gentileza, com algo inusitado. Seu dever de casa feito sem reclamação, a mesa do café posta antes que essa pessoa desperte, uma carta de amor endereçada a esse alguém sem um motivo especial, um frasco de alabastro derramado... *só por fazer*.

Quer salvar um dia das amarras do tédio? Realize ações excessivamente generosas, atos além de qualquer recompensa — bondade sem retorno. Pratique uma ação que não possa ser reembolsada e arrisque-se em seus atos de amor, da mesma maneira que Maria ousou fazer.

As palavras agradáveis são como um favo de mel, são doces para a alma e trazem cura para os ossos (Provérbios 16:24).

Pontos para Lembrar

- ❖ Jesus é o autor do amor que arrisca, do amor que aproveita a oportunidade. Ele deseja que estendamos o mesmo tipo de amor aos outros.
- ❖ Há um tempo para praticarmos atos de amor extravagantes — e a recompensa para essas ações ousadas sempre supera o custo.
- ❖ Precisamos nos empenhar em agir de maneira excessivamente generosa, com atos de bondade sem esperar retorno e serviços além de qualquer recompensa — pois é esse o amor que Deus nos mostrou.

Oração do Dia

Senhor Jesus, tu és o exemplo do amor ousado, que aproveita a oportunidade, pois nos deste a ti mesmo como presente extravagante por tua morte na cruz. Hoje, somos humildes e transbordamos de gratidão por teu sacrifício em nosso favor. Possamos nós, generosamente, espalhar teu fantástico amor para os outros. Em teu nome, oramos. Amém.

Versículo Semanal para Memorizar

O meu mandamento é este: Amem-se uns aos outros como eu os amei. Ninguém tem maior amor do que aquele que dá a sua vida pelos seus amigos

João 15:12

Leitura suplementar

Ao longo desta lição, foram citados trechos extraídos de *And the Angels Were Silent* [publicado no Brasil como: *E os anjos silenciaram*. São Paulo: United Press, 1999]; *He Still Moves Stones* [publicado no Brasil como: *Ele ainda remove pedras*. São Paulo: CPAD, 2003]; *A Gentle Thunder* [Um trovão suave]. Nashville: Thomas Nelson, 1995; *Next Door Savior* [publicado no Brasil como: *O Salvador mora ao lado*. São Paulo: CPAD, 2004] e *It's Not About Me* [Nada a ver comigo]. Nashville, Thomas Nelson, 2004.

Notas

1. Earl Radmacher, Ronald B. Allen, H. Wayne House (eds.). *Nelson's New Illustrated Bible Commentary* [Comentário à Bíblia Ilustrada da Nelson]. Nashville: Thomas Nelson, 1999, p. 1343.

LIÇÃO 9

MARIA MADALENA

ENCONTRO COM O DEUS DAS SURPRESAS

Sabe quando relê uma história que acha que já conhecia e, de repente, percebe algo novo que ainda não tinha notado? Sabe como pode acontecer de ler sobre o mesmo evento cem vezes e só na centésima primeira descobrir algo tão impactante e inédito que faz você indagar a si mesmo se não esteve dormindo durante as leituras anteriores?

Talvez você tenha começado a ler a história na metade, em vez do início. Ou, quem sabe, outra pessoa a lê em voz alta, fazendo uma pausa em um lugar que você normalmente não faria e... opa! Aquilo o atinge em cheio. Você pega o livro, lê, certo de que alguém copiou ou leu algo errado. E, então, você o relê e diz: "como é que pode"... "Olha só pra isso!"

Bem, aconteceu comigo hoje. Sabe Deus quantas vezes li a história da ressurreição. No mínimo, em algumas dezenas de Páscoas e, no intervalo, umas duzentas vezes. Eu ensinei e escrevi sobre ela. Meditei. Sublinhei. Mas o que vi hoje nunca tinha visto antes.

O que eu vi? Antes de dizer, deixe-me recontar a história.

É madrugada de domingo e o céu está escuro. Na verdade, essas palavras são de João. "Estando ainda escuro [...]" (João 20:1). É uma manhã escura de domingo. Estava escuro desde sexta-feira, escuro por causa da negação de Pedro, pela traição dos discípulos, escuro pro causa da covardia de Pilatos, escuro pela agonia de Cristo, escuro pela alegria de Satanás. A única faísca de luz vinha de um grupo de mulheres que permanecia ali, a distância da cruz — "observando de longe" (Mateus 27:55).

Entre essas mulheres há duas Marias. Uma é a mãe de Tiago e de José; a outra, Maria Madalena. Por que estão ali? Elas estão ali para clamar o nome

No primeiro dia da semana, bem cedo, estando ainda escuro, Maria Madalena chegou ao sepulcro e viu que a pedra da entrada tinha sido removida (João 20:1).

> *Muitas mulheres estavam ali, observando de longe. Elas haviam seguido Jesus desde a Galileia, para o servir* (Mateus 27:55).
>
> *José tomou o corpo [...] e o colocou num sepulcro novo [...]. Maria Madalena [...] estavam assentadas ali, em frente do sepulcro* (versículos 59-61).
>
> *Como é feliz o homem que acha a sabedoria, o homem que obtém entendimento* (Provérbios 3:13).

de Jesus, para que suas vozes sejam as últimas a serem ouvidas por ele, antes de morrer. Estão ali para preparar seu corpo para o sepultamento, tirar-lhe o sangue da barba e limpar o vermelho das pernas. Estão ali para fechar seus olhos, afagar-lhe o rosto, e para serem as últimas pessoas a deixar o Calvário e as primeiras a chegar ao sepulcro.

Então, bem cedo naquela manhã de domingo, elas deixam suas camas e seguem pelo caminho sombreado por árvores. A tarefa delas é triste, pois a manhã promete apenas um encontro: com um cadáver. Lembre-se de que Maria Madalena e a outra Maria não sabem que essa será a primeira Páscoa e também não esperam encontrar o sepulcro vazio. Nem tinham conversado sobre as reações quando vissem Cristo, por que seus sonhos haviam sido frustrados.

Elas jamais imaginariam que a tumba pudesse estar vazia.

1. Em Tiago 1:5, lemos: "Se algum de vocês tem falta de sabedoria, peça-a a Deus, que a todos dá livremente, de boa vontade; e lhe será concedida". De que novos toques do Criador você precisa para um problema que enfrenta hoje?

   _____
   _____
   _____
   _____
   _____

2. De que modo sente-se preso ou estagnado em sua caminhada com o Senhor? Para que áreas de sua vida está precisando se encontrar com o "Deus das surpresas"?

   _____
   _____
   _____
   _____

> *Jesus [...] suportou a cruz, desprezando a vergonha* (Hebreus 12:2).

As lágrimas de Maria Madalena nos mostram que ela não acordou na manhã de domingo esperando que Jesus estivesse vivo, pois o seu Senhor havia morrido e ela estava devastada. Mas, embora ele tivesse sido executado na cruz — um modo vergonhoso de morrer —, ela não sentia vergonha dele. Não estava zangada com Cristo e também não o havia traído. Foi a última a deixar a cruz e a primeira a chegar ao sepulcro. Maria Madalena personifica a lealdade. Não importava o que as outras pessoas diziam sobre ele, a forma como ela o entendia e o desespero que a acometia: ela escolheu ficar junto de Jesus. Ela o serviu até o fim... ou até o que ela pensava ser o fim. Essa lição, que nos leva a olhar para a sua fé, faz com que peçamos a Deus que nos dê a mesma devoção de Maria Madalena. Que peçamos ao Senhor para nos ajudar a permanecer com ele e a servi-lo, não importando o que a vida nos traga ou quão desesperançados estejamos. Que ele permita que a história da ressurreição revigore nosso coração e nos faça lembrar a devoção que a ressurreição de nosso Salvador merece.

LIÇÃO 9 ❖ Maria Madalena ❖ Primeiro dia: A mulher com sete demônios

Oração da Semana

Jesus, tu estás vivo! És merecedor de nossa devoção! Oramos, hoje, para que nos dês um amor firme e inabalável por ti, tal como Maria possuía. Possa a promessa de tua ressurreição brilhar mais do que qualquer desesperança que sentirmos e qualquer desafio que enfrentarmos. Amém.

Primeiro dia: A mulher com sete demônios

OPRIMIDA PELOS DEMÔNIOS

A mulher que conhecemos como Maria Madalena é um dos personagens mais intrigantes que encontramos no Novo Testamento. Ela é invocada ao menos doze vezes nos quatro Evangelhos, mais do que a maioria dos outros apóstolos, embora tenhamos poucas notícias sobre sua vida antes de encontrar Jesus. Uma coisa que sabemos é o seu lugar de nascimento, pois o nome dela é derivado de sua cidade de origem, Magdala, que no tempo de Cristo estava localizada na costa ocidental do mar da Galileia.

Um breve registro em dois dos evangelhos revela outro detalhe fascinante da vida pregressa de Maria: ela havia sido possuída por sete demônios antes que Jesus os expulsasse (ver Lucas 8:2). Não temos uma ideia exata de quando ou como isso ocorreu, mas outra história narrada nos evangelhos de Mateus, Marcos e Lucas nos faz uma descrição do que parecia ser essa possessão pelos demônios e como Jesus os expulsou.

Nesse exemplo, o homem que Cristo curou estava afligido não por sete demônios, mas talvez por *milhares* deles. Jesus encontrou-o logo depois de acalmar os ventos e as ondas que ameaçavam destruir o barco dos discípulos no mar da Galileia. Depois daquela terrível provação para os discípulos, eles deixaram o barco na região costeira conhecida como Gadara e ali se depararam com outra visão assustadora.

> Quando Jesus desembarcou, um homem com um espírito imundo veio dos sepulcros ao seu encontro. Esse homem vivia nos sepulcros, e ninguém conseguia prendê-lo, nem mesmo com correntes; pois muitas vezes lhe haviam sido acorrentados pés e mãos, mas ele arrebentara as correntes e quebrara os ferros de seus pés. Ninguém era suficientemente forte para dominá-lo. Noite e dia ele andava gritando e cortando-se com pedras entre os sepulcros e nas colinas (Marcos 5:2-5)

Tente imaginar esse homem que os discípulos viram naquele dia. Magro, cabelos desgrenhados, a barba, tisnada de sangue, até a altura do peito, os olhos furtivos, deslocando-se em todas as direções, sem se fixar, nu e sem sandálias para proteger os pés das pedras do chão ou roupas que possam proteger a pele

---

Os Doze estavam com ele, e também algumas mulheres que haviam sido curadas de espíritos malignos e doenças: Maria, chamada Madalena (Lucas 8:1-2).

Maria [...] de quem haviam saído sete demônios (versículo 2).

Navegaram para a região dos gerasenos, que fica do outro lado do lago, frente à Galileia. Quando Jesus pisou em terra, foi ao encontro dele um endemoninhado daquela cidade (Lucas 8:26-27).

Fazia muito tempo que aquele homem não usava roupas, nem vivia em casa alguma, mas nos sepulcros (Lucas 8:27).

205

das pedras que leva nas mãos. Ele bate em si mesmo com as pedras, e as marcas das contusões no corpo parecem manchas de tinta. Além disso, as feridas e os cortes abertos atraem moscas.

A casa do homem é uma tumba de pedra calcária, um cemitério das cavernas recortadas nos penhascos da costeira da Galileia, recortada por precipícios. Aparentemente, ele se sente mais seguro entre os mortos do que no meio dos vivos, o que agrada os vivos, pois ele os desconcerta. Consegue ver os grilhões rachados em suas pernas e as correntes quebradas nos pulsos? Ninguém é capaz de controlar o sujeito, ninguém pode contê-lo. Então, como administrar o caos?

Os viajantes navegavam distante da costa por temer os demônios no homem que eram "tão violentos que ninguém podia passar por aquele caminho" (Mateus 8:28). Os aldeões ficavam com o problema e nós ficamos com uma imagem do trabalho de Satanás.

1. A Bíblia nos fala um pouco sobre o passado de Maria Madalena e sobre como ela começou a seguir Jesus. Leia a curta narrativa de Lucas 8:1-3. Desses poucos versículos, o que depreende inicialmente a respeito de Maria? O que ela fez depois que Cristo a curou?

_____
_____
_____
_____
_____

Noite e dia ele andava gritando e cortando-se com pedras entre os sepulcros e nas colinas (Marcos 5:5).

2. Leia Marcos 5:1-5. Da mesma forma como Jesus libertou Maria dos demônios que a possuíam, libertou um homem que vivia na costa da Galileia da possessão dos demônios. O que os demônios levavam o homem a fazer? Como era a vida para ele?

_____
_____
_____
_____
_____

Você crê que existe um só Deus. Muito bem! Até mesmo os demônios creem — e tremem! (Tiago 2:19).

3. "Quando Jesus desembarcou, um homem com um espírito imundo veio *imediatamente* dos sepulcros ao seu encontro" (Marcos 5:2, grifo nosso). Nem todas as traduções incluem a palavra *imediatamente*, mas, no original grego, Marcos inclui esse advérbio. Por que esse termo é importante? O que esse advérbio nos diz sobre Jesus e o mundo demoníaco?

_____
_____
_____
_____
_____

LIÇÃO 9 ❖ Maria Madalena ❖ Primeiro dia: A mulher com sete demônios

4. O que aconteceu quando as pessoas da região tentaram subjugar o homem com correntes? O que isso diz sobre o poder da carne contra o mundo espiritual?

___
___
___
___
___

OS OBJETIVOS DE SATANÁS

Satanás não fica quietinho neste mundo, e um rápido olhar para aquele homem selvagem revela os objetivos dele para você e para mim: *a dor autoimposta*. A força demoníaca usava pedras, mas nós mais sofisticados — usamos drogas, sexo, trabalho, violência e comida. O inferno faz com que nos machuquemos a nós mesmos.

Obsessão pela morte e pelas trevas. Mesmo desacorrentado, o homem selvagem vagueia entre os mortos, onde a maldade se sente em casa. Comungando com os mortos, sacrificando a vida, um fascínio mórbido pelos mortos e pela morte — isso não é obra de Deus.

Inquietação infindável. O homem na costa oriental gritava noite e dia (veja Marcos 5:5). Satanás produz um frenesi raivoso. "Quando um espírito imundo sai de um homem", diz Jesus, "passa por lugares áridos procurando descanso" (Mateus 12:43).

Isolamento. O homem está completamente só no seu sofrimento, e esse é o plano de Satanás: "O diabo, o inimigo de vocês, anda ao redor como leão, rugindo e procurando a *quem* possa devorar" (1Pedro 5:8, grifo nosso). O companheirismo anula as obras dele.

E Jesus? Cristo destrói a obra do demônio. O Senhor sai do barco com as duas pistolas fumegando: "Saia deste homem, espírito imundo!" (Marcos 5:8). Sem conversa fiada, sem gentilezas e sem saudações, pois os demônios não merecem tolerância. Eles se atiram aos pés de Cristo e imploram por sua misericórdia. O líder da horda intercede pelos outros: "Que queres comigo, Jesus, Filho do Deus Altíssimo? Rogo-te por Deus que não me atormentes!" (versículo 7).

Quando Jesus ordenou que os demônios se identificassem, eles responderam: "Meu nome é Legião, porque somos muitos (versículo 9)". *Legião* é um termo militar romano — uma legião romana compreende 6 mil soldados. Imaginar que tantos demônios habitavam esse homem é assustador, mas não irreal, pois o que os morcegos são para uma caverna, os demônios são para o inferno: muito numerosos para se contar.

5. Leia Marcos 5:6-9. O que Jesus disse quando viu o homem? Como os demônios que tomavam este último responderam a Cristo?

___
___
___
___

Sabemos que somos de Deus e que o mundo todo está sob o poder do Maligno (1João 5:19).

Para isso o Filho de Deus se manifestou: para destruir as obras do Diabo (1João 3:8).

Jesus lhe perguntou: "Qual é o seu nome? "Legião", respondeu ele; porque muitos demônios haviam entrado nele (Lucas 8:30).

Jesus havia ordenado que o espírito imundo saísse daquele homem (Lucas 8.29).

207

[Ele] era levado pelo demônio a lugares solitários (Lucas 8.29).

6. Satanás aprisionou esse homem por meio da dor autoimposta, da obsessão pela morte e pelas trevas, da inquietação infinita e do isolamento. De que modo o inimigo usa essas armas contra sua vida ou contra outra pessoa que você ama? Como combate esses ataques?

_____
_____
_____
_____
_____
_____
_____

Estejam alertas e vigiem. Resistam-lhe [ao demônio], permanecendo firmes na fé [...] (1Pedro 5:8-9).

7. Leia 1Pedro 5:8-9. O que Pedro nos alerta para fazer, como cristãos, nesses versículos? Como podemos "resistir" ao demônio?

_____
_____
_____
_____
_____
_____
_____

8. C. S. Lewis escreveu: "Nossa raça pode cair em dois erros igualmente graves, mas diametralmente opostos, quanto aos demônios. O primeiro é não acreditar na existência deles e o outro é acreditar que eles existem e sentir um interesse excessivo e doentio por eles".[1] Quais desses "erros" você tende a cometer? Qual é o lado negativo de cada um desses enganos?

_____
_____
_____
_____
_____
_____
_____

Vocês todos são filhos da luz, filhos do dia [...]. Portanto [...] estejamos atentos e sejamos sóbrios (1Tessalonicenses 5:5-6).

O inimigo de nossas almas nos ronda e adora quando esquecemos que ele existe, porque isso nos faz baixar as defesas. Ele também gosta quando ficamos obcecados demais por sua existência, pois nos concentramos menos na existência e no poder de Deus. Há uma linha espiritual estreita para caminharmos, e, embora seja verdade que o diabo é tão real hoje como na época de Maria Madalena — e que ele parece aprisionar as pessoas hoje como aprisionava o homem da costa da Galileia —, Deus não deseja que alimentemos aflições ou angústias com relação a Satanás. Como diz Pedro, "estejam alertas e vigiem". Precisamos estar alertas; vigilantes, mas com a cabeça fria. Devemos estar pacificamente conscientes do inimigo e atentos às suas estratégias, pois assim estamos prontos para a batalha, mas em paz, por sabermos que o Vitorioso está do nosso lado.

LIÇÃO 9 ❖ MARIA MADALENA ❖ Segundo dia: A autoridade de Cristo

❦ PONTOS PARA LEMBRAR ❦

- Satanás usa a dor autoimposta, as trevas e o isolamento na tentativa de nos afastar de Deus e dos planos do Criador para nós.
- Jesus nos estende a mão quando estamos presos pelo inimigo, nos liberta do poder de Satanás e nos traz a cura e a restauração.
- Precisamos reconhecer a maldade no mundo e combatê-la com confiança, por meio do poder de Jesus Cristo em nós.

Ele nos ama e nos libertou dos nossos pecados por meio do seu sangue (Apocalipse 1:5).

❦ ORAÇÃO DO DIA ❦

Senhor, ajuda-nos a resistir ao demônio e às suas estratégias. Ajuda-nos a nos prevenir contra o demônio, de modo a não cairmos em suas armadilhas e ficarmos serenos, porque sabemos que tu és o Senhor acima de todas as coisas, inclusive do nosso inimigo. Sabemos que em ti nada temos a temer. Amém.

Segundo dia: A autoridade de Cristo

PARA OS PORCOS

Os demônios nesse homem são numerosos, assim como o eram em Maria Madalena, e são bem equipados — uma legião é um batalhão armado. Satanás e seus amigos vêm para lutar, consequentemente, urge que os cristãos "vistam toda a armadura de Deus, para que possam resistir no dia mau e permanecer inabaláveis, depois de terem feito tudo" (Efésios 6:13).

Devemos agir assim, porque eles são organizados. "A nossa luta é contra os poderes e autoridades, contra os dominadores desse mundo de trevas, contra as forças espirituais do mal nas regiões celestiais" (versículo 12). Jesus fala das "portas do Hades" (Mateus 16:18), uma expressão que sugere o "concílio do inferno". Nosso inimigo tem um exército espiritual complexo e conivente, portanto, despeça-se daquela imagem de um Satanás vermelho com tridente e rabo pontiagudo, pois ele é um demônio forte.

Mas — e essa é a afirmativa principal da passagem — na presença de Deus, o diabo é um fraco. Satanás está para o Criador como um mosquito ante uma bomba atômica, e da mesma maneira que Jesus expulsou os sete demônios de Maria Madalena, ele expulsaria uma legião de demônios daquele homem. Quantidade não era problema para Cristo, pois ele tinha autoridade sobre *todos* os demônios.

Marcos nos conta que um grande rebanho de porcos estava se alimentando nos arredores, então, todos os demônios imploraram a Jesus: "Manda-nos para os porcos, para que entremos neles" (Marcos 5:12). Como a corte do inferno fica pequena na presença de Cristo! Os demônios se inclinam diante dele,

Deixemos de lado as obras das trevas e revistamo-nos da armadura da luz (Romanos 13:12).

Tenham ânimo! Eu venci o mundo (João 16:33).

imploram e obedecem a ele. Nem mesmo um porco eles conseguem arrendar sem sua permissão. "Ele lhes deu permissão, e os espíritos imundos saíram e entraram nos porcos. A manada [...] atirou-se precipício abaixo, em direção ao mar, e nele se afogou" (versículo 13).

> *E implorava a Jesus, com insistência, que não os mandasse sair daquela região (Marcos 5:10).*

1. Leia Marcos 5:10-14. O que a Legião, ou o grupo de demônios dentro do homem, pediu a Jesus? O que aconteceu em função disso?

> *Vistam toda a armadura de Deus, para poderem ficar firmes contra as ciladas do Diabo (Efésios 6:11).*

2. Vá até Efésios 6:10-20. O que é a "armadura de Deus"? Por que Paulo diz que devemos estar equipados com essa armadura? Com que frequência devemos nos equipar com ela?

> *A nossa luta não é contra seres humanos, mas contra [...] as forças espirituais do mal nas regiões celestiais (versículo 12).*

3. De acordo com o versículo 12, lutamos contra quem? Como a lembrança desse versículo pode lhe proporcionar uma perspectiva melhor da próxima vez que surgir um conflito?

> *Usem o escudo da fé, com o qual vocês poderão apagar todas as setas inflamadas do Maligno (versículo 16).*

4. A peça da armadura a ser levada, que segundo Paulo é imprescindível, é o "escudo da fé" (versículo 16). O escudo típico de um soldado romano media cerca de 75 por 120 centímetros, o que significa que protegia o corpo inteiro. Como a fé protege todo o seu ser dos ataques de Satanás? Como a fé destrói as setas do inimigo?

A SERPENTE É ESMAGADA

> *Ele lhe ferirá a cabeça, e você lhe ferirá o calcanhar (Gênesis 3:15).*

Maria Madalena estava entregue a sete demônios e o homem de Gadara estava dominado por milhares. Essas histórias nos fazem lembrar que, mesmo que Satanás nos perturbe, ele não consegue nos derrotar, pois a cabeça da serpente foi esmagada (leia Gênesis 3:15).

LIÇÃO 9 ❖ Maria Madalena ❖ Segundo dia: A autoridade de Cristo

Eu vi uma imagem literal disso numa vala no campo. Uma companhia de petróleo estava contratando homens fortes com mentes fracas para a construção de um oleoduto, e, como fui aprovado, passei boa parte das minhas férias de verão do ensino médio cavando um fosso até a altura dos ombros, no oeste do Texas. Uma grande máquina escavadeira abria a trincheira à nossa frente, e nós a seguíamos, retirando a terra em excesso e as pedras.

Numa tarde, a máquina retirou algo mais do que terra. "Uma cobra!", gritou o capataz. No instante seguinte, saltamos feito pipoca para fora do buraco e olhamos para baixo, para o ninho de cascavel. A grande mamãe-cobra sibilava e os filhotes se retorciam. Retornar à trincheira não era uma opção. Um dos trabalhadores, então, atirou sua pá e decapitou a cascavel. De cima, assistimos como a cobra — mesmo sem cabeça — se contorcia e se debatia no solo macio. Embora decapitada, ela ainda nos deixava assustados.

Puxa, Max, obrigado pela imagem inspiradora. Inspiradora? Talvez não. Esperançosa? Penso que sim. Essa cena no verão no oeste do Texas é uma parábola sobre onde estamos na vida. O diabo não é uma cobra? João o chama de a "antiga serpente que é o demônio" (Apocalipse 20:2). Mas ele não foi decapitado? Não com uma pá, mas com uma cruz. "[Deus] tendo despojado os poderes e as autoridades, fez deles um espetáculo público, triunfando sobre eles na cruz" (Colossenses 2:15).

Então, como ficamos? *Confiantes.* A moral da história nessa passagem é o poder de Cristo sobre Satanás. Uma única palavra de Jesus faz com que os demônios saiam nadando com os porcos e o homem selvagem esteja "vestido e em perfeito juízo" (Marcos 5:15). Uma única ordem! Não foi necessária uma sessão espírita e nem truque de mágica. Nenhum cântico foi ouvido, tampouco velas foram acesas. O inferno é um formigueiro contra o rolo compressor do céu. "Até aos espíritos imundos [Jesus] dá ordens, e eles lhe obedecem!" (Marcos 1:27). A cobra na vala e Lúcifer no poço: ambos encontraram um adversário à altura.

5. Leia Marcos 5:15-20. Por que você acha que as pessoas ficaram com medo quando viram o homem da Galileia em seu perfeito juízo? Por que elas suplicaram para que Cristo saísse daquele território?

   _____
   _____
   _____
   _____

6. Que pedido o homem outrora possuído pelos demônios fez a Jesus? Por que acha que o Senhor recusou? Como você imaginou que seria o retorno à cidade natal do homem que servira de testemunho de Cristo — um lugar onde as pessoas anteriormente o temiam?

   _____
   _____
   _____
   _____

O grande dragão foi lançado fora. Ele é a antiga serpente chamada Diabo ou Satanás, que engana o mundo todo. Ele e os seus anjos foram lançados à terra (Apocalipse 12:9).

Viram que o homem de quem haviam saído os demônios estava assentado aos pés de Jesus, vestido e em perfeito juízo (Lucas 8:35).

Os que estavam presentes contaram ao povo o que acontecera ao endemoninhado, e falaram também sobre os porcos. Então o povo começou a suplicar a Jesus que saísse do território deles (Marcos 5:16-17).

O homem [...] suplicava-lhe que o deixasse ir com ele [Jesus] (versículo 18).

> *Respondeu a mulher: "A serpente me enganou, e eu comi" (Gênesis 3:13).*

7. Abra em Gênesis 3:9-15. Após Adão e Eva terem pecado, Deus lançou uma maldição contra eles e a serpente (Satanás). O que o Criador prometeu que iria acontecer entre eles? O que o Senhor quis dizer quando mencionou que o "descendente" da mulher cortaria a cabeça de Satanás?

_____
_____
_____
_____
_____

> *E o descendente dela [...] este lhe ferirá a cabeça (Gênesis 3:15).*

> *Quando forem tentados, ele mesmo lhes providenciará um escape (1Coríntios 10:13).*

8. Cristo destruiu o poder de Satanás na cruz, embora o inimigo ainda esteja rastejando à nossa volta, nos tentando com o fruto proibido. Leia 1Coríntios 10:13 e 1João 5:4. Que promessa é feita a nós nesses versículos quando resistimos às estratégias do demônio? De que maneira está vivendo em função da verdade vitoriosa dessa promessa?

_____
_____
_____
_____
_____
_____
_____

> *O que é nascido de Deus vence o mundo (1João 5:4).*

> *Não se deixem vencer pelo mal, mas vençam o mal com o bem (Romanos 12:21).*

Jesus Cristo não só declarou a vitória sobre o mal quando ressuscitou do sepulcro, como também nos deu a vitória sobre o mal neste mundo decaído. Se nos sentirmos derrotados pelas mentiras de Satanás ou tomados por suas tentações, significa que estamos fazendo uma de duas coisas: 1) não estamos *crendo* no poder da cruz; ou 2) não estamos nos *apoiando* no poder da cruz. Ambas são importantes. A primeira requer que tenhamos fé em Cristo, enquanto a segunda exige que tenhamos um relacionamento com Jesus. Só quando acreditamos no Senhor Jesus e ficamos fortalecidos no seu poder podemos combater o inimigo (veja Efésios 6:10). Só quando confiamos no poder de nosso Senhor e Salvador podemos — como Maria Madalena e o homem possuído pelo demônio na Galileia — estar livres da escuridão em nossa vida. Conforme João escreveu, "Filhinhos, vocês são de Deus e os venceram, porque aquele que está em vocês é maior do que aquele que está no mundo" (1João 4:4).

> *Finalmente, fortaleçam-se no Senhor e no seu forte poder (Efésios 6:10).*

Pontos para Lembrar

- ❖ Não devemos subestimar a força do demônio — pois ele é um adversário poderoso —, mas devemos lembrar que ele não é páreo para o poder da cruz!
- ❖ Quando nos equipamos com a plena armadura de Deus, estamos aptos a resistir ao demônio e nos manter firmes frente aos seus ataques.
- ❖ Embora Satanás possa *desafiar* aqueles de nós que são seguidores de Cristo, podemos estar confiantes em que ele é incapaz de nos *derrotar*.

LIÇÃO 9 ❖ Maria Madalena ❖ Terceiro dia: Maria na cruz

❦ Oração do Dia ❦

Jesus, tu estás vivo! Tu és vitorioso! E por meio de ti recebemos o poder final sobre o inimigo hoje e sempre. Obrigado pela cruz. Obrigado pela batalha pertencer a ti. E obrigado por tuas promessas de que podemos sempre confiar em teu poder. Em teu nome, Senhor, oramos. Amém.

Terceiro dia: Maria na cruz

A MULHER QUE PERMANECEU

Como eu disse, não sabemos se a libertação de Maria Madalena por Jesus aconteceu da mesma maneira, mas sabemos que os *efeitos* da cura foram os mesmos. Depois de Cristo ter curado o homem de Gadara, este se tornou um de seus seguidores; Depois do Senhor Jesus ter curado Maria, ela também se tornou uma devotada seguidora. Hipólito de Roma, um teólogo do século III, iria mais tarde chamá-la de "a Apóstola dos Apóstolos".[2]

A devoção de Maria levou-a a ficar em Jerusalém enquanto Jesus estava sendo executado. Os líderes religiosos continuavam preocupados com os discípulos. Dirigiram-se a Pilatos e disseram: "Ordena, pois, que o sepulcro dele seja guardado até o terceiro dia, para que não venham seus discípulos e, roubando o corpo, digam ao povo que ele ressuscitou dentre os mortos" (Mateus 27:64). Tal precaução, porém, mostrava-se, na realidade, desnecessária. Os discípulos estavam totalmente desnorteados.

Quando Jesus foi preso, "todos os discípulos o abandonaram e fugiram" (Mateus 26:56). Pedro cedeu e amaldiçoou Cristo, João assistiu à morte de Jesus, mas não temos registro se tornou a vê-lo, e os outros seguidores também não permaneceram ali. Eles se esgueiraram pelos becos e esquinas de Jerusalém, temendo a cruz que levava seus nomes. Mas não Maria Madalena. Ela ouviu o clamor dos líderes pelo sangue de Jesus e testemunhou quando o açoite romano rasgou-lhe a pele das costas. Estremeceu ao ver os espinhos furando-lhe a testa e chorou diante do peso da cruz.

No Museu do Louvre está exposta uma pintura da cena da crucificação. Nela, as estrelas estão apagadas e o mundo imerso na escuridão. Nas sombras, há uma figura ajoelhada. É Maria Madalena, com as mãos e os lábios encostados nos pés ensanguentados de Cristo. Não sabemos se Maria fez isso, mas sabemos que poderia ter feito. Ela estava lá, com o braço em volta dos ombros de Maria, a mãe de Jesus, estava lá para fechar os olhos dele. Estava lá.

1. Leia Mateus 26:31-35. O que Jesus predisse que aconteceria naquela noite? Observe que Cristo cita uma profecia (veja Zacarias 13:7). Apesar disso, que afirmações ousadas Pedro e os outros discípulos fizeram?

Maria, chamada Madalena, [...] Joana, mulher de Cuza, administrador da casa de Herodes; Susana e muitas outras [...] mulheres ajudavam a sustentá-los com os seus bens (Lucas 8:2-3).

"Levem um destacamento", respondeu Pilatos. "Podem ir, e mantenham o sepulcro em segurança como acharem melhor" (Mateus 27:65).

Pedro se lembrou da palavra que o Senhor lhe tinha dito: "Antes que o galo cante hoje, você me negará três vezes". Saindo dali, chorou amargamente (Lucas 22:61-62).

Muitas outras mulheres que tinham subido com ele para Jerusalém também estavam ali (Marcos 15:41).

Fira o pastor, e as ovelhas se dispersarão (Zacarias, 13:7).

213

> *Como então se cumpririam as Escrituras que dizem que as coisas deveriam acontecer desta forma?* (Mateus 26:54).

2. Leia os versículos 47-56. Como as palavras de Jesus tornaram-se realidade? Por que Cristo diz que esses eventos teriam de ocorrer?

> *Perto da cruz de Jesus estavam sua mãe, a irmã dela, Maria, mulher de Clopas, e Maria Madalena* (João 19:25).

3. Vá até João 19:23-26. Onde está Maria Madalena quando Jesus morre? Como, diante da multidão enfurecida, a presença de Maria aos pés da cruz mostra sua devoção por Cristo?

> *Se somos infiéis, ele permanece fiel, pois não pode negar-se a si mesmo* (2Timóteo 2:13).

4. Em que ocasião você agiu como os discípulos que traíram Jesus? Em que momento mostrou sua devoção a ele como Maria? Que palavras reconfortantes Paulo profere em Timóteo 2:13, tanto para os momentos em que temos fé quanto para aqueles em que ela nos falta?

MUITO TARDE PARA O INCRÍVEL

> *Mas [os discípulos] não entendiam o que ele queria dizer e tinham receio de perguntar-lhe* (Marcos 9:32).

Tendo em mente a devoção de Maria Madalena por Jesus, não nos surpreende que ela quisesse ir até o túmulo no dia seguinte, mas, mais uma vez, tal como lemos na narrativa, é claro que ninguém poderia sonhar com um milagre na manhã de domingo. Maria não refletiu sobre "*como ele surgiria?*". Ela e os outros discípulos não ficaram se animando, citando palavras dele sobre sua promessa de retorno. Mas bem que poderiam. Pelo menos quatro vezes Cristo dissera: "O Filho do homem está para ser entregue nas mãos dos homens. Eles o matarão, e três dias depois ele ressuscitará" (Marcos 9:31).

Você pode achar que alguém mencionaria essa profecia e faria os cálculos: "Hum... ele morreu ontem. Hoje é o segundo dia e ele prometeu que irá ressuscitar no terceiro dia. O terceiro dia é amanhã... Amigos, penso que é melhor acordarmos cedo amanhã. Mas o sábado veio e não viu esses planos se

LIÇÃO 9 ❖ MARIA MADALENA ❖ Terceiro dia: Maria na cruz

concretizarem. Então, em meio à neblina do início da manhã, as duas Marias se levantam, pegam suas especiarias e bálsamos, saem de casa, passam pela Porta de Gennath e sobem a colina. Elas pressentem uma tarefa triste. O corpo deve estar inchado, o rosto de Jesus, lívido, e o cheiro de morte, pungente.

Para Maria, é muito tarde para o incrível. Os pés que caminharam sobre as águas tinham sido perfurados, as mãos que curavam leprosos estavam inertes, e as nobres aspirações haviam sido pregadas na cruz na sexta-feira. Maria Madalena fora ali apenas para ungir um corpo frio com óleos mornos e se despedir do único homem que dera um sentido para suas esperanças.

Maria Madalena, Salomé e Maria, mãe de Tiago, compraram especiarias aromáticas para ungir o corpo de Jesus (Marcos 16:1).

5. Os Evangelhos incluem múltiplas narrativas de Jesus prenunciando sua morte e ressurreição. Que detalhes Cristo oferece a seus discípulos nas passagens a seguir? Como os discípulos reagiram às suas palavras em cada uma delas?

Marcos 8:31-32: "Então ele começou a ensinar-lhes que era necessário que o Filho do homem sofresse muitas coisas e fosse rejeitado pelos líderes religiosos, pelos chefes dos sacerdotes e pelos mestres da lei, fosse morto e três dias depois ressuscitasse. Ele falou claramente a esse respeito. Então Pedro, chamando-o à parte, começou a repreendê-lo".

Ele foi oprimido e afligido e, contudo, não abriu a sua boca; como um cordeiro foi levado para o matadouro (Isaías 53:7)

Mateus 17:22-23: "Reunindo-se eles na Galileia, Jesus lhes disse: 'O Filho do homem será entregue nas mãos dos homens. Eles o matarão, e no terceiro dia ele ressuscitará'. E os discípulos ficaram cheios de tristeza".

Mateus 20:17-19: "Enquanto estava subindo para Jerusalém, Jesus chamou em particular os doze discípulos e lhes disse: 'Estamos subindo para Jerusalém, e o Filho do homem será entregue aos chefes dos sacerdotes e aos mestres da lei. Eles o condenarão à morte e o entregarão aos gentios para que zombem dele, o açoitem e o crucifiquem. No terceiro dia ele ressuscitará!'"

> *Pois assim como Jonas esteve três dias e três noites no ventre de um grande peixe, assim o Filho do homem ficará três dias e três noites no coração da terra* (Mateus 12:40).

6. Considerando a quantidade de vezes em que Jesus fez essas previsões, por que acha que os discípulos não acorreram ao sepulcro no domingo de manhã ao lado de Maria, esperando encontrá-lo vivo? Em sua opinião, o que os impedia de ver que Cristo ressurgiria dos mortos?

_____
_____
_____
_____
_____
_____

> *No primeiro dia da semana, bem cedo, ao nascer do sol, elas se dirigiram ao sepulcro, perguntando umas às outras: "Quem removerá para nós a pedra da entrada do sepulcro?"* (Marcos 16:2-3).

7. Leia Marcos 16:1-3. Quais as preocupações das mulheres ao se aproximarem do sepulcro de Jesus? Como isso revela que Maria Madalena não esperava encontrar Cristo ressuscitado?

_____
_____
_____
_____
_____
_____

8. Para Maria, não havia mais esperanças após a crucificação, mas ainda assim ela se levantou bem cedo na manhã de domingo, para ser a primeira a ir vê-lo no sepulcro. O que isso nos diz sobre o amor dela por Jesus? Que obras você vem executando para demonstrar seu amor por Cristo?

_____
_____
_____
_____
_____
_____
_____

> *Se morremos com ele, com ele também viveremos; se perseveramos com ele também reinaremos* (2Timóteo 2:11-12).

Não importa quantas vezes ouvimos uma passagem das Escrituras, é fácil nos esquecermos das promessas de Deus para nós no calor do momento. Um amigo nos magoa com palavras ríspidas; um ser amado morre; não conseguimos o emprego que queríamos. Nessas ocasiões, perdemos a dimensão das promessas do Altíssimo — sua promessa de nunca nos abandonar, de ser forte em nossa fraqueza, de alimentar a perseverança em nosso sofrimento. Tal como os discípulos, esquecemos as palavras ditas por Jesus e mergulhamos em preocupações, medos, tristeza, angústia e dúvidas. Em tais situações, precisamos nos lembrar do exemplo de Maria, que, embora ela estivesse confusa e incerta quanto ao que iria lhe reservar em seguida, escolheu acordar cedo na manhã de domingo e ir até Jesus. Da mesma forma, por mais que nos sintamos devastados ou distanciados das promessas do Criador, podemos escolher levantar de manhã e nos voltarmos para o Senhor.

LIÇÃO 9 ❖ MARIA MADALENA ❖ Quarto dia: A surpresa no sepulcro

◈ PONTOS PARA LEMBRAR ◈

❖ A promessa de Deus é que, mesmo quando estamos descrentes com ele, o Senhor sempre nos ama e acredita em nós.
❖ Lembrar das promessas que o Criador nos fez com a sua Palavra pode evitar que cedamos ao medo, à preocupação, à dúvida e aos ardis do inimigo.
❖ Quando a vida é incerta e não estamos seguros com relação ao próximo passo, devemos sempre ir até Jesus e buscar nele a nossa segurança.

◈ ORAÇÃO DO DIA ◈

Senhor, obrigado por ser fiel a nós mesmo quando esquecemos de tuas promessas. Obrigado por ser fiel mesmo quando traímos nossa fé em ti. Embora nem sempre compreendamos por que as coisas ocorreram de certo modo, deixa-nos encontrar nossa força em ti e procurar-te em nossa hora de necessidade. Dá-nos uma devoção mais profunda em ti. Amém.

Grande é a sua fidelidade!
(Lamentações 3:23)

Quarto dia: A surpresa no sepulcro

SEGUINDO EM FRENTE

Não foi a esperança que levou as duas Marias a subirem a colina até o sepulcro. Foi o *dever*. Pura devoção. Elas não esperavam nada em troca, pois o que um homem morto poderia oferecer? As duas Marias não subiram a colina para receber. Foram ao sepulcro para doar. Ponto.

Não há motivação mais nobre. Há períodos de tempo quando nós, também, somos chamados a amar sem esperar nada em retorno. Momentos em que somos chamados a dar dinheiro para pessoas que nunca agradecem, a perdoar aqueles que não nos perdoam, a chegar cedo e ficar até tarde, quando ninguém mais percebe. Um serviço motivado pelo dever, esse é o chamado do discipulado.

Maria Madalena e Maria sabiam qual era a tarefa a ser feita: o corpo de Jesus deveria ser preparado para o sepultamento. Pedro não se ofereceu para fazê-lo, André não se apresentou como voluntário, e a adúltera perdoada ou os leprosos curados também não foram vistos em lugar nenhum; então, as duas Marias decidem fazê-lo.

Fico imaginando se no meio do caminho para o sepulcro elas não se sentaram e reconsideraram. O que teria acontecido se uma olhasse para a outra, encolhesse os ombros e perguntasse sobre a utilidade daquilo? E se tivessem desistido? E se uma delas jogasse os braços para trás, dizendo: "Estou cansada de ser a única a cuidar de tudo. Deixe que André faça algo para variar. Deixe Natanael mostrar um pouco de liderança".

Depois do sábado, tendo começado o primeiro dia da semana, Maria Madalena e a outra Maria foram ver o sepulcro (Mateus 28:1).

217

E não nos cansemos de fazer o bem (Gálatas 6:9).

Se estiveram ou não tentadas a desistir, fico feliz por terem seguido em frente, pois, caso contrário, teria sido uma tragédia. Veja, sabemos de algo que elas não sabiam: que o Pai a tudo assistia. Maria Madalena e Maria achavam que estavam sozinhas, mas não estavam. Achavam que sua jornada passaria despercebida, mas estavam erradas. Deus sabia. Ele as observava enquanto subiam a colina, contava seus passos, sorria para os seus corações e empolgava-se diante da devoção de ambas. E ele tinha uma surpresa esperando por elas.

Nada façam por ambição egoísta ou por vaidade, mas humildemente considerem os outros superiores a si mesmos (Filipenses 2:3).

1. Maria escolheu servir a Cristo mesmo quando nada havia sido prometido em troca. Em que sentido os seus motivos são os mesmos de Maria ou diferentes dos dela quando se trata de servir a Deus? Que obstáculos tendem a atrapalhar seu propósito de servir ao Senhor de forma abnegada?

___
___
___
___
___

2. Jesus é o exemplo máximo de doação sem nenhuma expectativa de receber algo em troca. O que as passagens a seguir dizem sobre o que ele nos doou?

Lucas 24:46-47: "Está escrito que o Cristo haveria de sofrer e ressuscitar dos mortos no terceiro dia, e que em seu nome seria pregado o arrependimento para perdão de pecados a todas as nações".

___
___
___
___

2Coríntios 8:9: "Pois vocês conhecem a graça de nosso Senhor Jesus Cristo que, sendo rico, se fez pobre por amor de vocês, para que por meio de sua pobreza vocês se tornassem ricos".

___
___
___
___

Filipenses 2:5-7: "Seja a atitude de vocês a mesma de Cristo Jesus, que, embora sendo Deus, não considerou que o ser igual a Deus era algo a que devia apegar-se; mas esvaziou-se a si mesmo, vindo a ser servo, tornando-se semelhante aos homens".

___
___
___
___

LIÇÃO 9 ❖ Maria Madalena ❖ Quarto dia: A surpresa no sepulcro

Hebreus 12:2: "Conservemos os nossos olhos fixos em Jesus, pois é por meio dele que a nossa fé começa, e é ele quem a aperfeiçoa. Ele não deixou que a cruz fizesse com que ele desistisse. Pelo contrário, por causa da alegria que lhe foi prometida, ele não se importou com a humilhação de morrer na cruz e agora está sentado do lado direito do trono de Deus". (NTLH)

_____
_____
_____
_____

3. Em Jó 34:21, lemos: "Pois Deus vê o caminho dos homens; ele enxerga cada um dos seus passos". O Altíssimo está sempre nos observando exatamente como esteve observando Maria quando ela fez o percurso até o sepulcro de Jesus. Que sentimentos lhe ocorrem ao saber que o Senhor vê tudo o que você faz? Explique.

_____
_____
_____
_____

Eu me deito e durmo, e torno a acordar, porque é o Senhor que me sustém (Salmos 3:5)

4. Tal como Maria, o modo como amamos e servimos a Deus deve ser o mesmo como servimos ao próximo — sem nenhuma expectativa de receber algo de volta. Separe um momento para pensar sobre algumas das pessoas que costuma servir em casa, no local de trabalho ou na igreja. O que pode fazer para expressar seu amor por elas sem esperar nada em retorno?

_____
_____
_____
_____

A PEDRA É REMOVIDA

Agora, leia atentamente a passagem seguinte da história, pois foi ali que notei algo pela primeira vez hoje. "E eis que sobreveio um grande terremoto, pois um anjo do Senhor desceu dos céus e, chegando ao sepulcro, rolou a pedra da entrada e assentou-se sobre ela. Sua aparência era como um relâmpago, e suas vestes eram brancas como a neve. Os guardas tremeram de medo e ficaram como mortos" (Mateus 28:2-4).

Por que o anjo removeu a pedra? Para quem ele removeu a pedra? Para Jesus? Isso foi o que sempre pensei. Acreditava que o anjo tinha removido a pedra de modo que Cristo pudesse sair, mas pense no seguinte: a pedra fora removida para que o Senhor Jesus pudesse sair? Será que Deus precisava de ajuda? O conquistador da morte seria tão fraco a ponto de não conseguir retirar a pedra? ("Ei, será que alguém aí poderia me ajudar a remover essa rocha para eu poder sair?")

Quando Maria entra no sepulcro, ela vê que as palavras do anjo eram verdadeiras: *o corpo de Jesus não está ali*. Ela fica atordoada e depressa sai para

Mas, quando foram verificar, viram que a pedra, que era muito grande, havia sido removida (Marcos 16:4).

Entrando no sepulcro, viram um jovem vestido de roupas brancas assentado à direita, e ficaram amedrontadas (versículo 5).

Dez mulheres da Bíblia ❖ Max Lucado

Ele ressuscitou! Não está aqui. Vejam o lugar onde o haviam posto (versículo 6).

Tremendo e assustadas, as mulheres saíram e fugiram do sepulcro. E não disseram nada a ninguém, porque estavam amedrontadas (versículo 8).

Então correu ao encontro de Simão Pedro e do outro discípulo (João 20:2).

"Não tenham medo", disse ele. "Vocês estão procurando Jesus, o Nazareno, que foi crucificado" (Marcos 16:6).

[O lenço] estava dobrado à parte, separado das faixas de linho (João 20:7)

acordar Pedro e João. Os homens correm para averiguar por si mesmos, e ela tenta acompanhá-los, mas não consegue. Pedro sai do sepulcro desnorteado e João, incrédulo, enquanto Maria Madalena apenas se senta à frente do sepulcro, chorando. Os homens vão para casa, deixando-a sozinha.

Mas uma surpresa a aguardava. Enquanto Maria permanece sentada ali, algo lhe diz que não está só. Talvez ouça um barulho, um sussurro, ou, quem sabe, talvez esteja ouvindo o próprio coração dizer que ela precisa olhar por si mesma. Qualquer que seja a razão, sente isso; então, ela se levanta, estica o pescoço para olhar para a entrada da caverna e espera seus olhos se adaptarem à escuridão.

5. Leia Mateus 28:1-10. Qual é a sua primeira reação à ideia de que a pedra não foi movida para Jesus, mas para as mulheres que foram até o sepulcro? Por que você acha que Deus queria que Maria visse o sepulcro vazio?

_____
_____
_____
_____
_____

6. Leia Marcos 16:4-17. O que o anjo disse a Maria nessa passagem? Que instrução ele lhe deu após ela ter visto que o corpo de Jesus não estava no sepulcro?

_____
_____
_____
_____
_____

7. Agora abra em João 20:1-11. Que detalhes João fornece a respeito do que Pedro e João descobriram no sepulcro? Por que esses detalhes são significativos?

_____
_____
_____
_____
_____

8. Que "pedras" Deus removeu de sua vida de modo que você pudesse ver melhor a sua glória? Como ele lhe ensina ainda mais sobre o poder milagroso dele por meio das tentativas, das vitórias e até mesmo das rotinas monótonas que você enfrenta na vida cotidiana?

_____
_____
_____
_____
_____

LIÇÃO 9 ❖ MARIA MADALENA ❖ Quinto dia: A grande surpresa

Maria Madalena seguiu em frente. Ela amava Jesus; ela o servia sem esperar retorno e devotava sua vida a ele — mesmo quando acreditou que Cristo estava morto. Como ela pôde fazer isso? Talvez possamos encontrar a resposta no punhado de palavras que Lucas escreveu a respeito dela: "Os Doze estavam *com* ele, e também [...] Maria, chamada Madalena" (Lucas 8:1-2, *grifo nosso*). Maria estava com Jesus. Ela o ouvia, falava com ele e permitiu que Cristo influenciasse sua vida. Seu amor pelo Senhor não vinha dela mesma, mas de estar com Jesus, pois ele era a verdadeira essência do amor (ver 1João 4:8). Então, se quisermos amar a Cristo como Maria o fez, temos de despender um tempo para o verdadeiro amor. Temos de lhe pedir mais do amor dele, não do nosso próprio amor, pois, fazendo isso, veremos que tudo o que fazemos — ir lavar roupas na lavanderia tarde da noite, ouvir um amigo em dificuldade, fazer um jantar para um vizinho — nos levará a prestar serviços sem nada esperar de volta... só alegria.

> *Combati o bom combate, terminei a corrida, guardei a fé* (2Timóteo 4:7).
>
> *Quem não ama não conhece a Deus, porque Deus é amor* (1João 4:8).

❦ PONTOS PARA LEMBRAR ❦

❖ Jesus vê as obras de serviço fiel que realizamos em seu nome e nos recompensará por nos mantermos no propósito e seguindo-o.
❖ Devemos amar ao próximo e servi-lo da mesma maneira como amamos e servimos a Deus.
❖ Nosso amor por Cristo não vem de nós mesmos, mas de estar com ele.

❦ ORAÇÃO DO DIA ❦

Senhor, tendemos a amar a ti e ao próximo por motivos errados. Nossa natureza humana nos conduz a querer ver o que ganharemos ao servirmos e como seremos recompensados. Hoje, pedimos que transformes nossos corações e nos ajudes a doar nossa vida assim como doaste a tua. Obrigado por nos amar e por ser exemplo para nós. Amém.

Quinto dia: A grande surpresa

O HOMEM MISTERIOSO

Enquanto os olhos de Maria Madalena se adaptavam à escuridão, ela ouviu uma voz perguntar: "Por que você está chorando?" Maria olhou para o que parecia ser um homem, mas ele era branco — radiantemente branco. Era uma das duas luzes vindas do final da laje desocupada. Duas velas estavam acesas sobre o altar. *Por que está chorando?* Uma pergunta incomum de ser feita dentro de um cemitério; na verdade, a pergunta é rude demais. Isto é, a menos que o questionador saiba de algo que o questionado não sabe.

> *Eles lhe perguntaram: "Mulher, por que você está chorando?"* (João 20:13).

221

Disse ele: "Mulher, por que está chorando? Quem você está procurando? Pensando que fosse o jardineiro, ela disse: "Se o senhor o levou embora, diga-me onde o colocou, e eu o levarei" (João 20:15).

Então, voltando-se para ele, Maria exclamou em aramaico: "Rabôni!" (que significa "Mestre!") (versículo 16).

"Levaram embora o meu Senhor", respondeu ela (versículo 13).

"Levaram embora o meu Senhor", respondeu ela, "e não sei onde o puseram" (João 20:13). Maria ainda o chama de "meu Senhor". Até onde ela sabia, os lábios dele haviam silenciado. Até onde ela sabia, seu corpo tinha sido levado por ladrões de túmulos. Mas, apesar daquilo tudo, ele ainda é o seu Senhor.

Tal devoção comoveu Jesus elevou-o a aproximar-se dela de tal maneira que ela podia ouvir sua respiração. Ela se volta e ele está ali, em pé. Mas Maria Madalena pensa que é o jardineiro. Naquele momento, então, ele poderia ter se revelado, poderia ter chamado um anjo para apresentá-lo ou uma banda para anunciar sua presença, mas não o fez.

"Mulher, por que está chorando? Quem você está procurando?" Maria ainda acha que se trata do jardineiro: "Se o senhor o levou embora, diga-me onde o colocou, e eu o levarei" (versículo 15). Jesus não deixa que ela fique imaginando por muito tempo, apenas o suficiente para nos lembrar de que ele ama nos surpreender. Cristo espera que as nossas forças humanas se esgotem para então intervir com o dom celestial. Deus aguarda que nos rendamos para então... Surpresa!

"Maria", diz ele suavemente.

Surpresa! Deus já apareceu nos lugares mais estranhos e fazendo as coisas mais esquisitas: estampando sorrisos, onde só havia carrancas, colocando um brilho no olhar onde só havia lágrimas, pendurando uma estrela brilhante no céu escuro, moldando o arco-íris no meio das nuvens carregadas e chamando nomes num cemitério.

Maria Madalena está chocada, afinal, não é comum alguém ouvir seu nome dito por uma língua eterna. Mas, quando ouviu, ela reconheceu, e, quando reconheceu, respondeu corretamente: ela o adorou.

1. Leia João 20:12-18. Maria ainda chama Jesus de "meu Senhor". O que isso diz sobre o que se passa no coração dela com relação a Cristo, mesmo acreditando que ele morreu? O que isso diz a respeito do impacto que Jesus causou na vida de Maria Madalena?

   _____
   _____
   _____
   _____

2. O que acha quanto a Jesus preferir fazer perguntas a Maria, antes de se revelar? Qual o motivo de ele querer saber por que ela chorava?

   _____
   _____
   _____
   _____

Quando voltaram do sepulcro, elas contaram todas estas coisas aos Onze e a todos os outros (Lucas 24:9)

3. Maria deixou o sepulcro anunciando: "Eu vi o Senhor!" (versículo 18). Em que momento Deus revelou sua supremacia a você? Qual foi o impacto disso em sua vida?

   _____
   _____

LIÇÃO 9 ❖ MARIA MADALENA ❖ Quinto dia: A grande surpresa

4. Todas as narrativas dos Evangelhos concordam que Maria Madalena foi uma das primeiras pessoas a testemunhar a ressurreição de Cristo. À primeira vista, essa é uma escolha estranha, pois, na cultura judaica do primeiro século, o testemunho de mulheres era considerado inferior ao dos homens. O que isso lhe ensina com relação ao modo como Deus age neste mundo? Como o Senhor pode nos surpreender a cada dia?

As que contaram estas coisas aos apóstolos foram Maria Madalena, Joana e Maria, mãe de Tiago, e as outras que estavam com elas [...]. Mas eles não acreditaram nas mulheres; as palavras delas lhes pareciam loucura (Lucas 24:10-11).

PREPARE-SE PARA UMA SURPRESA

O Deus das surpresas atacou novamente. É como se o Senhor dissesse: "Não posso mais esperar. Maria veio de longe para me ver. Vou aparecer para ela." O Criador procede assim com quem tem fé quando o útero ficou velho demais para gerar filhos, Sara engravidou; quando o erro é grande demais para uma graça, Davi é perdoado; quando a estrada está totalmente escura para Maria, o anjo brilha e o Salvador se mostra, e Maria nunca mais será a mesma.

Já faz tempo que não deixa Deus surpreender você? É fácil chegar ao ponto em que entendemos tudo do Altíssimo. Sabemos exatamente o que o Criador faz, deciframos os códigos e mapeamos suas tendências. Deus é um computador: se acionarmos os botões certos e inserirmos os dados corretos, o Senhor é exatamente o que pensamos que ele é. Sem variações, sem alterações. Deus é uma caixa musical acionada por moedas: você insere o dízimo, tecla o número certo e — pronto! — a música divina inunda a sala.

Do outro lado da minha mesa de trabalho, vejo uma caixa de lenços. Dez minutos atrás, essa caixa estava no colo de uma jovem mulher — com algo em torno de 35 anos —, mãe de três filhos. Ela me contou que tinha recebido um telefonema do marido esta manhã dizendo que queria o divórcio. Ela precisou sair do trabalho para chorar e queria uma palavra de esperança. Eu a lembrei de que Deus está no seu melhor quando a nossa vida está no seu pior, afinal, o Senhor é conhecido por planejar uma celebração num cemitério.

"Prepare-se", eu lhe disse, "você pode ter uma surpresa".

Você entende de Deus? Já conseguiu colocá-lo num fluxograma, em um quadro de feltro pendurado na parede? Nesse caso, escute. Ouça as surpresas de Deus.

Escute o que as pedras dizem sobre o corpo da mulher adúltera caído no chão. Ouça como Jesus convida um condenado à morte a seguir com ele para o reino dos céus no banco da frente de uma limusine. Escute o que o Messias sussurra para a mulher samaritana: "Eu, que estou falando com você". (João 4:26) Ouça a conversa da viúva de Naim enquanto janta com o filho que supunha estar morto. E escute o nome de Maria, para a surpresa dela, sendo dito por um homem que ela amava — um homem que ela havia sepultado.

Jesus as encontrou e disse: "Salve!" Elas se aproximaram dele, abraçaram-lhe os pés e o adoraram (Mateus 28:9)

Sendo fortalecidos com todo o poder, de acordo com a força da sua glória, para que tenham toda a perseverança e paciência com alegria (Colossenses 1:11).

A lição? Três palavras: *não se renda*. A trilha é sombria? Não sente no caminho. A estrada é longa? Não pare. A noite está escura? Não fuja. Deus está observando. Até onde você já sabe, neste exato momento ele pode estar dizendo para o anjo remover a pedra.

> *Regozijo-me nas fraquezas, nos insultos, nas necessidades, nas perseguições, nas angústias. Pois, quando sou fraco é que sou forte* (2Coríntios 12:10).

5. Deus espera que cheguemos ao limite da nossa própria força humana para então intervir com seu poder divino. Quando você se surpreendeu com a força do Senhor num momento de desespero? Como o Altíssimo levantou o seu ânimo e lhe trouxe a paz?

_____
_____
_____
_____
_____
_____

6. De que maneiras sentiu-se culpado por acreditar que entendia tudo de Deus? Que lições aprendeu com a história de Maria sobre a forma como o Senhor gosta de sacudir o nosso mundo, fazendo-nos sair da zona de conforto e nos surpreender?

_____
_____
_____
_____
_____
_____

> *"Mente nenhuma imaginou o que Deus preparou para aqueles que o amam"* (1Coríntios 2:9).

7. Leia 1Coríntios 2:9. Qual é a esperança que Paulo oferece a todos os que creem nesse versículo? O que diz a alguns de nós que desejam encaixar Deus num modelo?

_____
_____
_____
_____
_____
_____

8. O autor de Hebreus escreve: "Sem fé é impossível agradar a Deus" (11:6). Pense em alguma situação de sua vida em que você perdeu a esperança. No espaço a seguir, escreva uma oração a Deus, pedindo que o Senhor intervenha numa situação aparentemente impossível. Peça ao Criador para dar a você mesma devoção que Maria Madalena tinha por Cristo, e que te surpreenda com o resultado.

_____
_____
_____
_____
_____

A cena entre Maria Madalena e Jesus à entrada do sepulcro tem todos os elementos de uma festa surpresa: segredo, olhos arregalados, espanto, gratidão.

LIÇÃO 9 ❖ Maria Madalena ❖ Quinto dia: A grande surpresa

Mas essa celebração é discreta em comparação àquela que está sendo planejada para o futuro. Será similar à festa de Maria, mas muito maior. Muitas outras sepulturas se abrirão. Muitos nomes mais serão chamados, muitos joelhos mais se dobrarão, muitos mais adoradores celebrarão, e todos nós receberemos um corpo ressuscitado.

Se quiser ter uma prévia de como será esse novo corpo, basta olhar para nosso Senhor ressuscitado. Quando Jesus apareceu para Maria, não veio sob a forma de um nevoeiro, de um vento ou do espectro de um fantasma, mas sim com um corpo que mantinha uma conexão substancial com aquele que tinha originalmente. Um corpo de carne e ossos, pois não disse ele a seus seguidores: "Um espírito não tem carne nem ossos, como vocês estão vendo que eu tenho" (Lucas 24:39)?

O corpo de Jesus ressuscitado era *real*. Suficientemente real para aparecer sob a forma de um jardineiro, para mais tarde caminhar pela estrada até Emaús com dois outros discípulos (veja Lucas 24:13-35). Real o suficiente para tomar o café da manhã com o restante de seus discípulos na Galileia (veja João 21). Suficientemente real para Tomé acreditar ao tocá-lo e ver as marcas de seus cravos (ver João 20:24-29).

Ao mesmo tempo, não era um *clone* de seu corpo terreno. Marcos nos conta que Jesus "apareceu de uma outra forma" (Marcos 16:12), tão diferente que Maria Madalena, seus discípulos no caminho para Emaús e seus discípulos no mar não o reconheceram. Embora Cristo tivesse convidado Tomé a tocar o seu corpo, atravessou a porta fechada para estar na presença dele.

Sendo assim, o que sabemos sobre o corpo ressuscitado do Senhor Jesus? Que foi algo que ninguém no mundo tinha visto ainda. O que sabemos sobre nossos corpos ressuscitados? Que serão diferentes de qualquer um que já tenhamos imaginado. Só vai demorar um segundo — tão rápido como num piscar de olhos — quando o som da última trombeta soar. "A trombeta soará, os mortos ressuscitarão incorruptíveis e nós seremos transformados" (Coríntios 15:52).

Naquela manhã de domingo, ao se aproximar do túmulo, a última coisa que Maria Madalena esperava era uma festa, mas o Deus das surpresas a encontrou e chacoalhou sua vida (literalmente), levando-a a compreender o que Paulo escreveria mais tarde para nós: "Olho nenhum viu, ouvido nenhum ouviu, mente nenhuma imaginou o que Deus preparou para aqueles que o amam" (1Coríntios 2:9).

O Deus das surpresas planejara uma grande festa para Maria junto à sepultura. O Senhor planeja uma grande festa para nós também, no final da nossa vida. E, no que se refere a mim, planejo garantir o meu nome na lista de convidados. E você?

Regozijemo-nos! Vamos alegrar-nos e dar-lhe glória! Pois chegou a hora do casamento do Cordeiro (Apocalipse 19:7).

Vejam as minhas mãos e os meus pés. Sou eu mesmo! (Lucas 24:39).

E Jesus disse a Tomé: "Coloque o seu dedo aqui; veja as minhas mãos. Estenda a mão e coloque-a no meu lado" (João 20:27).

Apesar de estarem trancadas as portas, Jesus entrou, pôs-se no meio deles (versículo 26).

Pois, dada a ordem, com a voz do arcanjo e o ressoar da trombeta de Deus, o próprio Senhor descerá dos céus, e os mortos em Cristo ressuscitarão primeiro (1Tessalonicenses 4:16).

Felizes os convidados para o banquete do casamento do Cordeiro!" (Apocalipse 19:9).

❦ Pontos para Lembrar ❦

❖ Jesus espera até que deixemos de confiar em nossa própria força humana para então intervir com sua força celestial.
❖ Nunca devemos perder a esperança, pois o Senhor está sempre agindo no nosso mundo, e está no seu melhor quando nossa vida está no seu pior.
❖ O Deus das surpresas tem grandes planos para aqueles que o amam.

~ Oração do Dia ~

Obrigado, Senhor, porque podemos descansar na tua força. Ajuda-nos a perseverar fielmente a cada dia, ao servir-te com nossa vida. Esperamos tuas surpresas com alegre expectativa e a celebração final no dia em que estivermos frente a frente. Amém.

~ Versículo para Memorizar na Semana ~

Será que você não sabe? Nunca ouviu falar? O SENHOR é o Deus eterno, o Criador de toda a terra. Ele não se cansa nem fica exausto; sua sabedoria é insondável. Ele fortalece o cansado e dá grande vigor ao que está sem forças.

ISAÍAS 40:28-29

Leitura suplementar

Ao longo desta lição, foram retirados trechos dos textos de *He Still Moves Stones* [publicado no Brasil como: *Ele ainda remove pedras*. São Paulo: CPAD, 2003]; *When Christ Comes* [publicado no Brasil como: *Quando Cristo voltar*. São Paulo: Thomas Nelson, 2011]; *He Chose the Nails* [publicado no Brasil como: *Ele escolheu os cravos*. São Paulo: CPAD, 2002); *Six Hours One Friday* [publicado no Brasil como: *Seis horas de uma sexta-feira*. São Paulo: Vida, 1989] e *More to Your Story* [Mais sobre sua história]. Nashville: Thomas Nelson, 2016.

Notas
1. C. S. Lewis, *Cartas de um diabo a seu aprendiz*. São Paulo: Thomas Nelson Brasil, 2017.
2. Hippolytus, *Commentary on the Canticle of Canticles* [Comentário ao Cântico dos Cânticos], 8.2; 24.60.

LIÇÃO 10

SAFIRA

FAÇA O BEM... *EM SILÊNCIO*

SAFIRA E O MARIDO estão sentados à mesa da cozinha. Olham para um cheque de cinquenta mil reais. O silêncio era uma trégua. Durante a última meia hora, tinha havido doze rodadas de socos e pontapés verbais. Ela o culpava pela ideia:

— Você tinha de dizer que ia dar o dinheiro.

— Mas não reclamou quando bateram palmas para você na igreja — ele retrucou.

— Quem podia imaginar que aquele pedaço de terra valia isso?

Ananias não tinha esperado obter cinquenta mil reais. Trinta mil reais, no máximo. Vinte e cinco mil, no mínimo. Mas quinze mil, por um pedaço de terra sem nenhuma construção, próximo da estrada de pista única, ao sul de Jerusalém? A propriedade era herança do tio Ernie, que tinha anexado um recado ao testamento: "Conserve essa terra, Andy. Nunca se sabe. Se a estrada for ampliada para quatro pistas, você terá um bom pé de meia".

Ananias seguiu o conselho, trancou a escritura no cofre e não pensou mais nisso até que Safira, sua mulher, ficou sabendo de uma generosa doação feita por Barnabé.

— Ele vendeu sua casa no condomínio de frente para o mar e doou o dinheiro à igreja.

— Você está brincando. No condomínio em Jafa?

— É o que ouvi dizer.

— É o 'filé mignon' das propriedades.

Ananias conhecia Barnabé do Rotary, e é claro que todo mundo conhecia Barnabé. Sua quantidade de amigos excedia o número de sacerdotes no templo. Ananias não tinha como ignorar o tom usado pelas pessoas quando se referiam ao presente de Barnabé. Respeito. Admiração. Seria ótimo ser considerado assim, e foi então que ele mencionou o terreno para Safira.

Um homem chamado Ananias, com Safira, sua mulher, também vendeu uma propriedade (Atos 5:1).

Os que possuíam terras ou casas as vendiam, traziam o dinheiro da venda e o colocavam aos pés dos apóstolos (Atos 4:34-35).

— Nunca vamos construir lá. Tenho certeza que podemos conseguir oito mil. Vamos doar o dinheiro para a igreja.
— Todo?
— Por que não?

1. *Doar por glória.* Ananias e Safira não são os únicos a se debaterem com esse desejo. O que a cena que acabou de ler tem a ver com você?
_____
_____
_____
_____
_____
_____
_____

2. Por que acha que é uma tentação tão grande desejar que os outros vejam nossas boas ações? Por que muitas vezes é tão difícil darmos alguma coisa sem esperar algum retorno?
_____
_____
_____
_____
_____
_____
_____

Procure apresentar-se a Deus aprovado, como obreiro que não tem do que se envergonhar e que maneja corretamente a palavra da verdade (2Timóteo 2:15).

Queremos ser aplaudidos, notados, respeitados, e essa fome pela aprovação dos outros pode ser voraz. Mas e se a nossa aspiração de sermos vistos pelos outros estiver arraigada num desejo mais profundo? Será que não ansiamos tanto pelo reconhecimento dos outros porque, no fundo, queremos a aprovação do nosso Criador? Nossas almas querem ser vistas, notadas e amadas pelo Senhor e esse desejo profundo interfere em nossos relacionamentos. Quanto mais acreditamos e recebemos o amor de Deus, menos nossa vida depende do amor dos outros, mas quanto mais nos distanciamos do amor do Altíssimo, maior a nossa ânsia pela aprovação dos outros. Na verdade, um anseio tão grande que, como no caso de Safira, podemos comprometer nossa própria integridade.

Oração da Semana

Senhor, sabemos que todos os nossos desejos de aprovação, de reconhecimento e de afirmação podem ser encontrados em ti. Ajuda-nos a sentir teu amor hoje e a nos voltarmos para ti para encontrar esses atributos de forma que não sejamos tentados a buscar a aprovação dos outros. Perdoa-nos quando praticamos boas ações para sermos aprovados pelos outros, e não para tua glória. Em nome de Jesus, oramos. Amém.

LIÇÃO 10 ❖ SAFIRA ❖ Primeiro dia: A boa ação torna-se má

Primeiro dia: A boa ação torna-se má

CUIDADO COM O QUE FALA

Para Ananias e Safira, teria sido melhor se tivessem ficado de boca fechada quando deram o presente. Não precisavam ter dito nada a ninguém. Ananias nunca foi muito bom em prestar atenção no que falava. No domingo seguinte, durante o culto, o apóstolo Pedro passou a palavra àqueles que fariam seus testemunhos e pedidos de oração. Ananias se apresentou e foi à frente.

— Não temos palavras para dizer o quanto Safira e eu temos sido abençoados, desde que viemos para a igreja de Jerusalém. Queremos dizer o quanto somos gratos, por isso estamos vendendo cerca de meio hectare de terra e prometemos doar cada centavo do dinheiro ao Fundo das Viúvas.

A congregação, com seus milhares de fiéis, aplaudiu entusiasticamente. Ananias fez um gesto para Safira dar um aceno... e ela o fez. De pé, acenou para todos à volta e mandou um beijo para Ananias, que retribuiu o gesto e saudou Pedro. Mas Pedro não estava sorrindo, e Ananias preferiu não pensar muito naquilo e voltou para o seu lugar.

Tarde da noite, Ananias ligou para um corretor de imóveis para colocar o terreno à venda e foi dormir pensando num salão com o nome dele.

A intuição do tio Ernie foi certeira. Duas incorporadoras se interessaram pela propriedade e nenhuma delas estranhou o preço de trinta mil reais. Mas, no final, a negociação terminou com um cheque de cinquenta mil reais nas mãos do casal.

Ele reteve parte do dinheiro para si, sabendo disso também sua mulher; e o restante levou e colocou aos pés dos apóstolos (Atos 5:2).

1. Leia Atos 4:32-37. Como descreveria a primeira reação dos cristãos nos primórdios da igreja? De que modo eles se amavam e se preocupavam uns com os outros?

   _____
   _____
   _____
   _____
   _____

Da multidão dos que creram, uma era a mente e um o coração. Ninguém considerava unicamente sua coisa alguma que possuísse, mas compartilhavam tudo o que tinham (Atos 4:32).

2. O que José — mais conhecido por nós como Barnabé — fez pela comunidade? Por que acha que esse gesto chamou a atenção de Lucas, o autor do Livro de Atos?

   _____
   _____
   _____
   _____

Barnabé [...] vendeu um campo que possuía, trouxe o dinheiro e o colocou aos pés dos apóstolos (4:36–37).

3. Lucas nos diz que o nome Barnabé significa "encorajador" (versículo 36). Abra em Atos 11:19-29. Como vê Barnabé fazendo jus ao próprio nome? O que Lucas diz sobre o caráter dele (veja versículo 24)?

Ele era um homem bom, cheio do Espírito Santo e de fé (11:24).

Dez mulheres da Bíblia ❖ Max Lucado

Assim, durante um ano inteiro Barnabé e Saulo se reuniram com a igreja e ensinaram a muitos (Atos 11:26).

4. De que maneira você é como Barnabé na hora de encorajar os outros, compartilhando seus dons e talentos, e servindo ao povo de Deus por amor? Como poderia seguir melhor o exemplo de Barnabé?

_____
_____
_____
_____

O PLANO

O casal sentou-se à mesa da cozinha em silêncio. Safira mexia o café, e Ananias olhava fixamente para o cheque. Safira foi a primeira a sugerir o plano.

— E se disséssemos a eles que vendemos a propriedade por apenas trinta mil reais?"

— O quê?

— Quem precisa saber?

Ananias pensou por uns instantes.

O Senhor, contudo, disse a Samuel: "Não considere sua aparência nem sua altura, pois eu o rejeitei. O Senhor não vê como o homem: o homem vê a aparência, mas o Senhor vê o coração" (1Samuel 16:7).

— Isso mesmo! Faremos todo mundo pensar que fechamos o negócio por dez mil. Assim, ficamos com o crédito pela doação e guardamos um pouco de dinheiro para algo especial.

Safira sorriu.

— E dar os cinco mil de entrada num imóvel no condomínio em Jafa?"

— Não vejo mal algum nisso.

— Nenhum mal mesmo.

E, então, no domingo seguinte, Ananias foi até à frente na igreja novamente e acenou com um cheque, anunciando:

— Vendemos a propriedade por dez mil!

E o cheque foi depositado na cesta de ofertas. Ele se deliciou com os aplausos e sinalizou para que Safira se levantasse.

Foi o que ela fez.

Pensaram que a encenação tinha sido um sucesso.

No domingo à tarde, os apóstolos chamaram Ananias para uma reunião.

Quem ama o dinheiro jamais terá o suficiente; quem ama as riquezas jamais ficará satisfeito com os seus rendimentos (Eclesiastes 5:10).

— Com certeza querem nos agradecer — ele disse a Safira enquanto ajeitava a gravata. — Provavelmente imaginam que ficaríamos pouco à vontade num banquete de homenagens.

— Eu gostaria de um — ela argumentou.

Ele sorriu e saiu de casa, sem sequer imaginar que jamais voltaria.

5. Leia Atos 5:1-2. Por que você acha que Ananias e Safira decidiram reter parte do dinheiro para si? Eles erraram fazendo isso?

_____
_____
_____
_____
_____

LIÇÃO 10 ❖ SAFIRA ❖ Primeiro dia: A boa ação torna-se má

6. Abra em Mateus 6:1-4. Como Jesus instruía seus seguidores quando se tratava de dar dinheiro aos necessitados? O que acha que o Senhor quis dizer ao mencionar que os fariseus — os quais gostavam de ser vistos doando — já tinham sido inteiramente recompensados?

_____
_____
_____
_____
_____
_____

Tenham o cuidado de não praticar suas 'obras de justiça' diante dos outros para serem vistos por eles. Se fizerem isso, vocês não terão nenhuma recompensa do Pai celestial (Mateus 6:1-2).

7. Por que viver na cultura de hoje aumenta ainda mais a tentação de ostentar o bem que praticamos?

_____
_____
_____
_____
_____
_____
_____
_____

8. Pense num período de sua vida em que praticou uma boa ação que ninguém percebeu. De que modo foi difícil para não compartilhar a boa ação e buscar o elogio de terceiros? Que recompensas e bons frutos Deus lhe proporcionou na vida, pelos seus gestos caridosos e desapegados com os outros?

_____
_____
_____
_____
_____
_____

Pois, que adiantará ao homem ganhar o mundo inteiro e perder a sua alma? Ou, o que o homem poderá dar em troca de sua alma? (16:26).

Ananias e Safira queriam ser como Barnabé, que repassara o dinheiro recebido pela venda de uma terra para a igreja... ou, ao menos, desejavam o *reconhecimento* obtido por Barnabé ao fazer sua generosa oferta. O problema estava em suas motivações egoístas. Eles não apenas sonegaram de Deus o dinheiro — sonegaram do Senhor o coração deles também. Do mesmo modo, quando damos algo com nossas mãos, mas não com o coração, nosso presente perde o valor, talvez não financeiramente, mas, com certeza, espiritualmente. Contudo, ao oferecermos com sinceridade no coração — sem nada reter e confiando que o Senhor proverá em nossas necessidades —, recebemos bênçãos espirituais. É o que lemos em Provérbios: "os justos florescerão com a folhagem verdejante" (11:25), "mas o invejoso é ávido por riquezas, e não percebe que a pobreza o aguarda" (Provérbios 28:22).

Quando pedem, não recebem, pois pedem por motivos errados, para gastar em seus prazeres (Tiago 4:3).

231

> *Com grande poder os apóstolos continuavam a testemunhar da ressurreição do Senhor Jesus, e grandiosa graça estava sobre todos eles (Atos 4:33-34).*

✥ Pontos para Lembrar ✥

❖ O corpo de Cristo é encorajado quando compartilhamos amorosamente nossos dons e talentos com o povo de Deus.

❖ O Altíssimo recompensa as boas obras desinteressadas: quando doamos sem nada reter e confiamos na providência divina, nós recebemos bênçãos espirituais.

❖ Quando oferecemos nosso serviço, mas não o nosso coração ao Criador, o presente perde o valor; Deus não precisa dos nossos presentes — ele quer o nosso coração.

✥ Oração do Dia ✥

Senhor, confessamos que doar é difícil. Queremos que os outros percebam nossos gestos e nos debatemos no apego aos nossos bens terrestres. Oramos hoje para que transformes o nosso coração e nos ajudes a fazer nossas doações do mesmo modo que fizeste — com um coração alegre e generoso. Obrigado, Deus. Amém.

Segundo dia: O veredicto

AS QUATRO PERGUNTAS DE PEDRO

De acordo com o Livro de Atos, a reunião durou o tempo suficiente para Pedro fazer quatro perguntas e pronunciar um único veredicto. A primeira pergunta do apóstolo foi: "Ananias, como você permitiu que Satanás enchesse o seu coração, ao ponto de você mentir ao Espírito Santo e guardar para si *uma parte* do dinheiro que recebeu pela propriedade?" (Atos 5:3). A encenação deu errado. A expressão empregada por Lucas "guardar para si" significa "apropriação indébita". Os apóstolos farejaram a verdadeira "armação" do casal: uma fraude financeira.

A segunda pergunta foi: "Ela não lhe pertence?" (versículo 4). Ninguém forçou Ananias e Safira a venderem a propriedade, isto é, eles agiram de comum acordo e segundo sua livre e espontânea vontade.

A terceira pergunta foi: "Depois de vendida, o dinheiro não estava em seu poder?" (versículo 4). A qualquer momento, o casal poderia ter mudado de ideia e alterado a contribuição. O pecado deles não foi guardar uma parte do dinheiro, mas fingir ter dado tudo. Queriam aparentar um sacrifício sem o sacrifício.

A quarta e última pergunta de Pedro foi: "O que o levou a pensar em fazer tal coisa? (versículo 4). O ato fraudulento por parte de Ananias e Safira não foi um deslize que os fez agir impulsivamente, mas sim algo calculado, premeditado e com a real intenção de trapacear na igreja. Será que não perceberam que estavam mentindo para Deus?

> *Então perguntou Pedro: "Ananias, como você permitiu que Satanás enchesse o seu coração, ao ponto de você mentir ao Espírito Santo e guardar para si uma parte do dinheiro que recebeu pela propriedade? Ela não lhe pertencia? E, depois de vendida, o dinheiro não estava em seu poder? O que o levou a pensar em fazer tal coisa? Você não mentiu aos homens, mas sim a Deus" (5:3-4).*

LIÇÃO 10 ❖ SAFIRA ❖ Segundo dia: O veredicto

Pedro deixou isso claro no seu veredicto: "Você não mentiu aos homens, mas sim a Deus" (versículo 4). E Lucas nos diz o que acontece em seguida: "Ouvindo isso, Ananias caiu morto. Grande temor apoderou-se de todos os que ouviram o que tinha acontecido" (versículo 5).

1. Leia Atos 5:3-6. O que Pedro quis dizer ao registrar que Ananias tinha "mentido para o Espírito Santo" (versículo 3)?

2. Pedro disse a Ananias que Satanás tinha enchido o coração dele e que isso o levara a mentir na igreja. O que as seguintes passagens das Escrituras dizem sobre o pecado da mentira?

    Provérbios 12:22: "O Senhor odeia os lábios mentirosos, mas se deleita com os que falam a verdade".

    Provérbios 19:9: "A testemunha falsa não ficará sem castigo, e aquele que despeja mentiras perecerá".

    Salmos 101:7: "Quem pratica a fraude não habitará no meu santuário; o mentiroso não permanecerá na minha presença".

    Lucas 8:17: "Porque não há nada oculto que não venha a ser revelado, e nada escondido que não venha a ser conhecido e trazido à luz".

Não entristeçam o Espírito Santo de Deus, com o qual vocês foram selados para o dia da redenção (Efésios 4:30)

233

Colossenses 3:9-10: Não mintam uns aos outros, visto que vocês já se despiram do velho homem com suas práticas e se revestiram do novo, o qual está sendo renovado em conhecimento, à imagem do seu Criador".

_____
_____
_____
_____

Tiago 1:26: "Se alguém se considera religioso, mas não refreia a sua língua, engana-se a si mesmo. Sua religião não tem valor algum!"

_____
_____
_____
_____

> *Vocês pertencem ao pai de vocês, o Diabo, e querem realizar o desejo dele. Ele foi homicida desde o princípio e não se apegou à verdade, pois não há verdade nele. Quando mente, fala a sua própria língua, pois é mentiroso e pai da mentira (João 8:44).*

3. Pedro diz que Satanás encheu o coração de Ananias. Leia João 8:44. Do que Jesus chama Satanás nesse versículo? Explique uma ocasião em que "o pai da mentira" plantou um engodo em seu coração, de modo que você acreditasse e agisse de acordo?

_____
_____
_____
_____

4. Quando mentimos ou enganamos as pessoas, é fácil não notar que nosso pecado não é apenas contra essas pessoas, mas contra Deus também. Como mentir afeta nosso relacionamento com os outros e com o Senhor? É possível separarmos nosso relacionamento com o Criador dos que temos com os outros? Explique seu ponto de vista.

_____
_____
_____
_____
_____

A ÚLTIMA OPORTUNIDADE DE SAFIRA

> *Ouvindo isso, Ananias caiu morto. Grande temor apoderou-se de todos os que viram o que tinha acontecido. Então os moços vieram, envolveram seu corpo, levaram-no para fora e o sepultaram (Atos 5:5-6).*

Os homens mais jovens da comunidade se levantaram e retiraram o corpo de Ananias do local da reunião. O corpo dele foi coberto e enterrado antes que Safira tivesse alguma noção do que havia acontecido. Quando foi se encontrar com Pedro, ela esperava receber palavras de gratidão, e Pedro lhe deu a oportunidade de falar a verdade. "Diga-me, foi esse o preço que vocês conseguiram pela propriedade?" (Atos 5:8).

Vamos lá, Safira, conte a verdade. Você não vai conseguir escapar dessa. Basta ser honesta e quem sabe você viverá para contar essa história. Mas não foi o que ela fez. "Respondeu ela: 'Sim, foi esse mesmo'" (versículo 8).

LIÇÃO 10 ❖ SAFIRA ❖ Segundo dia: O veredicto

Pedro balança negativamente a cabeça. "Por que vocês entraram em acordo para tentar o Espírito do Senhor? Veja! Estão à porta os pés dos que sepultaram seu marido, e eles a levarão também" (versículo 9).

Ao levarem Safira para junto do marido no cemitério, também balançamos a cabeça em desaprovação. Será que ousaríamos manifestar em alto e bom som o que imaginamos em nosso íntimo? Ousaríamos perguntar o que todos estamos pensando? Bem, já que ninguém se habilita, eu o farei.

Será que isso era realmente necessário? Quero dizer, Ananias e Safira mereciam ser punidos, com certeza. Mereciam uma punição severa. Mas uma *sentença de morte*? Seria uma punição adequada a esse crime? O que eles fizeram foi ruim. Mas foi *tão* ruim assim?

> *Naquele mesmo instante, ela caiu morta aos pés dele. Então os moços entraram e, encontrando-a morta, levaram-na e a sepultaram ao lado de seu marido. E grande temor apoderou-se de toda a igreja e de todos os que ouviram falar desses acontecimentos* (Atos 5:10-11).

5. Leia o restante da história de Safira em Atos 5:7-11. Por que Pedro deu uma chance a ela para se retratar e falar a verdade? Por que acha que Safira persistiu na mentira?

_____
_____
_____
_____
_____

6. Pedro disse a Ananias que ele tinha mentido para o Espírito Santo. O que ele disse que Safira havia feito? O que acha que ele quis dizer com isso?

_____
_____
_____
_____

> *Por que vocês entraram em acordo para testar o Espírito do Senhor?* (versículo 9).

7. Baseado no que leu a respeito dos acontecimentos nos primórdios da igreja em Atos 4:32-37), por que acha que Satanás faz questão de tentar alguns membros de uma comunidade para que pequem contra outros? Por que foi importante para Pedro agir rapidamente na situação?

_____
_____
_____
_____
_____
_____

8. A punição para o crime, em sua opinião, foi adequada? Por que acha que Deus escolheu punir Ananias e Safira com a morte?

_____
_____
_____
_____
_____

> *Os apóstolos estavam ensinando o povo e proclamando em Jesus a ressurreição dos mortos (4:2).*
>
> *Eles se dedicavam ao ensino dos apóstolos e à comunhão, ao partir do pão e às orações. Todos estavam cheios de temor, e muitas maravilhas e sinais eram feitos pelos apóstolos. Os que criam mantinham-se unidos e tinham tudo em comum (Atos 2:42-44).*

Dos cristãos que frequentavam a igreja dos primeiros tempos, "uma era mente e um o coração", porque "a grandiosa graça estava sobre todos eles" (Atos 4:32-33). Cada vez mais pessoas chegavam para se juntar ao corpo de Cristo e experimentar, de formas novas e profundas, o poder de transformação de Deus (veja Atos 2:41-47). Os perdidos eram salvos, os necessitados eram amparados, e havia uma grande unidade de propósito entre os primeiros fiéis. Com isso, era de imaginar que Satanás tentasse quebrar a uniãodos irmãos em Cristo. Na história de Ananias e Safira, ele encontrou dois indivíduos em que a graça de Deus não era intensamente atuante, e não porque a graça de Deus não estivesse disponível, mas porque eles não a recebiam. A lição de suas vidas nos revela que, para *doar* generosamente, precisamos primeiro, e sobretudo, *receber* generosamente a graça de Deus.

Pontos para Lembrar

❖ Quando mentimos para os outros, é preciso lembrar que também estamos mentindo para Deus e para o Espírito Santo.
❖ Lidar sem demora com os nossos próprios erros, sem ignorá-los, protege o corpo de Cristo de se tornar complacente com o pecado e mostra que o Senhor não tolera a hipocrisia e a farsa.
❖ O dom da graça que recebemos pela fé em Jesus permite que nos libertemos da culpa do pecado, que vivamos generosamente e que estejamos unidos para servir a Deus.

> *O próprio Satanás se disfarça de anjo de luz (2Coríntios 11:14).*

Oração do Dia

Senhor, perdoa-nos quando nos afastamos de teu coração e mente e acreditamos nas mentiras do inimigo. Perdoa-nos quando pecamos contra outros membros de nossa família e trazemos divisão à igreja em vez de unidade. Queremos viver da graça que nos deste e que age de maneira poderosa dentro de nós de modo a fazer-nos doar aos outros generosamente. Amém.

Terceiro dia: A fraude mortal

COLOCANDO A MÁSCARA

> *Se alguém ama o mundo, o amor do Pai não está nele (1João 2:15).*

Vamos pensar na história de Ananias e Safira por um momento. O que exatamente eles fizeram? Bem, para começar, usaram a igreja para a autopromoção. Quiseram obter vantagem da família de Deus em benefício próprio e tentaram transformar a congregação em um palco pessoal onde poderiam se exibir.

O Senhor tem uma palavra forte para esse tipo de comportamento: *hipocrisia*. Quando Jesus usava esse termo, as pessoas corriam para se proteger. Certa

LIÇÃO 10 ❖ SAFIRA ❖ Terceiro dia: A fraude mortal

vez, ele repreendeu os fariseus com essa bomba: "Tudo o que fazem é para serem vistos pelos homens. [...] Eles gostam do lugar de honra nos banquetes e dos assentos mais importantes nas sinagogas, de serem saudados nas praças e de serem chamados mestres" (Mateus 23:5-7).

Jesus prosseguiu, bradando: "Ai de vocês, mestres da lei e fariseus, hipócritas! Vocês fecham o Reino dos céus diante dos homens! [...] Vocês devoram as casas das viúvas e, para disfarçar, fazem longas orações. [...] Vocês limpam o exterior do copo e do prato, mas por dentro eles estão cheios de ganância e cobiça" (versículos 13-14, 25).

Cristo nunca se dirigiu a ninguém mais com tamanha intensidade, mas, quando via religiosos hipócritas, tratava de trazer à luz por completo essa característica. "E quando vocês orarem, não sejam como os hipócritas. Eles gostam de ficar orando em pé nas sinagogas e nas esquinas, a fim de serem vistos pelos outros. Eu lhes asseguro que eles já receberam sua plena recompensa" (Mateus 6:5).

A definição usual da palavra *hipocrisia* é "ser visto pelos homens". No mundo grego, a palavra hipócrita — *hupokrites* — originalmente significava "ator". (Esse uso antigo é observado nos escritos de Demóstenes, no século IV a.C., um orador grego que empregou o termo para ridicularizar um de seus adversários que outrora havia sido um ator de sucesso.)

Os atores do século I usavam máscaras. Um hipócrita, então, era aquele que colocava uma máscara, um rosto falso. Sobre os hipócritas, Deus diz que "Este povo me honra com os lábios, mas o seu coração está longe de mim. Em vão me adoram; seus ensinamentos não passam de regras ensinadas por homens" (Mateus 15:8-9).

1. Preste atenção às palavras de Jesus em Mateus 23:1-12. De que forma Ananias e Safira eram como os fariseus e os mestres da lei que Cristo descreve nestes versículos? O que o Senhor Jesus disse sobre o que buscavam ao praticar boas ações?

   _____
   _____
   _____
   _____
   _____
   _____

2. Em que sentido Jesus diz que os fariseus e os mestres da lei não praticavam o que pregavam? Com relação ao que sabemos sobre a igreja primitiva, como isso também era verdadeiro em relação a Safira e Ananias?

   _____
   _____
   _____
   _____
   _____
   _____
   _____

Então, Jesus disse à multidão e aos seus discípulos: "Os mestres da lei e os fariseus se assentam na cadeira de Moisés. Obedeçam-lhes e façam tudo o que eles lhes dizem. Mas não façam o que eles fazem, pois não praticam o que pregam (Mateus 23:1-3).

Eles afirmam que conhecem a Deus, mas por seus atos o negam (Tito 1:16).

Pois todo aquele que a si mesmo se exaltar será humilhado, e todo aquele que a si mesmo se humilhar será exaltado (Mateus 23:12).

> *Mas, tudo o que é exposto pela luz torna-se visível, pois a luz torna visíveis todas as coisas (Efésios 5:13).*

3. Quando Cristo via um religioso hipócrita, ele trazia completamente à luz sua hipocrisia. Por que você acha que era assim? De que maneira Jesus estava realmente demonstrando-lhes amor ao expor o que estavam fazendo ao povo de Deus?

_____
_____
_____
_____
_____

> *Hipócrita, tire primeiro a viga do seu olho, e então você verá claramente para tirar o cisco do olho do seu irmão (Mateus 7:5).*

4. Leia Mateus 7:3-5. Em que situações você está mais inclinado a usar um "rosto falso" para manter as aparências, tal como Safira e Ananias? Escreva uma oração pedindo a Deus para que o livre de toda e qualquer tendência à hipocrisia.

_____
_____
_____
_____
_____

O FASCÍNIO DA FALSIDADE

> *Os que conhecem o teu nome confiam em ti, pois tu, SENHOR, jamais abandonas os que te buscam (Salmos 9:10).*

O pecado de Ananias e Safira não foi o fato de terem guardado algum dinheiro para si, mas de terem desvirtuado a verdade. A maioria de nós pode entender essa tentação, pois não confiamos na verdade. Podemos nos identificar com o sujeito que recebeu um telefonema de sua mulher, bem quando ela estava prestes a embarcar no avião de volta da Europa.

— Como vai o meu gato? — perguntou ela.

— Morreu — foi a resposta.

— Oh, querido. Não seja tão honesto. Por que não me deu essa notícia mais devagar? Acabou com a minha viagem.

— O que quer dizer com isso?

— Bem, você poderia ter dito que ele estava no telhado. Então, quando eu telefonasse de Paris, você diria que ele andava meio preguiçoso. Quando eu ligasse de Londres, falaria que ele estava doente e, quando eu ligasse de Nova York, que ele estava no veterinário. E, então, quando eu chegasse em casa, você me contaria que ele havia morrido.

O marido nunca recorrera a esse expediente, mas se mostrou disposto a aprender.

— Está bem — concordou. — Farei isso da próxima vez.

— Por falar nisso — a mulher prosseguiu —, como vai a minha mãe?

Fez-se um longo silêncio.

— Humm... — ele disse — ela está no telhado.

O fato concreto é que a nossa crença frequentemente é em *Conhecereis a verdade, e a verdade vos deixará incomodados*. Nossa desconfiança com relação à verdade começou cedo, quando mamãe entrou no nosso quarto e perguntou:

— Você bateu no seu irmãozinho?

LIÇÃO 10 ❖ SAFIRA ❖ Terceiro dia: A fraude mortal

Sabemos, então, que esse tipo de honestidade tem suas consequências. Então, aprendemos a... Bem, na realidade, não se pode dizer que isso é mentir... Aprendemos a encobrir as coisas.

"Se eu bati no irmãozinho? Bem, tudo vai depender de como você interpreta a palavra *bateu*. Ou seja, com certeza eu encostei a mão nele, mas um júri consideraria isso um tapa? Como sabe, tudo é relativo."

Aprendemos desde cedo que a verdade não é divertida e então a evitamos. Queremos que os nossos superiores gostem de nós, então os bajulamos. Deus chama isso de mentir. Queremos que as pessoas nos admirem, então exageramos. O Senhor chama isso de mentir. Queremos que as pessoas nos respeitem e, então, moramos em casas que não podemos sustentar e contraímos dívidas que não podemos pagar. Para Deus, isso é viver uma mentira.

Nunca Jeremias foi mais profético do que quando anunciou: "O coração é mais enganoso que qualquer outra coisa" (Jeremias 17:9). E enganar, conforme a história de Ananias e Safira mostra, sempre leva a consequências desastrosas.

5. Leia João 8:31-32. A quem Jesus se dirige com esses versículos? O que ele quis dizer quando falou que "a verdade" os libertaria?

_____
_____
_____
_____
_____

Disse Jesus aos judeus que haviam crido nele: "Se vocês permanecerem firmes na minha palavra, verdadeiramente serão meus discípulos. E conhecerão a verdade, e a verdade os libertará" (João 8:31-32).

6. Por que muitas vezes é tão difícil para nós, como crentes em Jesus, dizer a verdade? Que receios experimentamos em admitir que não somos tão certinhos ou que não somos tão santos como gostaríamos que os outros acreditassem?

_____
_____
_____
_____
_____

7. Leia as palavras de Deus em Jeremias 17:9-10. Segundo o Senhor, qual é o estado natural do nosso coração? O que o Altíssimo faz para revelar o que se passa em nosso coração?

_____
_____
_____
_____
_____
_____

Eu sou o SENHOR que sonda o coração e examina a mente, para recompensar a cada um de acordo com a sua conduta (Jeremias 17:10).

> *Darei a vocês um coração novo e porei um espírito novo em vocês; tirarei de vocês o coração de pedra e lhes darei um coração de carne (Ezequiel 36:26).*

8. Abra em Ezequiel 36:26. Que esperança esse versículo nos traz quando se trata do nosso coração cheio da disposição de enganar? Como vê Deus concretizar essas palavras em sua vida?

_____
_____
_____
_____
_____
_____

> *Não há distinção, pois todos pecaram e estão destituídos da glória de Deus, sendo justificados gratuitamente por sua graça, por meio da redenção que há em Cristo Jesus (Romanos 3:22-24).*

Não precisamos cursar uma escola de alto nível para formação profissional de artes cênicas para sermos atores excepcionais, porque representar faz parte de nossa natureza corrompida. Cada um de nós é culpado de vez em quando por colocar uma máscara de inocência, dizer as frases certas e vestir o traje de religioso. Engolimos em seco ao ouvir falar que mais um pastor foi pego tendo um caso amoroso, zombamos do pregador evangélico da TV pego desviando dinheiro e balançamos a cabeça ao saber que descobriram mais alguém mentindo. "Eu fico muito feliz por não ser *assim*", dizemos a nós mesmos.

Mas a verdade é que somos *todos* hipócritas. Todos nós enganamos os outros, escondendo nosso pecado, todos louvamos a Deus com a mesma boca que julga os outros. Até reconhecermos quem realmente somos — pecadores carentes de graça — sempre nos debateremos contra o fingimento até que adotemos a mentalidade do coletor de impostos da parábola de Jesus que disse: "Deus tem misericórdia de mim, que sou pecador" (Lucas 18:13), jamais vivenciaremos a humildade que o Senhor deseja. Então, hoje, vamos deixar a encenação para os atores de Hollywood e, com humildade, aceitar nossas fraquezas. Agindo assim, teremos um coração que honra o Criador.

Pontos para Lembrar

- ❖ O hipócrita está interessado em parecer um homem bom aos olhos dos outros e recorrerá à dissimulação para manter as aparências.
- ❖ Podemos ser tentados a distorcer a verdade, porque ela é desconfortável — a honestidade traz consequências que não desejamos encarar.
- ❖ Se reconhecermos nossa necessidade de graça e sinceramente aceitarmos que somos pecadores, podemos honrar a Deus em nosso coração.

Oração do Dia

Senhor, obrigado por nos amar como somos. Obrigado por não termos de esconder de ti nossos verdadeiros eus — e que não conseguiríamos mesmo se tentássemos! Perdoa-nos pelas vezes em que honramos a ti com a mesma boca que amaldiçoamos os outros. Dá-nos corações honestos e transparentes, e permita que tudo o que façamos seja agradável a ti. Em nome de Jesus, amém.

> *Da mesma boca procedem bênção e maldição. Meus irmãos, não pode ser assim! (Tiago 3-10)*

LIÇÃO 10 ❖ SAFIRA ❖ Quarto dia: Enganar mata

Quarto dia: Enganar mata

FIEL NAS PEQUENAS COISAS

Mais de uma vez ouvi as pessoas se referirem à história de Safira e de seu marido, Ananias, com um riso nervoso. "Fico feliz porque Deus não fulmina mais as pessoas por mentirem", elas dizem. Não tenho tanta certeza de que o Senhor não faz isso. Parece-me que o preço do engodo ainda é a morte.

Talvez não se trate da morte do corpo, mas poderia levar à morte de um casamento, pois a falsidade é como cupim no tronco da árvore familiar, ou à morte da consciência, porque a tragédia maior da segunda mentira é que ela é sempre mais fácil de contar do que a primeira, ou, ainda, a morte de uma carreira. É só perguntar ao aluno que foi reprovado por colar na prova ou ao empregado que foi pego após um desfalque. Ou à morte da fé de alguém. As linguagens da fé e da falsidade possuem vocabulários diferentes, e aqueles que falam fluentemente a linguagem da falsidade consideram termos como *confissão* e *arrependimento* difíceis de pronunciar.

Poderíamos listar aqui também a morte da intimidade, da confiança, da paz, da credibilidade e da autoestima, mas, talvez a morte mais terrível seja pelo nosso falso testemunho. O tribunal nunca colherá o depoimento de uma testemunha que comete perjúrio, nem o mundo. Você acha que os colegas de trabalho vão acreditar em nossas palavras sobre Jesus se nem mesmo confiarem no que dizemos sobre como controlamos nossas despesas? Além de tudo, acha que o Senhor nos usará como testemunha se não falarmos a verdade?

Todo time de futebol do ensino médio tem um jogador encarregado de levar instruções do técnico para o time. E se esse jogador não disser a verdade? O que acontece se o técnico orientar para fazerem passes, e o jogador disser que a instrução era para que corressem? Uma coisa é certa: o técnico não vai contar com esse jogador por muito tempo. Deus diz que, se formos fiéis nas pequenas coisas, ele confiará em nós para coisas maiores (veja Mateus 25:21). Ele pode confiar em você nas pequenas coisas?

1. Leia a parábola dos talentos em Mateus 25:14-30. O que representa o dinheiro que o senhor dá a cada um de seus servos? Qual a expectativa dele com relação ao que os servos fariam com o dinheiro?
_____
_____
_____
_____

2. Observe que o senhor deu ao primeiro servo mais do que ao segundo. O que o senhor diz a cada um dos servos? O que isso nos diz sobre as expectativas de Deus em relação ao uso que faremos de quaisquer dons e habilidades que ele nos tenha dado?

Quando vocês se oferecem a alguém para lhe obedecer como escravos, tornam-se escravos daquele a quem obedecem (Romanos 6:16).

Entrem pela porta estreita, pois larga é a porta e amplo o caminho que leva à perdição, e são muitos os que entram por ela (Mateus 7:13).

Você foi fiel no pouco, eu o porei sobre o muito (Mateus 25:21).

A um deu cinco talentos, a outro dois, e a outro um; a cada um de acordo com a sua capacidade. Em seguida partiu de viagem (versículo 15).

O senhor respondeu: "Muito bem, servo bom e fiel!" (versículos 21, 23).

> *Então você devia ter confiado o meu dinheiro aos banqueiros, para que, quando eu voltasse, o recebesse de volta com juros (versículo 27).*

> *Pois a quem tem, mais será dado, e terá em grande quantidade. Mas a quem não tem, até o que tem lhe será tirado (25:29).*

3. Por que o senhor disse ao terceiro servo que ele era mau e negligente? Por que ele não ficou feliz pelo fato de o terceiro servo ter se limitado a guardar o dinheiro recebido são e salvo?

4. O senhor disse ao primeiro e ao segundo servo: "Muito bem, servo bom e fiel! Você foi fiel no pouco, eu o porei sobre o muito" (versículo 21, 23). O que isso nos diz quanto às expectativas de Deus no que se refere a falar a verdade? Por que não existe algo como uma "pequena" mentira?

ENCARANDO AS CONSEQUÊNCIAS

Há muitos anos, um homem mantinha um posto na orquestra do imperador da China, ainda que não soubesse tocar uma única nota. Sempre que o grupo ensaiava e se apresentava, o homem colocava a flauta na boca, como se estivesse tocando, embora dali não saísse som algum. Ele recebia um salário modesto e levava uma vida confortável.

Então, um dia, o imperador pediu que cada músico fizesse um solo. O flautista ficou nervoso, pois não havia havia tempo suficiente para aprender a tocar o instrumento. Ele fingiu estar doente, mas o médico real não caiu nessa. No dia de apresentar o seu solo, o impostor suicidou-se, tomando veneno. Seu suicídio nos leva a refletir sobre a necessidade de encararmos as consequências dos nossos atos.

A cura para o engano é simplesmente isto: *encarar as consequências.* Dizer a verdade. Alguns de nós vivem uma farsa, caminham nas sombras. As mentiras de Ananias e Safira resultaram em morte... e as suas também... Alguns de nós enterraram um casamento, partes da consciência e até mesmo partes da fé — tudo porque nos recusamos a dizer a verdade.

> *Portanto, cada um de vocês deve abandonar a mentira e falar a verdade ao seu próximo, pois todos somos membros de um mesmo corpo (Efésios 4:25).*

Você está num dilema, imaginando se deveria ou não dizer a verdade? As perguntas que deve se fazer nesses momentos são: *Deus abençoará minha enganação? Ele, que abomina mentiras, abençoará uma estratégia baseada em mentiras? O Senhor, que ama a verdade, abençoará uma fraude nos negócios? Deus honrará a carreira de um manipulador? Deus ajudará um trapaceiro? Deus abençoará minha desonestidade?* Também acho que não.

LIÇÃO 10 ❖ SAFIRA ❖ Quarto dia: Enganar mata

Em seguida, examine seu coração. Faça a si mesmo algumas perguntas difíceis: *Estou sendo totalmente honesto com minha esposa e meus filhos? Meus relacionamentos são marcados pela sinceridade? E com relação ao meu ambiente de trabalho ou de escola? Sou honesto em minhas condutas? Sou um aluno confiável? Sou um pagador de impostos honesto? Sou alguém que possa ser uma testemunha confiável no trabalho?*
Você fala a verdade... sempre?

Se não, comece hoje. Não espere até amanhã, pois a marola da mentira de hoje é a onda de amanhã e o tsunami do ano que vem. Comece hoje e seja exatamente como Jesus. Diga a verdade, toda a verdade, nada mais do que a verdade.

5. Na parábola dos talentos, quais as consequências da falta de fé do terceiro servo? Como tem visto Deus abençoá-lo ao ser confiável nas pequenas coisas?
___
___
___
___
___
___

Mas a quem não tem, até o que tem lhe será tirado (Mateus 25-29).

6. Talvez a morte mais trágica resultante da mentira seja a morte de nosso testemunho. De que modo tem visto a hipocrisia e a farsa na igreja afastarem os não cristãos? Que tipo de dano isso causa quando se trata de atrair as pessoas para Jesus?
___
___
___
___
___

Estejam sempre preparados para responder a qualquer pessoa que lhes pedir a razão da esperança que há em vocês (1Pedro 3:15).

7. Frequentemente, Jesus fala sobre o poder da verdade. O que ele diz nos seguintes versículos sobre o que é a verdade e como ela deve guiar nossa vida?

João 8:32: "E conhecerão a verdade, e a verdade os libertará".
___
___
___
___
___

João 14:6: "Eu sou o caminho, a verdade e a vida. Ninguém vem ao Pai, a não ser por mim".
___
___
___
___
___

João 16:13: "Mas quando o Espírito da verdade vier, ele os guiará a toda a verdade. Não falará de si mesmo; falará apenas o que ouvir, e lhes anunciará o que está por vir".

João 17:17: "Santifica-os na verdade; a tua palavra é a verdade".

João 18:37: "Tu dizes que sou rei. De fato, por esta razão nasci e para isto vim ao mundo: para testemunhar da verdade. Todos os que são da verdade me ouvem".

8. Leia Efésios 4:20-24. Como nos livrarmos da farsa, da mentira? Como abandonar nosso velho eu e nos revestirmos de um novo eu, como Paulo nos ensina nessa passagem?

> *Quanto à antiga maneira de viver, vocês foram ensinados a despir-se do velho homem, que se corrompe por desejos enganosos (Efésios 4:22).*

> *O Espírito diz claramente que nos últimos tempos alguns abandonarão a fé e seguirão espíritos enganadores e doutrinas de demônios. Tais ensinamentos vêm de homens hipócritas e mentirosos, que têm a consciência cauterizada (1Timóteo 4:1-2).*

Vivemos num mundo tão deturpado pelo inimigo que podemos nos ver entorpecidos pelo ferrão da farsa e da mentira. Podemos até nos pegar, negligentemente, contando pequenas mentiras, com a consciência inabalada, *pois o problema maior da segunda mentira é que ela é sempre mais fácil de contar do que a primeira*. As Escrituras nos alertam sobre os falsos mestres que são cheios de hipocrisia e têm a consciência "cauterizada" (1Timóteo 4:2). Quanto mais nos distanciamos do caminho da verdade, mais confortáveis nos sentimos com as mentiras, mais os nossos olhos se adaptam à escuridão e mais nossa consciência se cauteriza. Portanto, fujamos do pai das mentiras e corramos para o Pai da verdade. Portanto, "mantenham-se firmes, cingindo-se com o cinto da verdade" (Efésios 6:14). E quando preenchermos nossa mente e nosso coração com a verdade de Deus, ela transbordará de nossos lábios e para nossas ações, "porque a sua boca fala do que está cheio o coração" (Lucas 6:45).

LIÇÃO 10 ❖ SAFIRA ❖ Quinto dia: Uma solene advertência a nós

❧ PONTOS PARA LEMBRAR ☙

❖ A farsa leva à morte de uma forma ou de outra e, principalmente, destrói nosso testemunho de Jesus.
❖ Dizer a verdade faz parte de ser fiel nas pequenas coisas que Deus pede de nós — e isso faz com que o Senhor confie em nós para coisas maiores.
❖ A cura contra a farsa e a mentira é falar a verdade, sabendo que o Altíssimo abomina mentiras e honra aqueles de coração honesto.

❧ ORAÇÃO DO DIA ☙

Senhor, examina nossos corações hoje e revela qualquer área de nossa vida em que não somos completamente honestos em nossa conduta. Ajuda-nos a dizer sempre a verdade, não importando quão difícil isso possa parecer naquele momento. Sabemos que apenas por meio de ti nosso coração se torna limpo e voltado para a tua verdade. Amém.

Quinto dia: Uma solene advertência a nós

UM DEUS CIUMENTO

O julgamento de Deus nunca foi um problema para mim; na realidade, sempre me pareceu correto. O enxofre ardendo em Sodoma e Gomorra. Bom trabalho, Senhor. Os egípcios, engolidos no mar Vermelho. Eles mereceram. Quarenta anos vagando para quebrar a arrogância dos israelitas? Eu teria feito o mesmo. Ananias e Safira? *Pode apostar.*

A história do casal é uma solene advertência para nós. Até aquela altura dos primórdios da igreja, ela só passara por dias de glória. Milagres, sermões, batismos e crescimento. O Livro de Atos é cheio de festejos e bons frutos... até Ananias e Safira. Quando o casal decidiu roubar o que pertencia a Deus, o velho problema do pecado entrou na equação.

Deus é ciumento com relação à nossa confiança e não pede, sugere ou recomenda — ele *exige*. Sua mensagem sem rodeios é clara: "Confie em mim e só em mim". Quando o assunto é fé, o Senhor é sério, mortalmente sério.

Os israelitas tinham descoberto essa verdade séculos antes, quando Deus os guiara à Terra Prometida. A primeira parada foi em Jericó e o Senhor, miraculosamente, derrubou os muros da cidade. Contudo ele também ordenou ao povo: "Mas fiquem longe das coisas consagradas, não se apossem de nenhuma delas, para que não sejam destruídos. Do contrário, trarão destruição e desgraça ao acampamento de Israel. Toda a prata, todo o ouro e todos os utensílios de bronze e de ferro são sagrados e pertencem ao Senhor e deverão ser levados para o seu tesouro" (Josué 6:18-19).

Estando sob o castigo do fogo eterno, elas servem de exemplo (Judas 1:7).

Não terás outros deuses além de mim (Êxodo 20:3).

> *Mas os israelitas foram infiéis com relação às coisas consagradas. Acã [...] apossou-se de algumas delas* (Josué 7:1).

As instruções eram claras. Não toquem nessas coisas, ou seja, não façam colares com o ouro, não façam medalhas com o bronze, e não levem lembrancinhas. Nenhuma bugiganga. Nenhuma joia do tesouro de Jericó. Sem brincadeira. Mas um homem chamado Acã viu as joias e se esqueceu do seu Rei. Ele pegou um pouco do tesouro de Jericó desobedecendo ao comando direto de Deus, e escondeu-as na sua tenda.

O castigo de Deus foi imediato e severo. Empolgado com a vitória sobre Jericó, Josué presumiu que a próxima cidadezinha de Ai seria presa fácil, mas a população de Ai resistiu ferozmente e a divisão de Josué bateu em retirada desencorajada, em desordem e cuidando das feridas. Isso não aconteceu porque as pessoas de Ai eram formidáveis, mas porque o acampamento dos hebreus estava envenenado. O Altíssimo havia dito a Josué, de maneira bem precisa, que ele tinha de encontrar a maçã podre antes que ela estragasse o cesto inteiro.

> *Os homens de Ai [...] perseguiram os israelitas desde a porta da cidade [...] e os feriram na descida* (versículos 4-5).

O julgamento foi rápido e a punição, implacável. Acã e sua família foram executados em praça pública e tiveram seus pertences queimados. Um monumento foi erguido como sinal de advertência à população. Foi um dia solene em Gilgal.

> *E todo o Israel o apedrejou [...] os seus* (versículo 25).

1. Leia Josué 7:1-26. Como o pecado de Acã se assemelha ao pecado cometido por Ananias e Safira. De que modo a confissão dele foi diferente?

_____
_____
_____
_____
_____

> *Acã respondeu "[...] quando vi entre os despojos [...] eu os cobicei e me apossei deles"* (Josué 7:20-21)

2. Ananias e Safira fizeram parte da primeira geração da igreja. Acã fazia parte da nova geração de Israel. Qual a similaridade entre esses dois grupos?

_____
_____
_____
_____
_____

3. Qual foi o resultado do pecado de Acã? Quem ele afetou? Como os pecados de Safira e Ananias, da mesma maneira, afetam mais do que apenas a eles mesmos?

_____
_____
_____
_____
_____

> *Disse Josué: "Por que você nos causou esta desgraça? Hoje o S*ENHOR *lhe causará desgraça"* (versículo 25).

4. A nova igreja e a nova Israel davam seus primeiros passos, muito empenhadas em seguir a Deus, mas suscetíveis à farsa, à divisão e ao pecado. Sabendo disso, por que você acha que o Senhor puniu Ananias, Safira e Acã de modo tão severo e publicamente?

LIÇÃO 10 ❖ SAFIRA ❖ Quinto dia: Uma solene advertência a nós

RIQUEZA NA ETERNIDADE

Acã em Gilgal. Ananias e Safira em Jerusalém. Túmulos que nos fazem lembrar: *tenham cuidado*. Para o nosso próprio bem, não podemos confiar em bens materiais. Como Paulo disse a Timóteo: "Ordene aos que são ricos no presente mundo que não sejam arrogantes, nem ponham sua esperança na incerteza da riqueza, mas em Deus, que de tudo nos provê ricamente, para a nossa satisfação" (1Timóteo 6:17).

A riqueza "no presente mundo". Isso é você. Sou eu. Se tem instrução suficiente para ler esta página, recursos suficientes para ter o seu próprio exemplar, é bastante provável que seja uma pessoa próspera, e isso é muito bom. Prosperidade é uma consequência natural da fidelidade (veja Provérbios 22:4). Paulo não diz que o rico deve se sentir culpado por ser rico, ele apenas recomenda cautela.

Por quê? A história de Safira e Ananias nos mostra a razão: *nada alimenta mais o fracasso do que o sucesso*. O dinheiro é apenas uma condição a curto prazo. O excesso ou a falta de dinheiro só será sentido durante uma vida. Assim, não podemos ficar obcecados por isso.

Imagine se vivesse no sul dos Estados Unidos durante a Guerra de Secessão e tivesse acumulado uma grande soma na moeda corrente dos Confederados. Por força de uma série de eventos, você acabou se convencendo de que o Sul iria perder e que, logo, seu dinheiro não valeria mais nada. O que faria? Se tivesse algum bom senso, se livraria de cada centavo sulino. Colocaria cada tostão que pudesse na moeda que estava por vir e se prepararia para o fim da guerra.

Você está investindo na moeda corrente do céu? A economia mundial está em baixa. Sua carteira está cheia de papel que logo, logo, será inútil. A moeda corrente deste mundo nada valerá quando você morrer ou quando Cristo retornar — coisas que podem acontecer a qualquer momento. Se você estoca tesouros terrestres, o que significa isso em termos de onde deposita a sua confiança?

Pergunte a si mesmo, hoje, com toda a honestidade: *Em quem eu confio? Em Deus ou no Rei Mais?* O Rei Mais é um governante péssimo, pois nunca se satisfaz, enferruja, apodrece, se desvaloriza, sai de moda. De todas as promessas que faz, não consegue cumprir nenhuma. O Rei Mais o magoará.

Mas e o Rei dos Reis? Ele surpreenderá você sempre.

5. Leia 1Timóteo 6:17-19. Quais são as ordenanças de Deus aos ricos deste mundo? O que estarão fazendo se seguirem essas ordens, de acordo com o versículo 19?

____
____
____

6. Paulo escreve que aqueles que são ricos em boas ações "acumularão um tesouro [...] e assim alcançarão a verdadeira vida" (versículo 19). Qual a diferença entre a existência neste mundo e "a verdadeira vida"? Que tipo de vida Safira e Ananias buscavam?

Tenham o cuidado de fazer tudo como o SENHOR, o seu Deus, lhes ordenou; não se desviem (Deuteronômio 5:32).

A recompensa da humildade e do temor do SENHOR são a riqueza, a honra e a vida (Provérbios 22:4).

O orgulho vem antes da destruição; o espírito altivo, antes da queda (Provérbios 16:18).

O mundo e a sua cobiça passam, mas aquele que faz a vontade de Deus permanece para sempre (1João 2:17).

Ordene-lhes que pratiquem o bem, sejam ricos em boas obras, generosos e prontos a repartir. Dessa forma, eles acumularão um tesouro para si mesmos, um firme fundamento para a era que há de vir (1Timóteo 6:18-19).

7. O que as seguintes passagens das Escrituras dizem que devemos fazer para acumular riquezas no céu? Como você aplica essas verdades à sua vida?

   Mateus 6:19-21: "Não acumulem para vocês tesouros na terra, onde a traça e a ferrugem destroem, e onde os ladrões arrombam e furtam. Mas acumulem para vocês tesouros nos céus, onde a traça e a ferrugem não destroem, e onde os ladrões não arrombam nem furtam. Pois onde estiver o seu tesouro, aí também estará o seu coração".

   Mateus 19:21: "Se você quer ser perfeito, vá, venda os seus bens e dê o dinheiro aos pobres, e você terá um tesouro nos céus. Depois, venha e siga-me".

   Atos 20:35: "Em tudo o que fiz, mostrei-lhes que mediante trabalho árduo devemos ajudar os fracos, lembrando as palavras do próprio Senhor Jesus, que disse: 'Há maior felicidade em dar do que em receber'".

   Colossenses 3:1-2: "Portanto, já que vocês ressuscitaram com Cristo, procurem as coisas que são do alto, onde Cristo está assentado à direita de Deus. Mantenham o pensamento nas coisas do alto, e não nas coisas terrenas".

8. É possível doar nossas posses na terra com motivos totalmente puros e sem nenhum traço da hipocrisia de Safira? Se for, de que maneira? Explique seu ponto de vista.

LIÇÃO 10 ❖ SAFIRA ❖ Quinto dia: Uma solene advertência a nós

Afinal, o que podemos apreender da história de Ananias e Safira? Com certeza, a questão não é evitar totalmente o problema da hipocrisia não praticando boas ações. Como Tiago indica, devemos fazer boas obras, pois "a fé sem obras é inútil" (Tiago 2:20). E algumas obras — como a caridade ou o ensino — devem ser vistas pelos outros, de modo a causar impacto. Então, vamos ser claros: fazer uma coisa boa é uma boa coisa, mas fazer o bem para que seja visto não é. De fato, fazer o bem para ser visto é uma ofensa grave. Sabe por quê.

A hipocrisia afasta as pessoas de Deus. Quando as almas sedentas do Senhor entram numa congregação de aspirantes a celebridades, o que acontece? Quando os adoradores do Senhor veem cantores se portarem como se estivessem num show em Las Vegas... quando ouvem o pregador — um homem de palavras bem "ajeitadas", assim como a roupa e o cabelo — representando para a população e excluindo Deus... quando percebem que os outros se vestem para serem vistos e nada mais fazem do que ostentar seus presentes e seus dons... quando as pessoas entram na igreja para ver o Criador, embora não consigam vê-lo por causa da igreja, não pense nem por um segundo que o Altíssimo não reaja.

"Tenham o cuidado de não praticar suas 'obras de justiça' diante dos outros para serem vistos por eles. Se fizerem isso, vocês não terão nenhuma recompensa do Pai celestial" (Mateus 6:1). A hipocrisia faz as pessoas se voltarem contra Deus. Então, o Criador assume uma política de intolerância. Deixe que os corpos frios e sem vida de Safira e seu marido sirvam de advertência. Levemos a sério a questão da hipocrisia tanto quanto Deus o fez.

Como proceder, então? Primeiro, não *esperar créditos pelas boas ações*, o que significa que, se ninguém notar uma boa ação sua, você não deve ficar desapontado. E se alguém notar, dê o crédito a Deus. Você pode testar seus motivos, fazendo-se esta pergunta: "Se ninguém soubesse do bem que eu faço, eu o faria assim mesmo?". Se a resposta for não, saberá que fez o bem para ser notado pelas pessoas.

O segundo meio para evitar a hipocrisia é *fazer doações financeiras em segredo*. O dinheiro desperta a falsidade em você. Todos nós gostamos de ser vistos ganhando bem e apreciamos também ser vistos doando. Jesus diz: "Quando você der esmola, que a sua mão esquerda não saiba o que está fazendo a direita" (Mateus 6:3).

O terceiro meio para evitar a hipocrisia é não *simular uma espiritualidade*. Quando for à igreja, não escolha um lugar apenas para ser visto nem cante para ser ouvido. Ao levantar as mãos em sinal de louvor, lembre-se que é para o Senhor, e não para se exibir. Quando falar, não tente adulterar o seu vocabulário recorrendo a termos religiosos que estão na moda, pois nada causa mais asco do que um falso "louvemos ao Senhor" ou um "Aleluia" superficial ou um "Glória a Deus" dito sem sinceridade.

O principal aqui é não fazer de sua fé uma produção teatral. "Olhe para mim!, Olhe para mim!" é uma fala usada no playground e não no reino de Deus. Então, silencie as trombetas. Cancele o desfile. Chega de citar fulano e sicrano, só para mostrar que tem muitas conexões. Se as honras chegarem, delicadamente desvie-se, antes que passe a acreditar nelas. Elimine o desejo de ser notado. Desperte o desejo de servir ao Senhor.

Assim como o corpo sem espírito está morto, também a fé sem obras está morta (Tiago 2:26).

Vocês são o sal da terra. Mas se o sal perder o seu sabor, como restaurá-lo? Não servirá para nada, exceto para ser jogado fora e pisado pelos homens (Mateus 5:13).

E quando orarem, não fiquem sempre repetindo a mesma coisa, como fazem os pagãos. Eles pensam que por muito falarem serão ouvidos (6:7).

> *Por isso não desanimamos. Embora exteriormente estejamos a desgastar-nos, interiormente estamos sendo renovados dia após dia*
> (2Coríntios 4:16)

Atenda ao conselho de Cristo: "Limpe primeiro o interior do copo e do prato, para que o exterior também fique limpo" (Mateus 23:26). Concentre-se no interior e o exterior se resolverá. Coloque seus motivos diante do Altíssimo diariamente, em todas as horas. Conforme o salmista escreveu: "Sonda-me, ó Deus, e conhece o meu coração; prova-me, e conhece as minhas inquietações. Vê se em minha conduta algo te ofende, e dirige-me pelo caminho eterno" (Salmos 139:23-24).

Faça o bem... mas *em silêncio*. Não o faça apenas para ser notado, afinal, a história de Safira e Ananias mostra que podemos ser bons demais para o nosso próprio bem.

Pontos para Lembrar

- Pelo fato de a hipocrisia afastar as pessoas de Deus, o Senhor é inflexível com relação à sua exigência quanto à nossa verdade e à nossa obediência.
- Nosso pecado não traz consequências só para nós, mas causa impactos em nossa vida e na fé dos membros de nossa família em casa, na igreja e na comunidade.
- Podemos investir nossa confiança em riquezas temporárias no mundo e perder tudo, ou podemos investir na fé do Senhor da eternidade e vivermos para sempre.

Oração do Dia

Senhor, perdoa-nos quando colocamos nossas esperanças em qualquer outra coisa que não em ti. Viver pelos prazeres e pela atenção deste mundo não nos leva à verdadeira vida. Tu és a vida real. Tu és o verdadeiro tesouro. Nós te amamos, Senhor. Amém.

Versículo para Memorizar na Semana

Humilhem-se diante do Senhor, e ele os exaltará.
Tiago 4:10

Leitura suplementar

Ao longo desta lição, foram citados textos extraídos de *Just Like Jesus* [publicado no Brasil como: *Simplesmente como Jesus*. São Paulo: CPAD, 2000]; *When God Whispers Your Name* [Quando Deus sussurra seu nome]. Nashville: Thomas Nelson, 1999; *Outlive Your Life* [Viva uma vida mais plena]. Nashville: Thomas Nelson, 2010; e *Glory Days* [publicado no Brasil como: *Dias de glória*. São Paulo: Thomas Nelson, 2015].

Dez Mulheres *da* Bíblia

....
GUIA DO LÍDER
....

Obrigado por seu interesse em conduzir um grupo de estudo sobre *Dez mulheres da Bíblia*. A recompensa por liderar é diferente daquela que se alcança como participante e esperamos que sinta sua caminhada com Jesus ampliar-se com essa experiência. Ao longo das dez lições deste estudo, você estará ajudando o grupo a explorar a vida de dez personagens fascinantes da Bíblia, por meio de leituras inspiracionais de Max Lucado, perguntas instigantes para fomentar discussões em grupo e exercícios práticos que os participantes poderão usar em sua vida cotidiana. Neste guia do líder, há vários elementos que o ajudarão a estruturar seu estudo e seu tempo para a reflexão. Portanto, siga as orientações e aproveite.

Antes de começar

Antes do primeiro encontro, certifique-se de que os participantes do grupo consigam um exemplar de *Dez mulheres da Bíblia*, para poderem acompanhar no guia de estudo e anotarem suas respostas com antecedência. Uma alternativa é você entregar os guias de estudo na primeira reunião, dando a oportunidade para que as pessoas examinem o material e façam quaisquer perguntas. No primeiro encontro, não se esqueça de passar uma folha de papel pela sala, pedindo aos participantes que escrevam o nome, o número do telefone e o e-mail, para que você possa manter contato com eles ao longo da semana.

Em geral, o tamanho ideal do grupo é de oito a dez pessoas, o que garante que todos tenham tempo suficiente para participar das discussões. Havendo um maior número de pessoas, você poderá desmembrar o grupo principal em subgrupos menores. Encoraje os que comparecerem à primeira reunião a assumirem o compromisso de frequentar todos os encontros, pois isso ajudará os integrantes do grupo a se conhecerem melhor, a criar estabilidade no grupo, ajudando você a saber como se preparar para cada semana. Observe que todo encontro se inicia com uma história de abertura de Max Lucado, que aborda o personagem da Bíblia daquela semana. As duas perguntas seguintes servem como aquecimento para levar os participantes a pensar sobre o personagem e o tópico em questão. Alguns vão querer contar uma longa história para responder a uma dessas perguntas, mas o objetivo é que as respostas sejam breves.

O ideal seria que cada um tivesse a oportunidade de responder ao menos a uma das questões abertas, e tentar respeitar o tempo de um minuto ou até menos na resposta. Se houver participantes muito prolixos, avise logo que cada um precisa limitar sua resposta a um minuto.

Dê aos integrantes do grupo a chance de responder, mas deixe claro que ninguém é obrigado a isso, podendo se abster se preferir. Quanto ao restante do estudo, em geral não é uma boa ideia deixar que cada um responda a todas as questões — o mais desejável é uma discussão livre. Entretanto, ao lidar com as perguntas de aquecimento, você pode percorrer todo o círculo formado. Estimule os mais tímidos a falarem, mas não os force.

Antes do primeiro encontro, informe aos participantes que as lições estão divididas em cinco dias, cada um deles com o respectivo material de leitura. O objetivo de estruturar o estudo nesse formato é estimular os membros do grupo a dedicar um tempo à Palavra de Deus todos os dias. No decorrer das discussões de grupo, os participantes serão convidados a falar sobre o que escreveram durante a semana, portanto, estimule-os a responder às perguntas previamente. Convide-os ainda a trazer, para o encontro seguinte, quaisquer questionamentos e ideias que surgirem durante a leitura semanal, especialmente se fizerem alguma descoberta inusitada ou não entenderem alguma coisa.

Preparação semanal

Como líder, há algumas coisas que você precisa fazer para preparar cada encontro:

❖ *Leia a lição toda.* Isso o ajudará a se familiarizar com o conteúdo e saber como estruturar as discussões.

❖ *Decida quais questões deseja discutir.* Cada lição contém quarenta perguntas para estudos da Bíblia (oito por dia), portanto, você não terá condições de abordar cada uma delas. Em vez disso, selecione duas ou três perguntas sobre a leitura do dia que tenham se destacado para você.

❖ *Esteja familiarizado com as perguntas que quer discutir.* Nos encontros do grupo, você estará administrando o tempo, portanto, será útil estar familiarizado com as perguntas do estudo da Bíblia que selecionou. Você pode gastar de novo um tempo na passagem do livro quando o grupo se reúne, pois dessa forma, garante um conhecimento mais profundo do que os outros a respeito do tema.

❖ *Ore por seu grupo.* Ore pelos membros do seu grupo ao longo da semana e peça a Deus para guiá-los no estudo da Palavra.

❖ *Leve material de trabalho adicional.* Os participantes devem levar a própria caneta para fazer anotações, mas é uma boa ideia ter algumas canetas reservas à disposição para aqueles que esquecerem. Você também pode levar mais papel e exemplares da Bíblia.

Observe que em alguns casos não haverá uma resposta "certa" para a pergunta. As respostas podem ser várias, especialmente quando os membros do grupo são induzidos a compartilhar suas experiências pessoais.

Estruturação do tempo para as discussões

Será necessário que você determine com o grupo qual o tempo de duração do encontro semanal, para que possa se planejar. Em geral, a maioria dos grupos opta pela duração de sessenta a noventa minutos e, portanto, pode usar um dos seguintes cronogramas:

ETAPA	60 MINUTOS	90 MINUTOS
BOAS-VINDAS (os participantes chegam e se acomodam)	5 minutos	10 minutos
AQUECIMENTO (discussão das duas perguntas da lição)	10 minutos	15 minutos
DISCUSSÃO (debate com as perguntas do estudo da Bíblia que você selecionou previamente)	35 minutos	50 minutos
ORAÇÃO/ENCERRAMENTO (oração em grupo e despedida)	10 minutos	15 minutos

Como líder do grupo, cabe a você controlar o tempo estipulado e manter as coisas se desenrolando de acordo com sua programação. Pode usar um cronômetro para marcar cada etapa, de modo que tanto você quanto os participantes do grupo saibam quando o tempo acabou. (Há alguns bons aplicativos do smartphone que funcionam como cronômetros, cujo alerta têm um toque suave ou outro som agradável em vez de um barulho que quebra a concentração). Não se sinta pressionado a abordar todas as perguntas que selecionou se o grupo avançar numa boa discussão. É bom lembrar mais uma vez que não é necessário percorrer todo o círculo, nem fazer com que todos compartilhem.

Não se sinta constrangido caso os membros do grupo fiquem em silêncio ou demorem para falar. É comum as pessoas ficarem caladas enquanto organizam suas ideias, e talvez esta seja a primeira experiência de algumas delas. Só faça a pergunta e deixe-a em suspenso até que alguém responda. Você pode então dizer: "Obrigado. E quanto aos outros? O que ocorreu a vocês ao lerem essa passagem?"

Dinâmica de grupo

Liderar um grupo de estudos sobre *Dez mulheres da Bíblia* vai se mostrar altamente compensador tanto para você quanto para os membros. Entretanto, isso não significa que não encontrará nenhum desafio ao longo do curso. As discussões podem sair do foco. Alguns participantes podem não ter sensibilidade para as necessidades e ideias dos colegas, enquanto outros estarão preocupados por terem de falar sobre assuntos que lhes causam constrangimento, e outros, ainda, podem fazer comentários que provocam divergências. Para ajudar a aliviar a tensão, tanto a sua quanto a do grupo, considere as seguintes regras básicas:

❖ Quando alguém fizer uma pergunta ou comentário fora do tópico principal, experimente dizer que abordará o tema em outra oportunidade, ou, se sentir que é o caso de ir nessa direção, informe o grupo que você vai passar algum tempo discutindo o assunto.

❖ Se alguém lhe fizer uma pergunta que não saiba responder, admita isso e siga em frente. Se desejar, sinta-se livre para convidar os participantes a comentarem questões baseadas em experiências pessoais.

❖ Se achar que uma ou duas pessoas estão monopolizando o tempo da discussão, dirija algumas perguntas aos outros integrantes do grupo. Fora da hora do estudo em grupo, peça a esses membros mais ativos para ajudá-lo(a) a incentivar os mais calados a se manifestarem. Aja de modo que eles façam parte da solução em vez de serem o problema.

❖ Quando houver alguma divergência, incentive os membros do grupo a tratar o problema com amor. Estimule os que se encontram em lados opostos a repetir o que ouviram o outro lado dizer sobre o assunto e então convide cada lado a avaliar se tal percepção é correta. Leve o grupo a examinar outros trechos das Escrituras relacionados ao tópico, procurando chegar a um entendimento comum.

Quando quaisquer dessas questões surgirem, incentive os membros do grupo a seguirem as palavras da Bíblia: "Amem-se uns aos outros" (João 13:34), "Façam todo o possível para viver em paz com todos" (Romanos 12:18) e "Sejam todos prontos para ouvir, tardios para falar e tardios para irar-se" (Tiago 1:19).

Este livro foi impresso em 2024, pela Vozes
para a Thomas Nelson Brasil. A fonte
usada no miolo é Bembo corpo 12. O
papel do miolo é offset 90g/m².